Börner, Straub, Zolles (Hg.)

Germanistik digital

Ingo Börner, Wolfgang Straub, Christian Zolles (Hg.)

# Germanistik digital

## Digital Humanities in der Sprach- und Literaturwissenschaft

facultas

Bibliografische Information der Deutschen Nationalbibliothek

Die Deutsche Nationalbibliothek verzeichnet diese Publikation
in der Deutschen Nationalbibliografie;
detaillierte bibliografische Daten sind im Internet unter
http://d-nb.de abrufbar.



Umschlagbild: Peter Köllerer, Fotomotiv:
Fachbereichsbibliothek Germanistik, Universität Wien
Druck: Facultas AG
Printed in Austria

ISBN 978-3-7089-1719-1

# Inhalt

**Sprachlandschaften**



**Bildung und Wissensvermittlung**

Ingo Börner, Wolfgang Straub, Christian Zolles

# Einleitung

Es ist wohl nicht in erster Linie auf die Entwicklung der Informationstechnologien, sondern auf die Etablierung des WorldWideWeb als einer homogenen Anwendungsoberfläche zurückzuführen, dass der ‚digital turn' zwar verzögert, aber nun mit vollem Schwung die Geistes-, Kultur- und Sprachwissenschaften erfasst hat. Bereits seit Jahrzehnten ist die Verwendung von computergestützten quantitativen Methoden, von Datenbanken zur Informationsmodellierung sowie von CD-ROM-basierten dynamischen Editionen gebräuchlich. An den deutschen Hochschulen hat die innovative, teils noch esoterisch anmutende Auseinandersetzung mit ‚Medien' in den 1980er und 1990er Jahren die theoretische und philosophische Basis dafür gelegt, dass die Medienwissenschaften mittlerweile diskursiv, institutionell und curricular fest verankert sind (vgl. Pias 2011; Margreiter 2016). Und in Österreich haben so verschiedene AutorInnen wie Oswald Wiener, Andreas Okopenko und Elfriede Jelinek die Computerisierung von Beginn an rezipiert und poetologisch reflektiert.

Der Anlass, im Frühjahr 2018 *Germanistik digital* zum Thema einer Ringvorlesung und eines Studienbandes zu machen, lässt sich nach dem Medien-Kompaktbegriff von Siegfried J. Schmidt somit weniger aus einer semiotischen, technologischen oder inhaltlichen Komponente ableiten als aus der „sozialsystematische[n] Institutionalisierung der medientechnologischen Dispositive" (Schmidt 2003: 354). Die Geisteswissenschaften folgen einem gesamtgesellschaftlichen Trend, der sich an den zunehmend politisch und ökonomisch geleiteten Schlagwörtern der ‚Medienöffentlichkeit', des ‚Internet der Dinge' oder der ‚digitalen Identität' ablesen lässt. Das Internet ist der Schauplatz im *Global Village* (McLuhan/Powers 1995), mit allen bekannten und v.a. noch weitgehend unbekannten oder ignorierten Potenzialen und Gefahren.

Pragmatisch hat sich für die Literatur- und Sprachwissenschaft seit 2000 ein neuer Datenraum geöffnet: Gibt es etwa die internationale Community der *Text Encoding Initiative* bereits seit 1987, so konnte ihr Anliegen der Schaffung projektübergreifender Schemata zur Abbildung von Meta- und Strukturdaten auf XML-Basis erst mit dem WWW „als einheitliches Interface" (Thaller 2017: 10) und „als Möglichkeitsraum digitaler Literaturanalyse" (Ivanovic 2017) derart zwingend werden (vgl. auch DFG 2016). Dazu kam der Druck auf Archive, Bibliotheken und Museen, geeignete Infrastrukturen zur zeitgemäßen Speicherung, Aufarbeitung und Präsentation ihrer Bestände (des ‚kulturellen Erbes') aufzubauen und dabei die Gefahr der Schaffung von Datenfriedhöfen möglichst zu minimieren (vgl. Altenhöhner/Oßwald 2015). In diesem Zusammenhang ist auch der zunehmend lauter werdende Appell an die Kultur- oder Forschungseinrichtung zu berücksichtigen, der öffentlichen Verantwortung nachzukommen und Bestände und Erkenntnisse mittels digitaler Formate der breiten Öffentlichkeit zu präsentieren. So hat sich etwa auch an den Hochschulen neben den Aufgaben der Forschung und Bildung eine ‚Third Mission' der Verantwortlichkeit gegenüber der Gesellschaft und der Wirtschaft etabliert (vgl. Universität Wien 2016).

Vor diesem Hintergrund ereilte der Ruf nach Digitalität die Grundlagenforschung und die nationalen Forschungsförderstellen, welchen die Vergabe der öffentlichen Finanzmittel zur Wissenschaftsförderung obliegt (siehe für Österreich die digitalen Programme FWF 2018, ÖAW 2018 sowie allgemein die Forschungs- und Stipendiendatenbank OeAD 2018). Das hatte zur Folge, dass mittlerweile der überwiegende Teil der eingereichten und nach internationaler Begutachtung bewilligten Projekte ein digitales Bekenntnis ablegen müssen, um die Chance auf eine Förderung zu wahren. Die Forschungstendenz – und damit die Tendenz am akademischen Stellenmarkt – spiegelt sich also an den einzelnen geförderten Projekten wider. Woraus wiederum der Impuls zu erklären ist, den Studierenden der Germanistik, und darüber hinaus natürlich allen Interessierten, durch Werkstattberichte aus den Projekten einen Querschnitt über die aktuellen digitalen Inhalte und Methoden in der Literatur- und Sprachwissenschaft zu präsentieren.

Der vorliegende Band zielt demnach nicht primär darauf ab, das junge Forschungsfeld der Digital Humanities weiter zu erschließen, das sich als Brückendisziplin zwischen den Geisteswissenschaften und der Informatik resp. den Naturwissenschaften versteht (vgl. dazu Gold 2012; Terras/Nyhan/Vanhoutte 2013; Baum/Stäcker 2016; Siemes/Unsworth/Schreibman 2017; Jannidis/Kohle/Rehbein 2017; Simanowski/Gattass 2017). Er möchte vielmehr den ‚Status quo' und den ‚State of the art' des Umgangs mit Digitalität in der Philologie abbilden, für die eine kritische Auseinandersetzung mit den

Bedingungen ihres Quellenstudiums unerlässlich ist (vgl. Giacomuzzi/Neuhaus/Zintzen 2010; Balke/Gaderer 2017; demnächst Huber/Krämer). Kein Gründungsnarrativ, keine Identitätssuche im transdisziplinären Bereich, sondern die Auseinandersetzung mit Sprache, Kommunikation, Informationsgestaltung und Bildung – nicht zuletzt: mit Literarität und Poetizität, mit sprachlichen Gattungs- und Kunstformen – bildet den Ausgangspunkt und damit die Frage nach dem neuen historischen Index, der der Germanistik wie allen anderen Wissensbereichen einen ‚digitalen Stempel' aufdrückt und ihre Diskurse in eine ‚Hyper-' und ‚Infosphäre' transponiert (vgl. Debray 2003: 57ff.; Floridi 2015; Stalder 2016: 95ff.). Wie sich die Didaktik aufgrund der gegeben Umstände veranlasst sieht, auf das neue digitale Konsum- und Produktionsverhalten der SchülerInnen zu reagieren (vgl. Knopf/Abraham 2016; Wampfler 2017), gilt es, die neuen Kulturtechniken nicht abzuwehren (sie sind Realität), sondern auf begrifflicher, rhetorischer und medialer Ebene sorgfältig zu reflektieren und auf ihre Methodentauglichkeit zu prüfen.

Angesichts des Publikationsformats kann dieser Band freilich nur einen kleinen Beitrag dazu leisten und erhebt keinerlei Exklusivitätsanspruch. Dass er leicht doppelt so viele Beiträge hätte aufnehmen können, wird niemanden überraschen, der sich im Umfeld der Digital Humanities bewegt. Und doch vermittelt er einen aussagekräftigen Einblick in die derzeitigen Möglichkeiten und Anforderungen an das Fach und demonstriert, dass sich viele Fragen an die Zukunft nur transdisziplinär und im gleichgestellten Austausch beantworten werden lassen. Neben der Einführung von Georg Vogeler lassen sich die Beiträge vier Schwerpunkte zuordnen: der digitalen Narration und Rezeption aus dem Bereich der Literaturforschung, den digitalen Methoden und Modellierungen in der literaturwissenschaftlichen Grundlagenforschung, der linguistischen Beschäftigung mit digitalen Sprachlandschaften und der digitalen Bildung und Wissensvermittlung.

Die Menge an intermedialen Bezügen in den einzelnen Beiträgen, Formatkalkulationen und Qualitätsstandards haben zu dem Entschluss geführt, sämtliche Grafiken und Abbildungen aus dem Buch auszulagern und die LeserInnen zu NutzerInnen zu machen: Die Grafiken und Abbildungen finden sich unter dem im Text in Klammern angegebenen Link langfristig im *Phaidra*-Repositorium der Universität Wien gespeichert. Sie können aufgerufen werden unter URL: phaidra.univie.ac.at mit direkt anschließender o-Nummer (z.B. URL: phaidra.univie.ac.at/o:768697). Dadurch können alle Bilder in der ursprünglichen Farb- und Bildqualität betrachtet werden. Eine Sammlung aller Bilder des Bandes, nach Beiträgen geordnet, findet sich unter URL: phaidra.univie.ac.at/o:768688.

Allen BeiträgerInnen sei für ihre Bereitschaft gedankt, an diesem Projekt des Wiener Forschungsverbunds *Mediologie@Wien* (2018) mitzuwirken. Dabei wurde darauf geachtet, eine möglichst kolloquiale, für ‚Einsteiger' verständliche Vortragsform einzuhalten und der universitären ‚Third Mission' genüge zu tun.

## Literatur


Altenhöhner, Reinhard/Oßwald, Achim (Hg.) (2015): Webarchivierung in Bibliotheken = Zeitschrift für Bibliothekswesen und Bibliographie 62, H. 3/4, URL: zs.thulb.uni-jena.de/receive/jportal_jpvolume_00240072 [31.5.2018].

Balke, Friedrich/Gaderer, Rupert (Hg.) (2017): Medienphilologie. Konturen eines Paradigmas. Göttingen: Wallstein.

Baum, Constanze/Stäcker, Thomas (Hg.) (2015): Grenzen und Möglichkeiten der Digital Humanities = Zeitschrift für digitale Geisteswissenschaften, Sonderband 1, URL: www.zfdg.de/sonderband/1 [31.5.2018].

Debray, Régis (2003): Einführung in die Mediologie. Bern/Stuttgart/Wien: Haupt.

Deutsche Forschungsgemeinschaft (DFG) (2016): Praxisregeln „Digitalisierung", URL: www.dfg.de/formulare/12_151/12_151_de.pdf [31.5.2018].

Floridi, Luciano (2015): Die 4. Revolution. Wie die Infosphäre unsere Welt verändert. Berlin: Suhrkamp.

Giacomuzzi, Renate/Neuhaus, Stefan/Zintzen, Christiane (Hg.) (2010): Digitale Literaturvermittlung. Praxis – Forschung – Archivierung. Innsbruck u.a.: Studienverlag (Angewandte Literaturwissenschaft 10).

Huber, Martin/Krämer, Sybille (Hg.) (im Erscheinen): Wie Digitalität die Geisteswissenschaften verändert: Neue Forschungsgegenstände und Methoden = Zeitschrift für digitale Geisteswissenschaften, Sonderband 3, URL: www.zfdg.de/sonderband/3 [31.5.2018].

Ivanovic, Christine (2017): Die Vernetzung des Textes. Im Möglichkeitsraum digitaler Literaturanalyse. In: Zeitschrift für digitale Geisteswissenschaften 2, URL: www.zfdg.de/2016_010 [31.5.2018].

Jannidis, Fotis/Kohle, Hubertus/Rehbein, Malte (Hg.) (2017): Digital Humanities. Eine Einführung. Stuttgart: Metzler.

Knopf, Julia/Abraham, Ulf (Hg.) (2016): Deutsch digital. 2 Bde. Baltmannsweiler: Schneider Verlag Hohengehren (Deutschdidaktik für die Primarstufe 3 u. 4).

Margreiter, Reinhard (2016): Medienphilosophie. Eine Einführung. 2. erweiterte und verbesserte Auflage. Würzburg: Königshausen & Neumann.

McLuhan, Marshall/Powers, Bruce R. (Hg.) (1995): The Global Village. Der Weg der Mediengesellschaft in das 21. Jahrhundert. Paderborn: Junfermann (Medienanthropologie 1).

Mediologie@Wien (2018): About, URL: www.univie.ac.at/mediologie/about [31.5.2018].

Österreichische Akademie der Wissenschaften (ÖAW) (2018): Digitales kulturelles Erbe & Go!digital, URL: www.oeaw.ac.at [31.5.2018].

Österreichischer Austauschdienst (OeAD) (2018): Österreichische Datenbank für Stipendien und Forschungsförderung, URL: grants.at [31.5.2018].
Österreichischer Forschungsfonds (FWF) (2018): netidee, URL: www.fwf.ac.at/de/forschungsfoerderung/fwf-programme [31.5.2018].
Pias, Claus (Hg.) (2011): Was waren Medien? Zürich/Berlin: diaphanes.
Schmidt, Siegfried J. (2003): Medienkulturwissenschaft. In: Nünning, Ansgar/Nünning, Vera (Hg.): Konzepte der Kulturwissenschaften. Stuttgart/Weimar: Metzler, S. 351–370.
Schreibman, Susan/Siemens, Ray/Unsworth, John (Hg.) (2016): A New Companion to Digital Humanities. 2. Aufl. New York: Wiley-Blackwell, URL der ersten Auflage: www.digitalhumanities.org/companion [31.5.2018].
Simanowski, Roberto/Gattass, Luciana (2017): Debates in the Digital Humanities formerly known as Humanities Computing. In: Electronic Book Review, URL: www.electronicbookreview.com/thread/electropoetics/debated [31.5.2018].
Stalder, Felix (2016): Kultur der Digitalität. Berlin: Suhrkamp.
Thaller, Manfred (2017): Geschichte der Digital Humanities. In: Jannidis, Fotis/Kohle, Hubertus/Rehbein, Malte (Hg.) (2017): Digital Humanities. Eine Einführung. Stuttgart: Metzler, S. 3–12.
Universität Wien (2016): Third Mission der Universität Wien, URL: thirdmission.univie.ac.at [31.5.2018].
Wampfler, Philippe (2017): Digitaler Deutschunterricht. Neue Medien produktiv einsetzen. Göttingen: Vandenhoeck & Ruprecht.

Georg Vogeler

# Was ist „DH“? Probleme und Perspektiven der Digitalen Geisteswissenschaften[1]

Es gibt keine Information über die Vergangenheit, die nicht in der Vergangenheit entstanden ist, und weil sie in der Vergangenheit entstanden ist, ist sie unter medialen und sozialen Bedingungen und im Zuge technischer Entwicklungen entstanden, die uns heute nicht mehr ohne Weiteres vertraut sind. Es ist die Aufgabe der historischen Grundwissenschaften (früher: Hilfswissenschaften), das Wissen über vergangene Kommunikations- und Gebrauchsformen (Kurrentschrift, mittelalterliches Latein, ausgestorbene Textformen usf.) aufrechtzuerhalten. Dies stellt eine Grundkompetenz für HistorikerInnen dar, aber ebenso für GermanistInnen und LinguistInnen und andere geisteswissenschaftlichen Berufszweige, die sich mit Quellen der Vergangenheit beschäftigen. Die Digitalen Geisteswissenschaften, die Digital Humanities (DH), kann man in diesem Sinne auch als eine Hilfs- und Grundwissenschaft bezeichnen, d.h., dass man mit digitalen Methoden etwas ‚macht‘, damit man richtige Wissenschaft machen kann – sei es nun Geschichtswissenschaft, sei es Germanistik, sei es Linguistik. Das ist insofern richtig, als DH eine Querschnittsdisziplin ist, deren Ergebnisse in vielen anderen Disziplinen angewendet wird. Digitale GeisteswissenschaftlerInnen stehen in Kontakt mit FachwissenschaftlerInnen aus der eigenen oder einer benachbarten Disziplin, arbeiten gemeinsam an Projekten und versuchen Probleme zu lösen.

In der heutigen Wirklichkeit ist das aber nicht mehr richtig, weil auch die Historischen Grundwissenschaften eine eigenständige Disziplin geworden sind – und nicht nur Dienstleister für die Geschichtswissenschaft. Die Notwendigkeit, disziplinenübergreifend mit digitalen Methoden zu arbeiten, hat dazu geführt, dass man inzwischen auch in Österreich Professuren dafür einrichtet, dass man also Menschen anstellt, die nichts anderes tun sollen, als forschungsgeleitet zu unterrichten oder unterrichtsbezogen zu forschen. So einer bin ich. Ich bin als historischer Grundwissenschaftler ausgebildet, und was ich Ihnen erzählen werde, wird deshalb ganz viele Dinge enthalten, die Sie vielleicht gleich wieder vergessen werden, weil sie für Sie als SprachwissenschaftlerInnen und LiteraturwissenschaftlerInnen am Rande Ihres Interessengebietes liegen. Sie können aber alles in den beiden Referenzwerken nachlesen, die ich zur Einführung in die Digitalen Geisteswissenschaften empfehle: Schreibmann et al. (2016) und Jannidis et al. (2017). Mittlerweile gibt es beinahe schon unangenehm viel Literatur zum Thema „Was ist DH?"

Ziel meines Vortrags ist es, vorab zu erklären, was DH sind, Ihnen also eine Einführung zu geben und Sie mit dem Grundwissen auszustatten, damit Sie die spezifischeren Inhalte, die Sie im bevorstehenden Semester hören werden, in das Fach einordnen können. Ich habe mich also ganz bewusst dagegen entschieden, ausschließlich Beispiele aus den Sprach- und Literaturwissenschaften zu wählen.

## Zu einer Archäologie der DH: Vorgeschichten

Man kann die Geschichte der DH mit einer brillanten Programmiererin und Mathematikerin beginnen lassen, die die erste Abhandlung über das Programmieren geschrieben hat, und wir haben Glück, dass wir heute sagen können, wer hinter dem Kürzel „A. A. L." steht, mit dem die Abhandlung gezeichnet ist: Ada Lovelace (1815–1852) ist die Tochter von Lord Byron, die das Schicksal so vieler Frauen in der frühen Neuzeit und des 19. Jahrhunderts teilte, nämlich dass es keine öffentliche Anerkennung für ihre Leistungen gab. Ihrer Übersetzung des Textes von Luigi Menabrea zum ‚Entwurf der Analytical Engine' von Charles Babbage hat sie mit einem Kommentar, den ‚Notes', versehen, in dem sie beschreibt, wie man programmiert, und hat damit eigentlich auch den Synthesizer, also die elektronische Musik erfunden (vgl. Menabrea 1996). Es lassen sich noch einige weitere Beispiele zur Vorgeschichte der DH finden, die tief ins 19. Jahrhundert zurückreichen und eine Perspektive auf die Geschichte der DH vermitteln:

So hat beispielsweise der französische Mathematiker Augustus de Morgan (1806–1871) die Briefe des Paulus untersucht, indem er die einzelnen Wörter gezählt hat, um anhand der durchschnittlichen Wortlänge die Frage der Autorschaft zu klären.

Adolf Bastian (1826–1905) war Sozialanthropologe und hat in Berlin das Völkerkundemuseum aufgebaut und geleitet. Seine Idee war es, die gesammelten und formalisierten ethnologischen Informationen zu quantifizieren und auf diese Weise zu einem Eindruck einer Kultur zu kommen. Er war der Auffassung, dass die Informationen, die über Kulturobjekte erhoben werden, als Datenkorpus erfasst und entsprechend untersucht werden können, um damit etwas zu betreiben, was er „Gedankenstatistik" genannt hat.

Die genannten Beispiele gehören allesamt zu einer Archäologie dessen, was späterhin als die „klassische Geschichte" der DH bezeichnet werden könnte; eine klassische Geschichte, die erst in der Mitte des 20. Jahrhunderts beginnt, und zwar mit einem Jesuitenpater: Roberto Busa (1913–2011) war an den Werken von Thomas von Aquin theologisch, philosophisch, aber eben auch philologisch interessiert und wollte deshalb eine Konkordanz entwickeln, also Wortlisten mit Kontext – heute heißt das *Keyword in Context* (KWIC) –, und war dazu mit einer riesigen Materialmenge konfrontiert. Er wandte sich an Thomas G. Watson, den Gründer von IBM, und konnte ihn davon überzeugen, ihm eine der damals neu entwickelten Rechenmaschinen zur Erarbeitung seines *Index Thomisticus* zur Verfügung zu stellen. Dieses „Projekt" von Busa gilt gemeinhin als der Beginn der Digitalen Geisteswissenschaften, da hier eine grundlegende Besonderheit des Faches bereits angelegt ist: Busa verwendete eine Maschine, die für andere Zwecke gebaut worden war, zur Bearbeitung einer geisteswissenschaftlichen Forschungsfrage.

In den 1960er Jahren ist dann der *Index Thomisticus* auch als gedrucktes Werk erschienen, später auf CD-ROM und inzwischen ist er auch online verfügbar.[2] Die elektronische Version ist auch noch unter einem weiteren Aspekt interessant: als ein Beispiel für eine elektronische Ressource, bei der die Langzeitarchivierung geglückt ist. Sollte Ihnen irgendwann jemand sagen, dass diese ganzen digitalen Ressourcen, die es da so gibt, übermorgen schon nicht mehr lesbar sein werden, dann verweisen Sie auf das Projekt von Roberto Busa als eine digitale Ressource aus der Frühzeit des Computers, die wir heute noch benutzen können.

## Von Kommunikationsschwierigkeiten oder DH als Übersetzung

Die allgemeine Auffassung davon, was DH sind, haben mit diesen Vorgeschichten nur wenig zu tun. Die Vorstellung ist, dass es einerseits die TechnikerInnen gibt, beispielsweise an der TU, und uns, die GeisteswissenschaftlerInnen, und dann treffen wir uns irgendwo in der Mitte und tauschen uns einmal aus; und danach gehen TechnikerInnen wieder an die TU und programmieren etwas Schönes. Das ist nicht ganz falsch, man kann das auch relativ gut theoretisieren, wenn man nämlich bedenkt, dass in der Informatik Konzepte und Techniken entwickelt werden, die bewusst einen sehr generellen

Anspruch haben – in der Sprache der DH gerne mit dem aus dem Englischen entlehnten Wort „generisch" (= allgemein gehalten) bezeichnet. InformatikerInnen entwerfen also aus einer technischen Perspektive allgemeine Lösungen und suchen dann nach konkreten Anwendungsfällen – deshalb gibt es eine angewandte Informatik.

Umgekehrt gibt es eben GeisteswissenschaftlerInnen, die sich mit der rein theoretischen Auseinandersetzung nicht zufrieden geben und feststellen, dass sie Fragen beschäftigen, die danach rufen, bspw. mit quantitativen Verfahren bearbeitet werden zu können. Oft ist dann das Ergebnis einer solchen Beschäftigung die Feststellung, dass das klassische Methodenspektrum nicht mehr ausreicht, und dann ergibt sich der Wunsch einer technischen Lösung. Aus diesem wechselseitigen Interesse – an einer technischen Lösung und an einem konkreten Anwendungsfall – ergeben sich viele Kooperationen von Geisteswissenschaften und Informatik, die jedoch häufig daran scheitern, dass man einander im gegenseitigen Anspruch nicht versteht und jede Seite an seinem Fach festhält. Die Kommunikation scheitert auch, weil beide Seiten Wörter benutzen, mit denen sie völlig unterschiedliche Vorstellungen verbinden, ohne das zu merken. Man bezeichnet diese Wörter als „t-words" (*trigger words*), die bei den VertreterInnen der Disziplinen zu selbstverständlichen Annahmen führen, die sich aber mit der des Gegenüber überhaupt nicht decken müssen. Falls LinguistInnen das überprüfen und eine Arbeit darüber schreiben möchten, fände ich das sehr interessant.

Aus dieser Grundsituation heraus entstand nun das Fach der digitalen Geisteswissenschaften. Es gab Menschen, die es geschafft haben, beide Seiten zu verstehen, und dann sind irgendwann beide Seiten zu diesen Menschen gekommen, um sie als Vermittlungsinstanz miteinzubeziehen und auf dieser Basis eine gemeinsame Fragestellung zu entwickeln.

## Viele Bezeichnungen für ein Fach

Mehre Daten wurden genannt, die den Beginn der DH markieren könnten, wenn Sie aber Googles *nGram-Viewer* konsultieren, mit dem Sie in einem Teilkorpus von *Google Books* durchsuchen können, dann stellen Sie fest, dass der Begriff ‚Digital Humanities' verstärkt erst seit 2004 in Verwendung ist. Hier haben Sie einen guten Fall, an dem Sie sehen können, wie Sie ein Tool in die Irre führen kann. Der Gedanke, dass es die DH erst seit 2004 gibt, stimmt nicht – etwa nicht deshalb, weil es einige wenige frühere Erwähnungen gibt, das sind nur Einzelfälle. Es stimmt deshalb nicht, weil zwar der Terminus ‚Digital Humanities' definitiv erst seit 2004 auf dem Markt ist, das Forschungsfeld davor aber anders genannt wurde.

In den 1980ern fangen die Digitalen Geisteswissenschaften an, unter wechselnden Bezeichnungen zu firmieren, als Forschungspraxis existieren die DH seit den 1950er Jahren. Man könnte die Genealogie mit einer Konferenzreihe beginnen lassen: „Digital Humanities Computing" – die erste Konferenz einer ganzen Reihe zum Thema fand 1966 statt, seit 1968 wird die Bezeichnung dann in den Namen übernommen. Daneben gibt es eine Tradition, die sich „Computing in the Humanities" nennt. Und es gab eine Zeit, in der die Forschungsrichtung „eHumanitites" hieß, wobei das „E" nicht für „electronic", sondern für „enhanced" steht. Es gibt heutzutage noch Institutionen, die sich so nennen (Cologne Center for eHumanities: CCeH). Außerdem gibt es eine ganze Reihe an Bezeichnungen seit den 1990ern, die lauten „Neue Medien und ..." Es gibt auch eine Tradition, die dem informatischen Bestandteil stärkeres Gewicht verleihen möchte und dann zu Begriffen wie „Humanistic Computer Science" oder „Fachinformatik" tendiert. Diese Bezeichnungen stammen aus einer Richtung, die drauf Wert legt, dass man programmieren können muss, wenn man Digitaler Geisteswissenschaftler sein möchte, was nicht so abwegig ist.

Ganz prominent taucht die Bezeichnung ‚Digital Humanities' bei Schreibman et al. (2004) auf, woher die Community den Namen übernommen hat. Es identifizieren sich aber bei weitem nicht alle Disziplinen mit dem Label. Manche stehen den DH sogar etwas distanziert gegenüber; die Computerlinguistik und die Archäoinformatik sind hierfür Beispiele.

Ich will im Folgenden anhand von Beispielen verschiedene Perspektiven aufzeigen, die sich mit DH definitorisch assoziieren lassen (es gäbe natürlich weitere). Sie lassen sich folgendermaßen zusammenfassen:

1. *Digitalisierung von Kulturerbe*: Wir digitalisieren derzeit Bücher durch, bis irgendwann alle Bücher digital erfasst sind, mit Konsequenzen, die wir derzeit vielleicht nur erahnen.
2. *Digitale Forschungsinfrastruktur*: Eine zweite typischer Reaktion auf die Frage nach den DH: „Das sind diese großen Infrastrukturen, bei denen man seine Daten abladen kann und man sicher sein kann, dass die Daten dort sicher verwahrt werden, sie wiederfinden und herunterladen kann." Oder: „Das sind die Leute, die einem irgendwelche Sachen programmieren und eine Infrastruktur aufbauen."

3. *Annotation*: Gerade in der Literaturwissenschaft ist eine dritte Auffassung sehr präsent: „Digital Humanitites sind doch die Leute, die irgendwelche Texte annotieren."
4. *Modellierung*: In der DH-Community gibt es eine Gruppe, die DH als eine Wissenschaft auffasst, die das Problem der Modellierung als epistemologisches Konzept ins Zentrum stellt.
5. *Quantifizierung*: Oder aber: „Digital Humanities, das sind doch die, die Wörter zählen." Ich habe diese Erfahrung selbst machen müssen, als ich neulich ein Interview in der *Wiener Zeitung* gegeben habe, auf das, kurz nachdem das Interview online publiziert war, ein Kommentar kam: „Herr Vogeler ist kein Forscher, sondern ein User, der die überlegene Kraft der IT-Maschinen ausnützt, Erbsen zu zählen."[3]
6. *Roboterisierung*: In der jüngsten Zeit tritt ein neuer Aspekt stärker hervor, der auch etwas mit der Angst zu tun hat, dass der Mensch in naher Zukunft durch einen Roboter ersetzt wird. Und dieser Gedanke schwingt irgendwie auch immer subtil mit, wenn von DH die Rede ist.
7. *Von der Visualisierung zur Multimodalität*: Und zuletzt ein Feld, das sich mit einem Schlagwort sehr gut fassen lässt: ‚Visualisierung', bei dem es darum geht, neue Kommunikationsformen für komplexe Inhalte zu finden, indem man daraus Grafiken macht.

## Was ist „DH"?

*1. Digitalisierung von Kulturerbe*

Es gibt eine große Gruppe von Personen (heutzutage ‚Stakeholder' genannt), die aktiv an der Digitalisierung von Kulturerbe beteiligt sind, bspw. in Gedächtnisinstitutionen, Bibliotheken, Archiven, Museen und auch in Informationsvermittlungsinsitutionen. Digitalisiert wird im großen Stil, und die DH kommen vor allem dann zum Zug, wenn die Herausforderungen der Digitalisierung zutage treten. Denn auch Digitalisieren, so einfach es auf den ersten Blick sein mag, ist eine Wissenschaft in sich.

Warum sollte man überhaupt digitalisieren? Die Gedächtnisinstitutionen haben das schon sehr früh getan, noch bevor es die Wissenschaft „DH" gab, weil sie wussten, dass sich Benutzungshürden durch die Digitalisierung überwinden lassen (z.B. Öffnungszeiten, Zugänglichkeit von konservatorisch fragilem Material, keine Beschränkungen durch die Kapazität der Ausstellungsfläche). Wir können darüber hinaus auch neue Methoden bei Digitalisaten anwenden, die fürs

Erste vielleicht banal klingen, jedoch sehr hilfreich sind: Bspw. ist bei digitalisierten Texten eine Volltextsuche möglich.

Die Schwierigkeiten fangen schon mit der Frage an, was eigentlich digitalisiert werden darf. Es gibt auf der einen Seite das Recht des Autors und der Autorin und auf der anderen Seite das Interesse der ForscherInnen, und diese Interessen müssen in Übereinstimmung gebracht werden. In Österreich wie in den meisten Ländern in Kontinentaleuropa ist die Rechtslage so, dass Werke bis 70 Jahre nach dem Tod des/der UrheberIn unter Schutz stehen und nur mit Zustimmung des Autors oder der Autorin oder der Nachkommen weiterverwertbar sind.

Kommen wir zu einem weiteren Beispiel, an dem sich zeigen lässt, dass es mit „Scannen" alleine nicht getan ist: Die physischen Eigenschaften eines Buches können bei einer Digitalisierung manchmal Ärger bereiten. Es gibt TechnikerInnen, die Maschinen entwickeln, mit denen versucht wird, dieses Problem zu lösen, bspw. durch geschickten Einsatz von Prismen, um indirekt fotografieren und so eine vollständige Öffnung des Buches vermeiden zu können. Oder als Mittelalterhistoriker ist mir relativ geläufig, dass man im Mittelalter in von Hand geschriebenen Texten natürlich Fehler machen konnte, die man dann korrigieren wollte. Die Korrektur erfolgte durch Abschaben der fehlerhaften Stelle, wodurch man eine physische Spur der Korrektur hinterließ, die vielleicht optisch gar nicht mehr wahrnehmbar ist, die aber mit einer entsprechenden Beleuchtung sichtbar gemacht werden kann. Dasselbe gilt bei Überschreibungen, hier ist technisch viel möglich. Es gibt eine Vielzahl von SpezialistInnen, die sich beispielsweise mit Tinte beschäftigen, die sich von der Rückseite her durchschlägt, usw.

Das Verfahren zur automatischen Übertragung von Bilddaten in durchsuchbaren Text heißt OCR (*Optical Character Recognition*). Bei seinem Einsatz sind einige Dinge zu bedenken. Ein entscheidender Faktor ist die Fehlerquote der OCR-Software, die in Prozentwerten angegeben wird. In der Regel wird eine hohe Genauigkeit angestrebt, bspw. 99,9 %. Aber selbst hier muss man sich fragen, was das eigentlich für die Verlässlichkeit eines Textes bedeutet: Eine Genauigkeit von 99,9 % bedeutet, dass jedes 1000. Zeichen falsch ist. Jetzt haben Sie auf einer Buchseite 3000 Zeichen, Sie können also von drei Fehlern auf einer Seite ausgehen. In diesem Bereich ist das Ziel, sogar noch eine Nachkommastelle weiter nach rechts zu kommen, also eine Genauigkeit von 99,99 % zu erreichen, weil man erst dann von relativ zuverlässigen Texten sprechen kann.

Ein weiteres Problem sind „Sonderzeichen" – diesen Begriff muss man mittlerweile unter Anführungszeichen setzen, weil es Sonderzeichen seit der Einführung des Unicode Standards nicht mehr gibt. Glücklicherweise haben auch die EntwicklerInnen von Software verstanden, dass die Lateinschrift nicht die einzige Schrift ist, die man auf der Welt schreibt, sondern nur ein kontingentes kulturelles System, und man alle anderen möglichen Zeichen auch benutzen kann, um zu schreiben. Historisch betrachtet finden Sie selbst in unserem westeuropäischen Raum unterschiedliche Schriftsysteme vor.

Beim Digitalisieren lässt sich die Frage aufwerfen, was alles im Layout einer Seite steckt. Menschliche LeserInnen erkennen in der Regel einen Seitentitel oder eine Fußnote sofort, die Maschinen müssen das Erfassen von Layout jedoch erst lernen, sind aber mittlerweile schon relativ gut dabei. Herausfordernd wird es insbesondere dann, wenn Sie sich bspw. vorstellen, Ihre Mitschriften sollten jetzt automatisch entziffert werden. Zum Problem der Erkennung von Handschrift (*Handwritten Text Recognition*: HTR) wird in Österreich gegenwärtig sehr stark geforscht. An der TU Wien und der Universität Innsbruck wird beispielsweise die Software *Transkribus*[4] entwickelt, die auf maschinelle Lernverfahren zurückgreift, um Handschriften mit einiger Genauigkeit automatisch transkribieren zu können.

*2. Digitale Forschungsinfrastruktur*

Die spontane Assoziation mit DH ist immer auch „Infrastruktur". Wir brauchen irgendwelche Geräte, die dafür sorgen, dass das, was auf unseren Festplatten liegt, nicht mit dem Ende unserer Computer auch das Ende der Lebenszeit erreicht hat. Irgendwo müssen diese Daten gespeichert werden und lesbar gehalten bleiben. Als Infrastrukturaufgaben gelten Softwaredienste für unterschiedliche Analysezwecke ebenso wie die Speicherung und Abrufbarkeit von digitalen Daten. Im Folgenden sollen drei typische Infrastrukturaktivitäten genannt und kurz vorgestellt werden.

Die *Europeana*[5] ist ein europäisches Portal, das den Zugriff auf europäisches Kulturerbe ermöglicht. Es gab Vorläuferprojekte, das 1997 begründete Webportal GABRIEL und die *European Library*. 2005 wurde die Befürchtung laut, dass mit der Digitalisierungsinitiative von Google das europäische Kulturgut in die USA auswandern könnte (vgl. Jeanneney 2006). Als die *Europeana* als Portal zum Zugriff auf zahlreiche Kulturerbeinformationen und auf sehr viel bibliothekarisches Material im Jahr 2008 schließlich online ging, war am ersten Tag der Server überlastet, weil das Interesse an diesen Daten bei weitem unterschätzt wurde. Seitdem wächst die *Europeana* kontinuierlich, zuletzt waren es über 51 Millionen Objekte: Bilder, Bücher, Vasen, alle möglichen Archivalien. Dieses Portal stellt jedoch nur Metadaten zu den Objekten zur Verfügung und leitet für die eigentliche digitale Ressource immer zu den einzelnen Institutionen weiter.

Zwei weitere Ressourcen, die man erwähnen muss, weil sie europaweite Infrastrukturinitiativen sind, sind DARIAH[6] und CLARIN[7]. DARIAH (*Digital Research Infrastructure for the Arts and Humanities*) ist eine Aktivität, die sich explizit den Digitalen Geisteswissenschaften widmet und seit 2014 auch eine europäische Rechtspersönlichkeit ist, d.h. eine Forschungseinrichtung, ein *European Research Infrastructure Consortium* (ERIC), wie bspw. das CERN (mit dem Unterschied, dass das CERN eine Maschine betreibt und DARIAH ein Klub von Leuten mit gleichen Interessen ist). DARIAH hat schöne Anwendungen entwickelt, der DARIAH-*Geobrowser*[8] ist das beste Beispiel, für etwas, das unter dem DARIAH-Label erfolgreich war und ist.

CLARIN (*Common Language Resources and Technology Infrastructure*) ist eine ähnliche Institution, die etwas älter ist und von ComputerlinguistInnen aufgezogen wurde. Wenn Sie Teil einer CLARIN-Einrichtung sind, dann können Sie auf Ressourcen anderer Einrichtungen mit Ihrer lokalen User-Kennung zugreifen. Eine nennenswerte Applikation ist *WebLicht*,[9] ein Webdienst, mit dem verschiedene linguistische Verfahren auf verteilten Computern in eine Verarbeitungskette hintereinandergeschaltet. In Österreich sind die Communities so überlappend und so klein, dass sie zusammengelegt CLARIAH genannt wurden.

Diese digitale Infrastruktur demonstriert auch den Umstand, dass nämlich eigentlich nicht die technische Infrastruktur zentral ist, sondern vielmehr die Leute, die diese technische Infrastruktur betreiben, die die Kompetenz besitzen, damit umzugehen. D.h. ganz bedeutend geht es in diesen Infrastrukturen darum, die Leute zu bezahlen, die einschlägige Software programmieren und auf die Not und Bedürfnisse und Fragestellungen antworten. Wie die Bibliotheken und Archive von Menschen leben, die sich im Hintergrund um den Bestand an Büchern und historischen Dokumenten kümmern, ist dies auch bei digitalen Daten der Fall. Und ein wichtiger Teil der DH ist es, mit den GeisteswissenschaftlerInnen darüber nachzudenken, wie digitale Methoden eingesetzt und digitale Ressourcen erzeugt werden können und welche Infrastrukturperspektive Sinn macht. Bspw. sollte die Benutzbarkeit für andere angesprochen werden: Natürlich kann man ein privates Markierungssystem verwenden, das für die eigene Forschung funktioniert. Die so erzeugten Daten wird dann allerdings nie jemand anderes benutzen können. Mit Verwendung eines weit verbreiteten Markierungsstandards kann das gelöst werden. Der Beruf des Metadatenmanagers ist ein Beruf, der zunehmend auch gelabelt wird und darauf beruht, dass wir jemanden haben, der sich mit Daten so auskennt, dass er sagen kann, macht nicht irgendwelche Daten, sondern macht Daten, die im auch im weiteren Kontext Sinn ergeben.

Zurück zur Infrastruktur: In der Regel waren die DH bisher nicht über Professuren institutionell verankert, sondern über Support-Einrichtungen oder Zentren, an denen man nämlich diese vorhin angedeutete Mischung aus forschungsbezogener Dienstleistung oder dienstleistungsbezogene Forschung erbracht hat und man kooperativ an der computertechnischen Lösung von Forschungsproblemen gearbeitet hat. Während Aktivitäten in Forschungs-, Informatik- oder Bibliothekseinrichtungen in der Regel immer aneinander vorbeilaufen, ist in den DH immer zusammengearbeitet worden. Es wird in den DH auch immer sehr stark projektbezogen gearbeitet, d.h., man beschäftigt sich mit Problemen, an denen man zwei bis drei Jahre arbeitet, bis es, teilweise weil die Finanzierungen nicht länger gehen, zu einem bestimmten Ergebnis kommt in Form einer Ressource oder einer Publikation; und dann wird das nächste Problem angegangen. Dies ist oft ungewohnt v.a. für ältere WissenschaftlerInnen aus den Geisteswissenschaften, die davon ausgehen, dass sie ein Thema haben und sich daran ein Leben lang abarbeiten, um immer mehr darüber zu wissen. Dies ist ein anderer Modus, da wird nicht so sehr von Projekt zu Projekt gedacht.

### 3. *Annotation*

Annotieren ist natürlich nichts Neues, sondern ein uraltes Thema, das wir schon in der Antike oder bei althochdeutschen. Interlinearglossen sogar als eigene Textgattung finden. Wir haben ein Hauptobjekt und fügen einen darauf Bezug nehmenden Metatext hinzu. In den DH hat das Annotieren einen sehr starken Impact bekommen, weil man mit Technologien ausgestattet worden ist, mit denen man Texte sehr reich und sehr vielfältig ergänzen kann. Die Basistechnik dazu ist XML, *Extensible Mark-up Language*, die 1999 als digitale Markierungssprache standardisiert wurde. Sie ist Basis der Webtechnologien, war es auch ganz konsequent bis vor kurzem, mittlerweile ist es nicht mehr ganz so konsequent. Wer eine moderne Textverarbeitung benutzt, mit der er halbwegs schön gelayoutete Texte produziert, benutzt fast immer XML, er weiß es vielleicht nur nicht – weil 2008 die öffentliche Hand der Verwaltung beschlossen hat, unabhängig von solchen SoftwareherstellerInnen zu werden, die Textformate produzieren, von denen nur sie wissen, wie diese Texte ausgelesen werden können. Ein öffentlich zugänglicher, gemeinsamer Standard war gefragt, der beschreibt, wie diese Texte ausgezeichnet und strukturiert sind. Man hat sich (nach hartem Kampf etwa mit Microsoft) darauf geeinigt, dass alles, was an Dokumenten entsteht, in XML entstehen soll (zum Thema XML und TEI siehe den Beitrag *Digitale Edition und TEI-Codierung* im vorliegenden Band).

Es gibt für die Annotation einen langwährenden Streit, wie man sinnvoll annotiert, und der Streit ist auch deshalb ein bisschen disparat, weil hier zwei Methoden sinnvoll sind: Die *inline/embedded*-Annotation, wie sie XML macht, hat sehr große Vorteile, weil der Text als Metaebene zum Teil des Textes wird. Das ist einerseits sehr gut, andererseits wird es schwierig, wenn damit Dinge ausgedrückt werden, die den ursprünglichen Text zerstören oder schwer lesbar machen. Es kommen in Texten auch Strukturen vor, die sich widersprechen. XML hat aber eine strikte Hierarchie zu befolgen, d.h. wenn es eine überlappende Struktur gibt, muss man im XML tricksen. Deshalb gibt es die Auffassung, dass Text und Annotationen prinzipiell zu trennen sind, weil ein Text und seine Annotation – die auch immer Interpretation ist – zwei unterschiedliche Dinge seien, die unterschiedlichen Regeln gehorchen. Die Stand-off-Annotation begegnet diesem Problem, indem Referenzen auf Stellen im Basistext angenommen oder eigens erzeugt werden, auf die dann mit den Annotationen referiert wird.

Die Voraussetzung für diese Technik ist, dass sich der Text, auf dessen Zeichen verwiesen werden, nicht mehr ändert. Sobald es zu einer Veränderung kommt, die dazu führt, dass sich Zeichen verschieben, stimmen die Referenzen nicht mehr. Man muss also bei einer Stand-off-Annotation entweder dafür sorgen, dass der Basistext stabil bleibt, oder Instrumente entwickeln, die die Verbindungen dynamisch halten und bei Textveränderungen anpassen können.

### *4. Modellierung*

Modellierung lässt sich als ein allgemein menschliches, kognitionswissenschaftlich nachweisbares Verfahren begreifen, um mit der Welt umzugehen. Denn Informationen werden niemals so verarbeitet, wie sie wahrgenommen werden. Sie müssen auf bestimmte Grundeigenschaften reduziert werden, und diese Grundeigenschaften nennt man Modell, zu verstehen als eine Reduktion, um die Welt behandelbar zu machen. Der Basistheoretiker ist Herbert Stachowiak (1973). Clifford Geertz (1966) und Willard McCarty (2004) haben eine sehr schöne Formel gefunden, die die Funktion dieser Modelle beschreibt, mit denen ich vorsichtig überleiten möchte, um zu zeigen, was in den DH passiert. Sie weisen drauf hin, dass man einerseits die Wirklichkeit in einem Modell reduziert, aber andererseits damit ein Modell erzeugt, das handlungsleitend sein kann, präskriptiv, vorhersagend, und damit auch wieder an der Wirklichkeit überprüft werden kann.

Das, was man auf dem und mit dem Computer tut, ist dieser Vorstellung von menschlicher Erkenntnisweise ganz nahe. Es gibt nichts, was man dieser binär arbeitenden Maschine gibt, das nicht einem strukturierten Informationsaufbau entspricht. D.h., wenn man Digitale Geisteswissenschaften betreibt, ist man ständig dabei zu modellieren. Michael Sperberg-McQueen ist auf der letzten DHd-Konferenz bei seinem Abschlussvortrag – herausgefordert von dem Titel der Tagung „Kritik der Digitalen Vernunft" – so weit gegangen zu behaupten, das Apriori bei Immanuel Kant entspreche einer Kategorisierung (Sperberg-McQueen 2018). Damit wäre eigentlich jede Wissenschaft digital, weil sie Kategorien bildet, oder umgekehrt gesagt, wann immer wir uns nicht sicher sind und keine Kategorien bilden können, bevorzugen wir analoge Optionen, nicht diskrete.

Diese Überlegungen führen auf die Vorstellung zurück, dass wir als GeisteswissenschaftlerInnen vor der Wirklichkeit stehen und versuchen, uns ein Abbild zu machen und dieses in eine Maschine zu stecken. Wir tun zweierlei: Einerseits durchdenken wir die Wirklichkeit, damit wir sie in die Maschine einspeisen können, und andererseits merken wir, nachdem wir sie eingespeist haben, dass es so nicht stimmt. Wir lernen also aus zwei Prozessen dieser Modellierung etwas über die Wirklichkeit. Wir müssen ständig versuchen, Wirklichkeit zu analysieren, sie in diskrete Informationen zu übersetzen. Dann ist es die Aufgabe, diese vom Computer prozessierte Übersetzung wieder mit der Wirklichkeit in Verbindung zu bringen. Daraus gewinnen wir Erkenntnisse.

*5. Quantifizierung*

Quantifizieren ist eines der Kerngebiete der DH. Franco Moretti ist einer der Vorreiter aus der Literaturwissenschaft, der das Quantifizieren zu einem Prinzip gemacht hat. Indem er Metadaten aus Buchpublikationen analysiert hat, konnte er feststellen, wie sich die Gattung des Romans in verschiedenen Literaturen entwickelt hat. Er kann so zeigen, dass es eine rapide Entwicklung ist und sich die Romangattung als wichtiges Instrument der Literaturproduktion festigt. Diese Analysen kann Moretti anstellen, obwohl er die jeweiligen Sprachen nicht spricht, er kann analysieren, welche Bedeutung der Roman für eine Kultur hat, weil er seine Untersuchungen aus der Distanz macht, ohne sich den einzelnen Text durchgelesen zu haben (Moretti 2009). Diese Methode hat er *Distant Reading* (Moretti 2013) genannt (siehe auch den Beitrag *Distant Reading* im vorliegenden Band).

Distant Reading ist nicht nur als Kampfbegriff gegen „Close Reading" gedacht, sondern ist eigentlich ein Kampfbegriff gegen ein Elitendenken innerhalb der Literaturwissenschaft. Moretti möchte nämlich drauf hinweisen, dass mit Distant Reading-Verfahren an den literarischen Konventionen gerüttelt werden kann. Dadurch ist es nämlich möglich, nicht nur die fünf kanonischen Werke der Literaturgeschichte zu analysieren, die Sie alle gelesen haben müssen, sondern auch jene 5000 Werke, die ebenfalls in einer Epoche geschrieben wurden. Seine Beobachtungen sind etwa, dass nur bis Anfang des 19. Jahrhunderts Frauen Romanautorinnen waren, dann plötzlich jedoch von Männern verdrängt wurden und in der Literaturgeschichte neben Klopstock, Wieland, Goethe und Schiller untergingen.

Ein zweiter wichtiger Anwendungsbereich, in dem Quantifizierung eine große Rolle spielt, ist die Stilometrie, die sich zunächst im der Frage der Bestimmung von Autorschaft bei anonym veröffentlichten Texte befasste (vgl. u.a. Mosteller/Wallace 1964; Grieve 2005; Craig/Kinney 2009). Inzwischen wurde z.B. auch in der Mediävistik versucht, mit stilometrischen Methoden Ähnlichkeiten von Texten zu bestimmen. Es wurden u.a. Wörter ausgezählt und ein Korpus an Literatur des 13. Jahrhunderts so aufbereitet, dass analysiert werden konnte, welche Wortgruppen in Texten häufig vorkommen (vgl. Viehhauser 2015). So konnte mit der Software *Stylo* die Ähnlichkeit von Texten bestimmt werden. Das Ergebnis ist ein farbiges Baumdiagramm, bei dem die räumliche Nähe zwischen zwei Texten auf die Möglichkeit einer übereinstimmenden Autorschaft hinweist.

Ein weiteres Beispiel hat der amerikanische Literaturwissenschaftler John F. Burrows vorgelegt, der anhand von quantifizierenden Methoden versucht hat, die Autorschaft von Texten zu unterscheiden (Burrows 2007). Z.B.: Wieviel Marlowe steckt in Shakespeare? Dies kann man weiter treiben und segmentbezogen Häufigkeiten von Wörtern zwischen verschiedenen Texten und Gattungen vergleichen: Welche Wörter sind bspw. typisch für Kriminalgeschichten, für Arthur Conan Doyle usw.

*6. Roboterisierung*
Machen uns Computer überflüssig? Das ist eine grundsätzliche Diskussion, die jetzt nicht näher ausgeführt, aber zumindest gestreift werden soll. Man könnte sagen, dass Maschinen – genauso wie Menschen – Dinge tun, die langweilig sind, weil sie immer die gleichen sind. Sie arbeiten bestimmte Prozesse, Prozeduren und Skripte ab. Das ist der erste Teil des Roboters, der Teil, an den wir uns längst gewöhnt haben. In früheren Zeiten hat man noch Register gemacht, indem man Karteikarten geschrieben und dann von Hand sortiert hat. Diese Aufgabe kann natürlich längst der Computer übernehmen, der dabei noch dazu viel schneller ist (Aufträge, die früher z.B. drei Personen für eine ganze Woche beschäftigten, werden heute von einem Computer u.U. in weniger als einer Sekunde erledigt).

Zum einen verarbeiten Computer also sehr viele Daten, zum anderen sind sie regelgeleitet. Das können Regeln sein, die wir uns selber ausdenken, das können aber auch sehr komplexe Regeln sein, die Computer erst selbst finden müssen. Man kann z.B. behaupten, dass gewisse Wörter in Werbemails häufiger vorkommen als bestimmte Wörter in Mails Ihres Professors, deshalb können die Mails unterschieden werden. Die Werbemails werden in den Spam-Ordner verschoben; das basiert alleine auf einer statistischen Wahrscheinlichkeitsverteilung von Wörtern. Das funktioniert insbesondere, wenn wir nicht nur viele Daten haben, sondern wenn wir Daten haben, an denen messbare Merkmale haften, also bestimmte Wörter. Ich muss irgendeine Art von Struktur erkennen, je mehr Struktur wir haben, umso mehr Regeln können wir formulieren.

Das, was heutzutage die Diskussion so befeuert, wenn wir ständig von Robotern reden, die uns die Arbeitsplätze wegnehmen, ist, dass die Informatik Stück für Stück besser verstanden oder ausprobiert hat, wie die Maschinen selbstständig lernen können. Und da gibt es zwei Prinzipien, die in letzter Zeit Furore gemacht haben: erstens *das klassische Prinzip* des ‚Machine Learning', das davon ausgeht, dass die Maschine mit einem vom Menschen bestimmten Regelwerk eine frühere Handlung des Menschen nachahmen soll. Zweitens ist mit dem *Deep Learning* auf Basis neuer Computerressourcen eine Methode aufgekommen, die den Computer mit sich selbst in Wettbewerb treten lässt. Stück für Stück probiert er neue Regeln aus und verwirft die jeweils schlechtesten, bis er zu einem akzeptablen Ergebnis gekommen ist. Der Prozess funktioniert erst jetzt, weil wir mittlerweile gutes Beispielmaterial und richtig viel Datenmaterial haben.

Vor der Robotisierung werden wir Geisteswissenschaftler in den nächsten 20 Jahren erst einmal nicht viel Angst haben müssen. Wir haben nämlich mit Gegenständen zu tun, zu denen es noch nicht so viel Daten gibt – genug vielleicht, um bequem darin zu suchen, zu wenige aber, um aussagekräftige Statistiken zu erstellen. Man muss noch eine ganze Menge Arbeit hineinstecken, um einem Computer z. B. das Frühneuhochdeutsche verständlich zu machen.

*7. Visualisierung und Multimodalität*

Franco Moretti hat nicht nur vorgeschlagen, viel zu zählen, sondern auch die Informationen zu visualisieren, sie in einer anderen Art „Text" darzustellen, um damit andere Erkenntnisse zu gewinnen. Ein Beispiel stellt seine Netzwerkanalyse zu Hamlet dar, bei der alle Interaktionen der handelnden Personen berücksichtigt sind. Aus einer derartigen Analyse kann man alles mögliche herauslesen, wie bspw. das Konzept der ProtagonistInnen funktioniert, welche Figuren viel miteinander kommunizieren oder welche am Rande stehen. Man könnte sich auch fragen, ob Ophelia vielleicht noch leben würde, wenn sie mit den besten Freunden Hamlets mehr Kontakt gehabt hätte usw. (Moretti 2013). Netzwerke sind total modisch; man kann ganz viel mit ihnen machen. Nicht nur Personen, auch Texte selbst können in Netzwerken dargestellt werden.

Des weiteren sind Karten klassische Visualisierungstools, um bspw. Aufenthaltsorte und Reiserouten von AutorInnen und ProtagonistInnen darzustellen. Derartige Grafiken sind schön und gut, entstammen aber eigentlich aus einer anderen Kultur, nämlich nicht einer geisteswissenschaftlichen kritisch differenzierenden Kultur, sondern einer reduktionistischen Kultur. Johanna Drucker (2011) hat beschrieben, dass einer Darstellung von Büchern nach Erscheinungsjahr von einer falschen Grundannahme ausgeht, weil wir ganz viele Vorarbeiten haben, bis ein Buch überhaupt erscheint, und man eigentlich darüber nachdenken müsste, wie man die Textgenese mitvisualisieren kann.

Ein schönes abschließendes Beispiel ist ein Projekt, bei dem die baulichen Gegebenheiten vor dem Brand der St. Paul's Cathedral rekonstruiert wurden.[10] Im Kirchhof befand sich eine Kanzel, auf der John Donne, ein englischer Prediger und Poet des Barocks, eine berühmte Predigt gehalten hatte. Man kann sich nun fragen: Wer bekommt diese berühmte Predigt damals überhaupt mit? Das Projekt hat versucht, die akustischen Bedingungen des Kirchhofes zu rekonstruieren. Damit wird etwas erzeugt, was nicht nur einfach Zählen ist, was nicht nur einfach ein Reflex mit einer Reduktion ist, also nicht nur ein Bild, sondern es kommt eine weitere Modalität hinein, wie es aus literaturwissenschaftlicher Sicht bezeichnet werden kann: die Erfahrung, dass man einen Text nicht nur lesen, sondern auch hören und multimedial erleben kann.

## „DH" ist ...

Was ist jetzt Digital Humanities? Wenn wir uns noch einmal grundlegend vor Augen führen, dass Geisteswissenschaften aus einer gewissen Kommunikationssituation heraus begriffen werden können, in der bestimmte Aufgaben und Tätigkeiten miteinander in Kontakt stehen, in Dialog treten, delegiert werden und andere Aufgaben damit in den Vordergrund treten, dann lässt sich dies auch auf maschinelle Verarbeitungsformen anwenden. Die Maschine zwingt uns allerdings, Dinge klar zu unterscheiden, und wir können dann anfangen, wieder „weicher" zu werden und eine Interpretation daraus machen, daraus eine Erkenntnis zu formulieren, die in einer neuen Form endet und nicht nur in einer Zahl. Wir können das in Beziehung setzen zu anderen Kontexten und dabei merken, wie wir die Maschine vielleicht noch etwas Neues fragen können. Und dann sind wir digitale GeisterwissenschaftlerInnen – Sie hoffentlich auch, nach diesem Semester.

## Anmerkungen

1 Der Beitrag wurde auf Basis eines Audiomitschnitts von Ingo Börner und Christian Zolles zusammengestellt. Der besseren Verständlichkeit halber wurden die Sätze weitgehend in Schriftsprache gebracht und an manchen Stellen ergänzt. Darüber hinaus musste der Vortrag insbesondere um zahlreiche Beispiele gekürzt werden. Sämtliche Folien der Präsentation finden sich langfristig im *Phaidra*-Repositorium der Universität Wien gespeichert, URL: phaidra.univie.ac.at/o:769787.
2 Siehe URL: www.corpusthomisticum.org [20.5.2018].
3 Siehe URL: www.wienerzeitung.at/themen_channel/wz_reflexionen/zeitgenossen/939131_Eine-voellig-neue-Art-des-Arbeitens.html [20.5.2018].
4 Siehe URL: transkribus.eu [20.5.2018].
5 Siehe URL: www.europeana.eu/portal/de [20.5.2018].
6 Siehe URL: dariah.eu [20.5.2018].
7 Siehe URL: www.clarin-d.net/de [20.5.2018].
8 Siehe URL: geobrowser.de.dariah.eu [20.5.2018]
9 Siehe URL: weblicht.sfs.uni-tuebingen.de [20.5.2018].
10 Siehe URL: vpcp.chass.ncsu.edu [20.5.2018].

## Literatur

Burrows, John F. (2007): All the way through: Testing for authorship in different frequency strata. In: Literary and Linguistic Computing 22, H. 1, S. 27–47.

Craig, Hugh/Kinney, Arthur F. (2009): Shakespeare, Computers, and the Mystery of Authorship. Cambridge: Cambridge University Press.

Drucker, Johanna (2011): Humanities approaches to graphical display. In: Digital Humanities Quarterly 5, H. 1, URL: www.digitalhumanities.org/dhq/vol/5/1/000091/000091.html [20.5.2018].

Geertz, Clifford (1966): Religion as a cultural system, in: Banton, Michael P. (Hg.): Anthropological Approaches to the Study of Religion. London/UK: Tavistock & New-York: Frederick A. Praeger Press, S. 1–46.

Grieve, Jack(2005): Quantitative Authorship Distribution: A History and an Evaluation of Techniques. Burnaby: Simon Fraser Univ. MA thesis, URL: summit.sfu.ca/system/files/iritems1/8840/etd1721.pdf [20.5.2018].

Jannidis, Fotis/Kohle, Hubertus/Rehbein, Malte (Hg.) (2017): Digital Humanities. Eine Einführung. Stuttgart: Metzler.

Jeanneney, Jean-Noel (2006): Googles Herausforderung: Für eine europäische Bibliothek. Berlin: Wagenbach.

McCarty, Willard (2004): Modeling: A study in words and meanings. In: Schreibman, Susan/Siemens, Ray/Unsworth, John (Hg.) (2004): A Companion to Digital Humanities. New York: Wiley-Blackwell, DOI: 10.1002/9780470999875.ch19.

Menabrea, Luigi (1996): Grundriß der von Charles Babbage erfundenen „Analytical Engine". Aus d. Franz. übers. u. komm. v. Ada A. Lovelace. In: Dotzler, Bernhard (Hg.): Babbages Rechen-Automate. Ausgewählte Schriften. Wien/New York: Springer, S. 309–381.

Moretti, Franco (2009): Kurven, Karten, Stammbäume. Abstrakte Modelle für die Literaturgeschichte. Berlin: Suhrkamp.

Moretti, Franco (2013): Distant Reading. London: Verso.

Mosteller, Frederick/David L. Wallace (1964): Inference and Disputed Authorship: Federalist Papers University of Chicago Press. Reading, Mass.: Addison-Wesley.

Reuschel, Anneka (2012): Alle Wege führen nach Prag: Visualisierungsentwicklung von Figurenwegen in literarischen Texten, URL: www.literaturatlas.eu/2012/02/25/all-roads-lead-to-prague [3.6.2018].

Schreibman, Susan/Siemens, Ray/Unsworth, John (Hg.) (2004): A Companion to Digital Humanities. New York: Wiley-Blackwell, DOI: 10.1002/9780470999875.ch19.

Schreibman, Susan/Siemens, Ray/Unsworth, John (Hg.) (2016): A New Companion to Digital Humanities. 2. Aufl. New York: Wiley-Blackwell.

Sperberg-McQueen, Michael (2018): DHd 2018. Abschlusskeynote, URL: www.facebook.com/dhd2018/videos/1493016570810654 [20.5.2018].

Stachowiak, Herbert (1973): Allgemeine Modelltheorie. Wien: Springer.

Viehhauser, Gabriel (2015): Historische Stilometrie? Methodische Vorschläge für eine Annäherung textanalytischer Zugänge an die mediävistische Textualitätsdebatte. In: Baum, Constanze/Stäcker, Thomas (Hg.): Grenzen und Möglichkeiten der Digital Humanities = Zeitschrift für digitale Geisteswissenschaften, Sonderband 1, DOI: 10.17175/sb001_009.

# Narration und Rezeption

Wolfgang Straub

# Literatur und Digitalität

Das Thema E-Book und die damit verbundene Konkurrenzsituation analoges gegen digitales Buch bestimmte eine Zeit lang den medialen Diskurs im Bereich Literatur und Digitalität (wobei das genau genommen dem Begriff ‚Digitalisierung' zuzuordnen wäre). Mittlerweile haben sich die Zuwachsraten am E-Book-Markt deutlich verringert, das analoge Buch ist nicht tot.

Von den medial vorherrschenden Themen – die Konjunktur des E-Books, der digitale Vertrieb der Literatur – soll hier allerdings nicht primär die Rede sein. Auch nicht von anderen Bereichen der Digitalisierung von Literatur, etwa von der Digitalisierung von Bibliotheksbeständen. Mein Beitrag fragt in seinen drei Teilen vielmehr, welche digitalen Formen der Literatur es gibt, wie sich Autorschaft im digitalen Zeitalter verändert und – in einem eher skeptischen Fazit – wie digitale Kommunikationsformen Erzählmodelle beeinflussen. Und dabei wird dann doch wieder von Distribution und Publikation die Rede sein, die einzelnen Bereiche, die der Themenkomplex „Literatur und Digitalität" umfasst, lassen sich im Netzzeitalter nicht klar abtrennen.

## Digitale Literatur

Wir können uns dem Thema oder einer Definition über einen Umweg annähern. Der Schweizer Künstler Jean Tinguely (1925–1991) beschäftigte sich zeit seines Schaffens mit den Fragen der Kunstzerstörung sowie serieller Kunstproduktion. Er wurde in den 1950er Jahren bekannt für seine meist aus Abfallprodukten gebauten Maschinen, die entweder zwecklose Bewegungen und Verrichtungen vollführten oder Kunst produzierten: Seine Maschinen der Serie Méta-Matics verfügten über eine Vorrichtung zur Fixierung eines Blattes, auf dem ein in einer Mechanik feststeckender, austauschbarer Stift Kritzeleien vollführte.[1] Mit den Ergebnissen dieser Kunstproduktion, die auf die zeitgenössische gestische Malerei und das Informell Bezug nehmen, ließe sich trefflich über die Rolle und Ersetzbarkeit des Künstlers im Zeitalter der technischen Reproduzierbarkeit von Kunst diskutieren.

Wie Tinguelys Automatenkunst bedarf die digitale Literatur technischer Grundlagen. ‚Herkömmliche' Literatur, ein konventioneller Roman oder ein Theaterstück, kann am Computer geschrieben, distribuiert oder gelesen werden, aber sie kann ohne digitale Medien bestehen. Peter Handke etwa schreibt seine Texte mit Bleistift auf Papier. Und selbst Elfriede Jelineks, die seit Jahren ihre Texte nur mehr auf ihrer Webseite veröffentlicht, nutzt das Internet nur als Publikationsplattform.

Digitale Literatur hingegen basiert auf digitalem Code, ist „eine künstlerische Ausdrucksform, die der digitalen Medien als Existenzgrundlage bedarf" (Simanowski 2001, 5). Das bedeutet, dass digitale Literatur ohne Computer weder entstehen noch rezipiert werden kann (vgl. Winko 2005: 138). Daraus folgt des Weiteren, dass digitale Literatur außerhalb der digitalen Medien, etwa in einem Buch wie dem vorliegenden, eigentlich nicht existieren kann bzw. nur in Teilaspekten. In der digitalen Literatur verschwindet die Grenze zwischen dem einzelnen Text/Buch und der Gesamtheit der Texte – jedenfalls seit dem Aufkommen des WWW. Der User kann nicht mehr erkennen, wie viel Text vor oder hinter der gerade aufgerufenen Bildschirmseite liegt, die Geschichtlichkeit des Materials nicht mehr erkennbar. Das sind Verluste. Gewinne können die Möglichkeiten der digitalen Literatur in den Bereichen Inter- und Multimedialität oder Interaktivität sein.

Simone Winko führt als weiteres Merkmal digitaler Literatur den „doppelten Text" an, also die Unterscheidung zwischen dem auf dem Bildschirm erscheinenden und dem dahinterliegenden Text. Dieser „Text hinter dem Text", etwa HTML-Code oder JavaScript, ist vor allem bei konzeptioneller oder Code-Literatur von Bedeutung. Winko stellt sich in ihrem Definitionsversuch auch der schwierigen, aber wichtigen Frage nach der Literarizität digitaler Texte. Sie gibt Hinweise darauf, was elektronische Texte zu digitaler Literatur machen: Es müsse zum einen „einige institutionelle Hinweise in Form von Paratexten geben", etwa Signale auf der Webseite, Verlagsankündigungen, Hinweise auf Literaturpreise; zum anderen müsse es „inhaltliche und formale Merkmale geben, die den Text als literarischen markieren", etwa Fiktionalität, narrative Struktur, Überstrukturiertheit oder Selbstbezüglichkeit (Winko 2005: 140).

„Digitale Literatur" kann als Sammelbegriff gelten – von einer einheitlichen Nomenklatur sind wir weit entfernt. Der Begriff umfasst verschiedene Ausformungen: Digitale Poesie, Hypertext, Netzliteratur, Codeliteratur, elektronische Literatur – quasi die Genres der digitalen Literatur. Ich entscheide mich in meiner kurzen Vorstellung für eine Dreiteilung: Hypertext, Visuelle Poesie (als Spezialform der Digitalen Poesie), Netz- und Codeliteratur.

*Hypertext*

Norbert Bachleitner bezeichnet den Hypertext als „Urform der digitalen Literatur" (Bachleitner 2010). Der „Erfinder" des Begriffs, der US-amerikanische IT-Pionier Theodor Nelson, der 1965 erstmals von „hypertext" sprach, gab folgende Definition ab:

> non-sequential writing – text that branches and allows choices to the reader, best read at an interactive screen. As popularly conceived, this is a series of text chunks connected by links which offer the reader different pathways (Theodor Nelson, 1984, zit. n. Ensslin 2014a: 258).

Nichtlineares Schreiben ist natürlich keine Erfindung des Computerzeitalters. Proto-Hypertexte gibt es seit dem Mittelalter, Vorläufer kann man in den Glossen zum Talmud sehen, in der „labyrinthischen Poesie" des Barock (etwa bei Georg Philipp Harsdörffers *Wechselsatz*), in den Enzyklopädien der Aufklärung, in den gerne genannten Beispielen des *Tristram Shandy* von Lawrence Sterne und der „Fußnotenfiktion" im *Siebenkäs* von Jean Paul (vgl. Ensslin 2014b: 360). Vorläufer werden auch in Arno Schmidts *Zettels Traum* ausgemacht sowie in Andreas Okopenkos *Lexikonroman*. In Okopenkos Hypertext bestimmt allein der Leser den Lesefortlauf und das Ende. „Das Buch definiert sich als ein Möglichkeitsroman, in dem alles sein kann, jeder Lektürepfad sein kann und nicht sein kann" (Fliedl 2007: 182). Der Roman fand keine direkten Nachfolger. Es dauerte noch ein Vierteljahrhundert, bis der erste am Computer generierte Hyperroman erschien: Stets wird *afternoon* (1987) von Michael Joyce als der Archetyp oder „granddaddy" des Hyperromans genannt.[2]

In den 1990er Jahre gab es einen Hype der Hypertexte. Und auch von Okopenkos *Lexikonroman* wurde eine digitale Version hergestellt – die CD-ROM, die das Ergebnis dieses Projekts beinhaltet, ist allerdings auf gegenwärtigen Betriebssystemen nicht mehr abspielbar.[3] Dass Hypertexte auch heute noch relevant sein können, zeigt ein Buchprojekt des deutschen Schriftstellers Franz Friedrich. Er publizierte 2015 einen „Zeitreiseführer", einen intermedialen Hyperroman. Der Verlag spricht von einem „digiBook"[4], das man sich auf seinen Computer oder als App auf sein Smartphone laden kann. Von

Hypertext spricht heute niemand mehr, auch wenn es sich hier im Grunde um einen solchen handelt – der Leser hat viele Abzweigemöglichkeiten via Hyperlinks, die nicht nur zu Textpassagen, sondern auch zu Fotos oder Videos führen können. *25.05.2015. Der letzte Montag im Mai*, so der Titel des Buches, ist in seiner narrativen Grundstruktur eine S-Bahn-Reise durch Berlin an einem Tag, die eben mit verschiedenen medialen Erweiterungen angereichert ist – die im Text vorkommenden Orte können auf einer realen Berlin-Karte aufgerufen werden, für den potentiellen Besucher aus der Zukunft werden Begriffe unserer Gegenwart fußnotenartig erklärt. Landkarte, Glossar, Bebilderung: Das ist das Inventar, das hier durch Klicken oder Wischen bequem ineinander greift, aber keine Neuerungen im „Hypertext-Genre" darstellen. Mit Video und akustischer Untermalung kommen allerdings zwei neue Medien hinzu. Dass der Autor mit dem Zeitreise-Motiv ein Science-Fiction-Element hereinnimmt, nährt den Verdacht, dass Literatur, die sich mit dem Digitalen auseinandersetzt, gerne mit Zukunftsvisionen spielt.

*Konkrete und visuelle Poesie*

Die am Computer generierte visuelle Poesie beruht auf der Tradition, durch besondere grafische Anordnung auf die Gestalt des Wortmaterials hinzuweisen. Aus der Antike kennt man das Beispiel des sogenannten Flügelgedichts des Simmias von Rhodos (4. Jh. v.u.Z.): zwölf Verse, die um jeweils einen Versfuß abnehmen und dann wieder bis zur ursprünglichen Länge zunehmen und im Bild des Flügels den Gott Eros darstellen. Im Barock hatten Figurengedichte eine gewisse Konjunktur, die Texte bildeten Kreuze oder Trinkpokale. Ein späteres Beispiel wäre Christian Morgensterns *Die Trichter*.[5]

Anfang des 20. Jahrhunderts dann wurde der visuellen Materialität der Sprache wieder vermehrt Aufmerksamkeit geschenkt. Mallarmé, die Futuristen und Dadaisten arbeiteten in erster Linie an typografischen Gedichten und Experimenten. Ab den 1950er Jahren trat die konkrete Poesie auf den Plan: „Das verbindende Element der verschiedenen Sehtexte dieser *Poesie der Fläche*, wie Franz Mon einen seiner Essays betitelt, war die Unmöglichkeit, sie vorzulesen." (Simanowski 2012: 173) Zu den bekanntesten Beispielen zählen *Schweigen* (1954) des „Erfinders" der konkreten Poesie, Eugen Gomringer, sowie Reinhard Döhls *Apfel* (1965).

Wichtig für die Brücke von der Konkreten Poesie zur digitalen Literatur waren die Arbeiten der sogenannten Stuttgarter Gruppe, mit dem erwähnten Döhl, mit Helmut Heissenbüttel, Ludwig Harig oder

Max Bense. In der konkreten Poesie findet ein „Wechsel der medientypischen Rezeptionshaltung" statt, „aus dem für die Literatur typischen Modus des Lesens in den für die bildende Kunst typischen des Betrachtens" (Simanowski 2012: 174). Da bei Konkreter Poesie die visuelle an die linguistische Bedeutungsebene gebunden bleibt, sind Analogien zur bildender Kunst abzulehnen – darauf verweist bereits Emmet Williams (1965: V) in seiner Sammlung *Concrete Poetry*.

Es war vor allem der Schriftsteller und Medienkünstler Johannes Auer, der die Arbeiten der Stuttgarter Gruppe digital erweiterte. Dabei „adaptierte" Auer unter anderem frühere Texte für das Netz, etwa den ikonischen *Apfel* Reinhard Döhls und machte daraus *worm applepie for doehl*. Der Wurm frisst nun die Schriftzeichen, bringt nach und nach die Apfelform zum Verschwinden und wird dabei immer dicker.[6] Die digitale Version fügt dem konkreten Gedicht etwas hinzu, man könnte von Textanimation sprechen.

Animierte Texte sind auch Teil des Werks des Wiener Künstlers Jörg Piringer. Seine Arbeiten im Netz und seine Auftritte zeigen deutlich das Ausnützen der ganzen medialen Bandbreite. Der Text verlässt nicht nur das Blatt, er beginnt sich zu bewegen, er wird zu Sound oder wird mit Sound ergänzt, er wird performt, verfremdet, ins Bildnerische, Visuelle gezogen – und das am besten alles in einem oder zumindest parallel.

Die Grenzen zur Medienkunst und concept art – ebenfalls schwer abgrenzbare Begriffe – sind bei digitaler Kunst oft fließend, aber es bleibt, wie erwähnt, auf Seiten der literarischen Beiträge die linguistische Bedeutungsebene vorherrschend. Viele bildende Künstler und Konzeptkünstler setz(t)en Text oder Typografie ein, die Übergänge sind vielfältig. Visuelle Poesie, wie sie Roberto Simanowski versteht, kommt von der Seite der Literatur und verbindet Text mit bildnerischen Elementen wie Farbe oder Zeichnungen (vgl. Simanowski 2012: 177). Jörg Piringers arbeiten öffnen sich weniger der bildnerischen als der akustischen Seite. Seine „Soundpoems", die zugleich Visuelle Poesie sind, können die Tradition nicht verleugnen, werden im Netz sogar zu Mitmachtexten.[7] Seine Texte sind multimedial, könnten dabei meist als Vertreter kinetischer Konkreter Poesie gelten.

*Code-, Netzliteratur*

Dieses „Genre" hat sein Herkommen aus der permutativen, konzeptionellen Literatur, etwa aus dem historischen Phänomen der Situationisten oder des Oulipo-Kreises. Bei Oulipo etwa geht es darum, Texte aus formalem Zwang heraus zu schaffen – bekanntestes

Beispiel ist der Roman *La Disparition* (1969) von Georges Perec, der den Buchstaben „e“ nicht enthält.

Codeliteratur kann man nun nicht mit konzeptueller Literatur gleichsetzen, aber „[d]ie Idee, dass Regeln ein Prozess zur Herstellung von Kunst sein können, hat eine deutliche Parallele im Algorithmus, der die Basis aller Software und aller Computeroperationen bildet“ (Bajohr 2016: 11). Codeliteratur ist also Literatur, die zu einem wesentlichen Teil durch die Ausführung formalisierter Algorithmen hervorgebracht wird. Ein frühes Beispiel wäre Christopher Stracheys Love Letter Generator (1952), der auf Basis eines vorgegebenen Vokabulars und syntaktischer Regeln automatisiert Liebesbriefe schreibt. (Der Generator wurde im Netz von einer Privatperson nachgebaut.)[8] In diese Richtung gehört auch Raymond Queneaus Hunderttausend Milliarden Gedichte (Cent Mille Milliards de Poèmes, 1961) – ein Konzept für die zufällige Neuzusammensetzung eines Sonetts: Zehn Sonette sind nach demselben Reimschema aufgebaut, jede erste Zeile kann mit einer beliebigen der zweiten Zeilen kombiniert werden u.s.w., was mathematisch crrechnet 1014 Möglichkeiten ergibt. (Auch Queneaus Textgenerator wurde im Netz von einer Privatperson umgesetzt.)[9]

Der Begriff Netzliteratur soll kurz ins Spiel gebracht werden, ohne eine Definition anzustreben. Die Durchsetzung des Internet in den letzten 20 Jahren als zentrales Informations- und Kommunikationsorgan hat Niederschlag gefunden in der Literaturproduktion. Man kann nun unter Netzliteratur auf das Internet referieren als Ort der Herstellung und Distribution von Literatur oder als neues Medium und künstlerisches Ausdrucksmittel, wie die Fotografie in den 1920ern oder das Video in den 1970ern. Die angeführten Beispiele einer generativen, konzeptionellen oder permutativen Literatur sind allesamt im Internet vorstellbar und vorhanden, sie haben nur weiter zurückreichende Wurzeln.

Ein Phänomen, das unter den Auspizien der Netzliteratur aktueller denn je wurde, ist die Appropriation, in der Literatur gemeint als Aneignung anderer Stile, anderer Inhalte, von Texten anderer. Das, was dem Studierenden als Plagiat streng untersagt ist, ist in der Literatur seit jeher fester Bestandteil: Imitation, Nachahmung, Zitation, Variation, Pastiche, Parodie, Travestie, Paraphrase etc. Als einer der einflussreichsten Texte hierbei zeigte sich eine Erzählung Jorge Luis Borges’. In *Pierre Menard, Autor des* Quijote (1939) plant der von Borges erfundene Autor, Teile des *Don Quijote* neu (ident) zu schreiben (vgl. Borges 2000). Es geht bei Borges nicht um die konkrete

Umsetzung, sondern um die Ausformulierung der Idee einer so konsequenten Appropriation von Text und Autorschaft.

Borges' Idee haben sich in der Folge mehrere Schriftsteller angenommen: Goldsmith etwa schreibt 2003 die gesamte Ausgabe der *New York Times* eines bestimmtes Tages Wort für Wort von vorne bis hinten ab und macht das zu einem 700-seitigen Buch; Simon Morris tippt *On the Road* von Jack Kerouac Wort für Wort ab und publiziert den Text als „Herausgeber“ (vgl. Morris 2010). Geht es um Appropriation und Netzliteratur kommt man nicht umhin, auf Goldsmith, den Autor von *Day*, zu verweisen. Goldsmith hat nämlich mit dem Buch *Uncreative Writing* ein erfolgreiches Label geschaffen, einen vieldiskutierten Beitrag zum Thema. Goldsmith ist ein erfolgreicher Selbstvermarkter, er brachte es bis zu einer Lesung im Weißen Haus, auf seinem Twitter-Account (ca. 20.000 Follower) setzt er provokante Nachrichten ab: „The internet is destroying literature. And it's a good thing.“[10] oder: „I live in a world where copyright doesn't exist.“[11]

Sein Buch *Day* oder Morris' *Getting Inside Jack Kerouac's Head* sind für ihn Beispiele eines uncreative writings, das dem Internetzeitalter angemessen sei, weil man den Text- und Datenbergen nicht neue hinzufügen, sondern lernen solle, „mit den riesigen Mengen existierenden Textes fertigzuwerden“ (Goldsmith 2017: 9). Es gehe im 21. Jahrhundert nicht mehr um Kreativität, sondern um das Management der Textmengen. Man könne einen beliebigen Text aus den Weiten des Netzes herausziehen und ihn „reframen“, in einen neuen Zusammenhang bzw. Rahmen stellen, ihn dadurch zur Kunst machen. Goldsmith überträgt also Duchamps Prinzip des Readymade im selben Maßstab auf die Literatur.

Das Buch strotz vor begrifflichen Ungenauigkeiten, Goldsmith führt das „Refraiming“ nicht im Detail aus, er geht nicht auf die verschiedenen medialen „Frames“ zwischen bildender Kunst und Literatur ein. Er vergleicht die Situation des Schreibens seit dem Aufstieg des Internet mit jener der Malerei beim Aufkommen der Fotografie – die Fotografie sei viel besser darin, „die Wirklichkeit zu kopieren“ (Goldsmith 2017: 27). Davon abgesehen, dass es der Malerei niemals um ein bloßes Kopieren der Wirklichkeit ging, ist die Analogie hanebüchen: Die Malerei habe auf die Fotografie mit der „Flucht in die Abstraktion“ geantwortet, das Schreiben reagiere mimetisch bzw. replikativ auf das Internet (Goldsmith 2017: 28). Hanebüchen auch die Aneignung Walter Benjamins, dessen *Passagen-Werk* er als das „beste Buch über Unkreatives Schreiben“ bezeichnet (Goldsmith 2017: 147). Wie auch immer man Benjamins Sammlung an Notizen und Exzerpten einordnen mag, letzten Endes dürften sie wohl einem analytischen Zweck zugedacht gewesen sein.

## Digitale Autorschaft

Jean Tinguely ersetzte in seinen *Meta-Matics* den Künstler durch eine Zeichenmaschine. Ist auch der Autor durch die Maschine ersetzbar? Ist er, wie Goldsmith postuliert, nur mehr Arrangeur, Kopist, Datenmanager? Haben wir jetzt mit dem Internet eine Maschine, „die den Dichter und den Schriftsteller ersetzen kann", wie Italo Calvino 1967 fragte? (Calvino 1984: 17) Ist er jetzt, genau 50 Jahre nach dem Erscheinen von Roland Barthes berühmten Aufsatz *La mort de l'autor*, endlich wirklich tot, der Autor? (Vgl. Barthes 2000: 183)

*Textmaschinen, Poesie-Automaten*

Heute werden Maschinen – genaugenommen Computersoftware – mit Sprachkompetenz angeboten. Vieles davon sind Angebote zur Herstellung von Massensendungen für Werbemaßnahmen. Aber weltweit sind längst vollautomatisierte Textgenerierungssysteme im Einsatz. Einsatzgebiet ist derzeit der sogenannte „Robo-Journalismus" oder „Algorithmische Journalismus": sachkundige Texte mit Hintergrundwissen, grammatikalisch richtig dargestellt, vor allem in den Bereichen Sport, Wetter, Unternehmensberichte. Der Leser, die Leserin bemerkt keinen Unterschied. Der erste rein computergenerierter Text in einer Zeitung war angeblich der Bericht über ein Erdbeben in der *L. A. Times* 2014 (vgl. Graf 2018). Noch ist Belletristik oder komplexe narrative Literatur nicht maschinell herstellbar. „Sprachliche Kreativität, Assoziation, Intellektualität sind für Computer nach wie vor unerreichbar." (Graf 2018)

Der Poesie-Automat ist aber längst schon imaginiert und ausprobiert worden, wir haben das bei Christopher Stracheys *Love Letters* aus dem Jahr 1952 gesehen. Eine weitere solche Schriftsteller-Phantasie stammt von Hans Magnus Enzensberger, der 1974, weil er künstlerisch und aktivistisch feststeckte, an einem Poesie-Automaten gedanklich bastelte. Als Enzensbergers Apparatur im Jahr 2000 bei einem Literaturfest verwirklicht wurde, veröffentlichte er auch seine damaligen Überlegungen:

> Wer aus einer endlichen Menge von Sprachelementen, einem Lexikon, auf Grund eines Systems von Verfahrensregeln, deren Repertoire ebenfalls endlich ist, eine unendlich große Zahl von verschiedenen Sätzen zu erzeugen vermag, von dem sagt man, er spreche (oder schreibe) eine Sprache. Wenn

> man Lust dazu hat, kann man einen solchen Sprecher als einen Automaten betrachten, der mit Hilfe eines Programms, der Grammatik, und eines Speichers, des Lexikons, beliebig viele ‚richtige' Lösungen auswirft. (Enzensberger 2000: 17)

Enzensberger phantasiert den für seinen Poesie-Automaten idealen Platz als „ein Zentrum der allgemeinen Zirkulation", etwa die „Passagierzone eines großen Flughafens" – die maschinell generierten Gedichte könnten dann gleich auf der Anzeigetafel des Flughafens angezeigt werden (Enzensberger 2000: 34).

Solche Poesie-Automaten wurden zahlreich umgesetzt, im Netz findet man viele Beispiele. Ein- und Überblick liefert der australische Schriftsteller Oscar Schwartz, der ein unterhaltsames Ratespiel präsentiert. *bot or not* orientiert sich am legendären Turing-Test, einem Verfahren, mit dem der britische Mathematiker Alan Turing 1950 die künstliche Intelligenz in Konkurrenz zum menschlichen Verstand setzte: Ein Proband führt mit einem unsichtbaren Gegenüber via Bildschirm eine Unterhaltung und muss nachher entscheiden, ob sein Vis-à-vis Mensch oder Maschine war. Auf Schwartz' Webseite wird jeweils ein Gedicht präsentiert und der User muss entscheiden, ob es von einem Mensch oder einer Software produziert wurde.[12]

Noch zwei Beispiele von Poesie-Automaten aus dem Netz: Die *New York Times* bietet eine Haiku-Maschine an, die aus dem Wortmaterial der Homepage der Zeitung diese poetischen 17-Silber formt.[13] Und schließlich ist da noch Kathrin Passig, eine Berliner Autorin, Mitbetreiberin des 2005 bis 2012 bestehenden kollaborativen Weblogs *Riesenmaschine*, das sich ironisch, konsumkritisch und antimonopolistisch mit Entwicklungen der Zeit auseinandersetzte. Aus dieser Zeit „übriggeblieben" ist die *Zufallsshirt-Maschine*, die „mechanisch aus einer zufälligen Kombination von Zufallsbild und Zufallstext in Zufallsschrift und Zufallsfarben ein nur ein einziges Mal existierendes Zufallsmotiv" erzeugt, das dann auf ein T-Shirt gedruckt und käuflich erworben werden kann.[14]

Bei diesen Poesie-Automaten gibt es nun tatsächlich keinen Autor im herkömmlichen Sinne mehr, es gibt nur mehr den Programmierer des Algorithmus. Ein Thema, das in letzter Zeit die Diskussion um computergenerierte Texte anfeuerte, sind die Bots, Computerprogramme, die ohne menschliche Interaktion sich wiederholende Aufgaben erledigen. Bekannt sind in erster Linie die *social bots*, die in sozialen Netzwerken automatisch Antworten setzen und bei der Verbreitung von Propaganda helfen sollen. Die österreichische Journalistin Ingrid Brodnig berichtete im April 2018 davon, sich um

6,40 Euro 2000 „Fans" für die eigene Facebook-Seite gekauft zu haben. Und Anfang des Jahres 2018 brachte der österreichisch Schriftsteller Clemens Setz ein Buch heraus, das er schlicht *Bot* betitelte. Der Untertitel, „Gespräch ohne Autor", scheint in das Zentrum unserer Fragestellung zu führen.

Im Vorwort rekurriert Setz auf den Turing-Test und das 2005 von einem US-amerikanischen Forscherteam umgesetzte Projekt, einen Android herzustellen, der mit den sprachlichen Äußerungen des Science-Fiction-Autors Philip K. Dick „gefüttert" wurde.[15] Setz ergeht sich, von solchen Beispielen zehrend, in der Vorstellung, „dass man auch mich dereinst würde rekonstruieren können aus dem Material, das ich hinterlassen habe" (Setz 2018: 9). Die im Buch vorliegende Versuchsanordnung ist jedoch eine völlig andere: Es gibt eine „elendslange Worddatei" (Setz 2018: 10) des Autors mit Aufzeichnungen und Notizen. Das Ganze ist als Gespräch arrangiert, eine „Herausgeberin" stellt Fragen, die dann mit einem Ausschnitt aus dem Textkonglomerat „beantwortet" wird. Der Internet-Nerd Setz setzt sich inhaltlich immer wieder mit Phänomenen der Digitalität auseinander: Er schreibt davon, dass Google Translate „als eine Art Ecstasy für das eigene Deutsch" dienen könne, „wenn sonst gar nichts zündet" (Setz 2018: 78); er berichtet von Erfahrungen mit Chatbots (Setz 2018: 111f.). Aber: Der Titel ist irreführend, das hat nichts mit digitaler Literatur oder der Ersetzung des Autors zu tun. Man kann das als ironischen Kommentar zur gegenwärtigen Diskussion sehen, aus gattungstheoretischer Sicht handelt es sich um ein herkömmliches Journal, in Ausschnitten dargeboten.

*Autorschaftsmodelle*

Was sagt nun die Literaturwissenschaft zur Autorschaft im digitalen Zeitalter? Florian Hartling, dem hier grosso modo gefolgt wird, spricht sich gegen die in der Sekundärliteratur häufig vertretene These aus, in der digitalen Literatur sei eine Tendenz zur Marginalisierung des Autors festzustellen. Hartling beobachtet vielmehr im Gros der Literaturproduktion im Internet eine weiterhin starke Autorschaft „mit einem sehr traditionellen Autorschaftsverständnis". Es gebe allerdings im Netz „ein Nebeneinander ganz unterschiedlicher Konzeptionen", die „je nach künstlerischem Programm aktiviert" würden. (Hartling 2013: 82) Hartling beobachtet im Netz eine Zuspitzung der Extreme: Zum einen könne der Personenkult um Autoren noch größer sein als in der traditionellen Literatur, da es im Netz komplexere Möglichkeiten der Selbstinszenierung gebe, zum anderen könne durch künstlerische Konzepte die Marginalisierung des Autors im Netz sehr ausgeprägt sein.

Hartling präsentiert für den/die „digitale/n AutorIn“ eine vierteilige Typologie: Die klassische, „genialistische“ Autorschaft (1) werde im Netz fortgeführt. Daneben könne das Internet als Kommunikation- und Interaktionsmedium kollaborative Formen der Autorschaft (2) unterstützen, wobei es scheint, dass gute Arbeiten „gemeinhin von wenigen Co-Autoren produziert“ würden (Hartling 2013: 85) – was etwa gegen die *fan fiction* spricht. In den konzeptionellen Arbeiten der digitalen Literatur, der Codeliteratur, kommt laut Hartling eine marginalisierte Autorschaft (3) zu tragen – zugespitzt gesagt: der Autor als Programmierer. Für die Performance Art innerhalb der konzeptionellen Literatur bringt Hartling noch den Begriff der dissoziierten Autorschaft (4) ins Spiel, hier würden „Netzautoren“ versuchen, „aus den Rahmenbedingungen des Netzdispositivs regelrecht ‚auszubrechen'“ (Hartling 2013: 88), etwa indem die Idee, das Konzept die Realisierung dominiere und das ‚Werk' nur während seiner Aufführung existiere. In Österreich experimentiert der erwähnte Jörg Piringer mit der Dissoziierung der Autorschaft, mit verschiedenen Autorfunktionen, er ist auch als Performancekünstler tätig.

Hartling resümiert, dass das Dispositiv Internet nicht für die Abschaffung des Autors stehe, es lasse die „Befreiung“ von Autor nicht zu. Es sei aber zu erwarten, „dass sich in diesem Dispositiv weiterhin neue künstlerische Ausprägungen von Autorschaft herausbilden werden.“ (Hartling 2013: 92)

## Das arme Internet. Fazit

Die digitale Literatur, die ich hier präsentiert habe, ist ein Randphänomen, sie hat als konzeptionelle Literatur ihren Ursprung in den europäischen Avantgarden, und sie ist kein Bestseller. Bestseller können jene Texte werden, die digitale Kommunikationsformen heranziehen, um Gegenwärtigkeit auszustrahlen, dabei aber herkömmliche Literaturformen anwenden. Allen voran sind Daniel Glattauers E-Mail-Romane *Gut gegen Nordwind* (2006) und *Alle sieben Wellen* (2009) zu nennen, gut komponierte Trivialliteratur, die sich mehr als zwei Millionen Mal verkauft hat.[16] Einen im Feuilleton vielbesprochenen E-Mail-Roman veröffentlichte 2017 auch Zsuzsa Bánk, die elektronische Kommunikation zwischen den beiden Freundinnen ist aber – wie bei Glattauer – nichts anderes als ein Briefroman. Es muss nicht E-Mail, es kann auch ein Facebook-Chat sein: In Senthuran Varatharajahs preisgekröntem

*Vor der Zunahme der Zeichen* (2016) tauschen sich zwei Deutsche „mit Migrationshintergrund" über das Erlernen der Sprache, über Sprachcodes, über ihre Fluchterlebnisse aus.

Die großen Themen bleiben aber: Distribution und Marketing. Ich kann also einen längeren Text schreiben, der aus Kurznachrichten besteht, die ich zuerst als SMS oder Tweets über die entsprechenden Kanäle portionsweise sende, und den ich dann in Buchform herausbringe;[17] oder ich mache es umgekehrt, aus dem Netz heraus: Wenn sich mein Blog, meine Facebook-Einträge als erfolgreich waren, mache ich daraus ein Buch. Das spricht nicht grundsätzlich gegen solche Unternehmungen, sie haben nur der Literatur nichts Neues hinzuzufügen. Das sind Tagebücher, Journale, Sammlungen von Sentenzen und Epigrammen. Dass Stefanie Sargnagel mit ihren *Statusmeldungen* (2017) solchen Erfolg hat, scheint eine Tendenz zu bestätigen: Alle episodischen Formen lassen sich gut verkaufen und kommen der heutigen peripheren Lesegewohnheit am Smartphone entgegen.[18]

Eine Zwischenbilanz zum Thema Literatur und Internet – und wir machen nach dem Ausgeführten nicht den Fehler, das Internet allein schon für das Digitale zu halten (vgl. Bajohr 2018: 102) – gibt Anlass zur Skepsis. Die erwähnte Kathrin Passig hat ihrer letztjährigen Poetikvorlesung in Münster (die leider nicht nachzulesen ist) den Titel *Das arme Internet: Wie es eine ganz neue Literatur hervorbringen sollte und was es stattdessen macht*[19] gegeben – ich habe mir das als Motto für dieses Fazit entlehnt.

Spricht man mit Keneth Goldsmith nicht einer Copy-paste-Ästhetik das Wort, scheinen viele AutorInnen ebenfalls skeptisch gegenüber der „Produktivkraft" des Internet eingestellt zu sein. Für sie bezog der an Karl Kraus' Technologieskepsis geschulte Jonathan Franzen 2017 in einer Rede Stellung. Franzen beobachtet, dass sich die für ihn relevanten SchriftstellerInnen einer Netzpräsenz im Großen und Ganzen enthalten. Und für sich spricht er von der Notwendigkeit der Grenzziehung:

> Auch wenn ich selbst den halben Tag im Internet verbringe – mit E-Mails, dem Kauf von Flugtickets, Online-Bestellungen, dem Betrachten von Vogelbildern –, muss ich mir dabei Grenzen setzen. Ich muss sicher sein, dass ich immer noch ein privates Selbst habe. Denn dieses private Selbst ist es, das meine literarischen Werke hervorbringt. Je mehr ich ihm entrissen werde, desto mehr verkomme ich zum bloßen Lautsprecher für das, was ohnehin schon da ist. Als Schriftsteller versuche ich, denjenigen Dingen Aufmerksamkeit zu schenken, die von den anderen übergangen werden. Ich versuche, meine Seele so achtsam wie möglich zu lenken und mir Dinge vorzustellen, die nirgendwo außer in meinem Inneren existieren. (Franzen 2017)

## Anmerkungen

1 Zu beobachten etwa beim Méta-Matic No. 6 aus dem Jahre 1959: www.youtube.com/watch?v=GOo5uq2fH6g [23.5.2018].
2 Vgl. u.a.: „[afternoon] is the archetypal hypertext book" (URL: v2.nl/archive/works/afternoon-a-story [14.5.2018]) oder: Grube 2005: 85; es waren die New York Times, die den Text als „granddaddy of hypertext fictions" bezeichneten (zit. nach Joyces Webseite, URL: www.vassar.edu/faculty/mijoyce [15.5.2018]). Auf einigen Browsern ist afternoon noch abrufbar unter URL: www.wwnorton.com/college/english/pmaf/hypertext/aft [15.5.2018].
3 Informationen zu diesem Kunstprojekt unter URL: www.essl.at/bibliogr/elex.html [15.5.2018].
4 URL: www.fischerverlage.de/buch/25052015_der_letzte_montag_im_mai/9783104036304 [15.5.2018].
5 URL: de.wikipedia.org/wiki/Galgenlieder#/media/File:Galgenlieder_030.jpg [15.5.2018].
6 URL: auer.netzliteratur.net/worm/applepie.htm [15.5.2018].
7 URL: joerg.piringer.net/index.php?href=soundpoems/soundpoems.xml&mtitle=visual [15.5.2018].
8 URL: www.gingerbeardman.com/loveletter [15.5.2018].
9 URL: x42.com/active/queneau.html?p=74220366296060&l=fr&n=New+Poem [15.5.2018].
10 URL: twitter.com/kgubu/status/988023218744119296 [15.5.2018].
11 URL: twitter.com/kgubu/status/986813808613183488 [15.5.2018].
12 URL: botpoet.com/about [16.5.2018].
13 URL: haiku.nytimes.com. Zum Algorithmus: „It periodically checks the New York Times home page for newly published articles. Then it scans each sentence looking for potential haikus by using an electronic dictionary containing syllable counts. We started with a basic rhyming lexicon, but over time we've added syllable counts for words like ‚Rihanna' or ‚terroir' to keep pace with the broad vocabulary of The Times." Jacob Harris: About Times Haiku. URL: haiku.nytimes.com/about [16.5.2018].
14 URL: zufallsshirt.de [16.5.2018].
15 Vgl. URL: www.pkdandroid.org/robotic-portrait.htm [15.5.2018].
16 Vgl. Julia Kospach: Daniel Glattauer: Der 51-Jährige ist Österreichs erfolgreichster Autor. trend, 12.12.2011. URL: www.trend.at/leben/kultur/daniel-glattauer-der-51-jaehrige-oesterreichs-autor-314182 [16.5.2018].
17 Beispiele: Manfred Chobot: Der Bart ist ab. Ein SMS-Roman. Hohenems: Limbus [2012]; Jennifer Egan: Black Box [Twitter-Roman]. Frankfurt a. M.: Fischer 2013.
18 Diese Tendenz bestätigt etwa die Berliner E-Book-Verlegerin Nikola Richter. Vgl. Joachim Fahrun: E-Book-Verlegerin: „Das Smartphone rettet das Lesen". Berliner Morgenpost, 14.5.2018. URL: www.morgenpost.de/berlin/article214274511/E-Book-Verlegerin-Das-Smartphone-rettet-das-Lesen.html [16.5.2018].
19 URL: www.uni-muenster.de/Philologie/aktuelles/pm/2017_poetikdozentur_passig.html [15.5.2018].

## Literatur

Bachleitner, Norbert (2010): Formen digitaler Literatur 2.0. URL: netzliteratur.net/bachleitner/VOdigilit1.1-2.pdf [25.4.2018].
Bánk, Zsuzsa (2017): Schlafen werden wir später. Frankfurt a. M.: Fischer.
Bajohr, Hannes (Hg.) (2016): Das Reskilling der Literatur. Einleitung. In: ders. (Hg.): Code und Konzept. Literatur und das Digitale. Berlin: Frohmann, S. 7–21.
Bajohr, Hannes (2018): Halbzeug. Textverarbeitung. Berlin: Suhrkamp.
Barthes, Roland (2000): Der Tod des Autors. In: Fotis Jannidis u.a. (Hg.): Texte zur Theorie der Autorschaft. Stuttgart: Reclam, S. 185–197.
Borges, Jorge Luis: (2000): Pierre Menard, Autor des *Quijote*. In: Gesammelte Werke. Der Erzählungen erster Teil. München: Hanser, S. 119–129.
Brodnig, Ingrid (2018): Lügen im Netz. Wie ich mir 2000 Facebook-Fans kaufte. Der Spiegel, 24.4.2018. URL: www.spiegel.de/netzwelt/web/luegen-im-netz-von-ingrid-brodnig-wie-ich-mir-2000-facebook-fans-kaufte-a-1203945.html [25.4.2018].
Ensslin, Astrid (2014a): Hypertextuality. In: Marie-Laure Ryan, Lori Emerson u. Benjamin J. Robertson (Hg.): The Johns Hopkins Guide to Digital Media. Baltimore: Johns Hopkins University Press, S. 258–265.
Ensslin, Astrid (2014b): Nonlinear Writing. In: Ryan, Marie-Laure/Emerson, Lori/Robertson, Benjamin J. (Hg.): The Johns Hopkins Guide to Digital Media. Baltimore: Johns Hopkins University Press, S. 360–362.
Enzensberger, Hans Magnus (2000): Einladung zu einem Poesie-Automaten. Frankfurt/M.: Suhrkamp Verlag.
Fliedl, Konstanze (2007): Zärtlich, örtlich, wörtlich. Zu Andreas Okopenko: „Lexikonroman" (1970). In: Kastberger, Klaus/Neumann, Kurt (Hg.): Grundbücher der österreichischen Literatur. Erste Lieferung. Wien: Zsolnay, S. 179–191.
Franzen, Jonathan (2017): Rede anlässlich der Verleihung des Frank-Schirrmacher-Preises 2017. URL: schirrmacher-stiftung.de/wp-content/uploads/ 2017/10/U%CC%88bersetzung-Rede-Jonathan-Franzen.pdf [16.5.2018].
Glattauer, Daniel (2006): Gut gegen Nordwind. Wien: Deuticke.
Glattauer, Daniel (2009): Alles sieben Wellen. Wien: Deuticke.
Goldsmith, Kenneth (2017): Uncreative Writing. Sprachmanagement im digitalen Zeitalter. Berlin: Matthes & Seitz.
Graf, Bernd (2018): Kisch 2.0? Von Börse bis Bundesliga: Roboter verfassen Texte, die keiner schreiben will. In: Süddeutsche Zeitung, 27.3.2018, S. 13.
Grube, Gernot (2005): Autooperative Schrift – und eine Kritik der Hypertexttheorie. In: ders./Kogge, Werner/Krämer, Sybille (Hg.): Schrift. Kulturtechnik zwischen Auge, Hand und Maschine. München: Fink, S. 81–114.
Hartling, Florian (2013): Literarische Autorschaft. In: Grond, Christine/Straub, Wolfgang (Hg.): Literatur und Digitalisierung. Berlin/Boston: de Gruyter, S. 69–95.
Jandl, Paul (2018): Den Büchern kommen die Leser abhanden. Neue Zürcher Zeitung, 23.4.2018. URL: www.nzz.ch/feuilleton/den-buechern-kommen-die-leser-abhanden-ld.1379352 [23.4.2018].
Morris, Simon (2010): Getting Inside Jack Kerouac's Head. York: Information as material.

Sargnagel, Stefanie (2017): Statusmeldungen. Reinbek: Rowohlt.
Setz, Clemens J. (2018): Bot. Gespräch ohne Autor. Berlin: Suhrkamp.
Simanowski, Roberto (2001): Autorschaften in digitalen Medien. Eine Einleitung. In: Text + Kritik, H. 152 (Digitale Literatur), Oktober 2001, S. 3–21.
Simanowski, Roberto (2012): Textmaschinen – Kinetische Poesie – Interaktive Installation. Zum Verstehen von Kunst in digitalen Medien. Bielefeld: transcript.
Varatharajah, Senthuran (2016): Vor der Zunahme der Zeichen. Frankfurt a. M.: Suhrkamp.
Williams, Emmet (Hg.) (1965): An Anthology of Concrete Poetry. New York: Something Else Press.
Winko, Simone (2005): Hyper – Text – Literatur. Digitale Literatur als Herausforderung an die Literaturwissenschaft. In: Segeberg, Harro/dies. (Hg.): Digitalität und Literalität. Zur Zukunft der Literatur. München: Fink, S. 137–159.

Günther Stocker

# Zur Medialität des Bücherlesens im digitalen Zeitalter[1]

## Ein anderes Lesen

Seit einigen Jahren wird in Feuilletons und Buchpublikationen das Phänomen einer neuen Unlesbarkeit diskutiert. Intellektuelle, die früher nach eigenen Angaben umfangreiche und anspruchsvolle Romane mit großem Vergnügen gelesen haben, berichten davon, diese Fähigkeit verloren zu haben. Die größten Wellen schlug diesbezüglich der im Sommer 2008 im Magazin *The Atlantic* veröffentlichte Essay „Is Google Making Us Stupid?" des US-amerikanischen Autors und Bloggers Nicholas Carr, der sich in Artikeln und Büchern seit vielen Jahren kritisch mit den digitalen Medien, mit Wikipedia, Web 2.0 und Google auseinandersetzt und keineswegs als technophober Kulturpessimist gelten kann. Carr hat an seinem eigenen Medienverhalten folgende Beobachtung gemacht:

> Immersing myself in a book or a lengthy article used to be easy. My mind would get caught up in the narrative or the turns of the argument, and I'd spend hours strolling through long stretches of prose. That's rarely the case anymore. Now my concentration often starts to drift after two or three pages. I get fidgety, lose the thread, begin looking for something else to do. The deep reading that used to come naturally has become a struggle. (Carr 2008)[2]

Die Neurowissenschafterin und Leseforscherin Maryanne Wolf beschreibt die gleiche Erfahrung. Als sie versuchte, ein ehemaliges Lieblingsbuch, Hermann Hesses *Das Glasperlenspiel,* nach langer Zeit wieder zu lesen, wurde das für sie zu einer „Tortur. Ich las dreißig Seiten, aber wie eine Maschine. Es war, als würde ich nur Informationen aufnehmen, ohne sie zu verarbeiten und darüber nachzudenken. Ich las wie ein Prozessor, ohne Gefühl, ohne Phantasie. Es war ein Schock." (Thiel 2009)

Die Ursache für dieses Unlesbarwerden längerer Texte, den Verlust der Fähigkeit zum *deep reading,* einem vertieften Lesen, sowohl was die Fokussierung der Aufmerksamkeit als auch was die

Intensität der mit der Lektüre verbundenen Reflexion bzw. Imagination betrifft, ist sowohl bei Wolf als auch bei Carr rasch ausgemacht: Es ist, ihrer Diagnose nach, der jahrelange habituelle Umgang mit digitalen, vernetzten Medien und die Anpassung des kognitiven Apparats an deren spezifische Strukturen und Rhythmen. Demzufolge fördern die augenblickliche Verfügbarkeit einer unüberschaubaren Menge an Zeichen und Bildern, die Möglichkeit des raschen Zugriffs auf die verschiedensten Informations- und Kommunikationsplattformen, die ständige Ablenkung durch neue Bilder, Texte und Töne das rasche Erkennen und Überfliegen von Texten, schnelles Reagieren und kurze Aufmerksamkeitsspannen. Oder wie es Carr pointiert formuliert: „My mind now expects to take in information the way the Net distributes it: in a swiftly moving stream of particles." (Carr 2008)

Untrennbar verbunden mit dem *deep reading* ist laut Wolf auch ein *deep thinking*, denn der Akt des vertieften Lesens gelingt nur, wenn dabei komplexe semantische Systeme aktiviert werden, Abstraktionen gebildet, Assoziationen zugelassen und Schlussfolgerungen gezogen werden. Und auf der Basis dieser Operationen entstehen laut Wolf neue Gedanken „jenseits des spezifischen Inhalts einer Lektüre" (Wolf 2010: 21). Auch das erscheint angesichts digitaler Medien bedroht: „Wenn uns scheinbar vollständige visuelle Informationen fast auf einen Schlag dargeboten werden, wie es bei vielen digitalen Präsentationen der Fall ist, haben wir dann noch genügend Zeit oder Lust, diese Informationen logisch, analytisch und kritisch zu verarbeiten?" (Wolf 2010: 18)

Sowohl Carr als auch Wolf argumentieren mit dem Impetus der Warnung vor einem Kulturverlust, der mit dem Verlust des vertieften Lesens einhergehe[3] und beide haben auch rasch Widerspruch erfahren. So wird argumentiert, dass der Erfolg der bis zu tausendseitigen *Harry Potter* Romane von Joanne K. Rowling ein Beweis für die anhaltende Lesefreude und Lesekompetenz der Kinder und Jugendlichen sei, dass auch auf dem Buchmarkt für Erwachsene voluminöse Mystery-, Fantasy- und Science-Fiction-Bücher großen Absatz finden und dass selbst im Internet gehaltvolle, lange Texte immer populärer würden.[4] Abgesehen davon wurde der Untergang der Lesekultur spätestens seit der Erfindung des Films bei jeder Medieninnovation prophezeit, ohne dass er jemals eingetroffen wäre. Dieser Gestus, der im Neuen vor allem das Bedrohliche sieht, lässt sich einerseits leicht als Kulturpessimismus entlarven,[5] andererseits verstellt aber genau das den Blick auf die tatsächlichen Veränderungen der Lesekultur, die mit der Verbreitung neuer (Lese-)Medien einhergehen. Denn die

Fähigkeit des Lesens gehört nicht zur anthropologischen Grundausstattung, es gibt kein genetisch vorgesehenes Lesezentrum im Gehirn wie etwa das Sprachzentrum, das sich nur entfalten muss. Das Gehirn muss fürs Lesen Areale verwenden, die für anderes vorgesehen sind, und neue neuronale Netze zur raschen Entzifferung von geschriebenen Texten ausbilden. Der Kognitionspsychologe Stanislas Dehaene (2010: 162) hat dafür den Begriff „neuronales Recycling" geprägt. Diese einmal erworbenen neuronalen Strukturen können sich demzufolge auch wieder verändern.

Lesen ist eine kulturell erworbene Fähigkeit, die über Jahrhunderte die verschiedensten Formen auf den verschiedensten Kompetenzniveaus ausgebildet hat, von einem bloßen Hilfsmittel um mündliche „Rede zu produzieren" (Svenbro 2000: 16) zu einer effektiven Technik literarischer Illusionsbildung, vom „fromme(n) Murmeln" heiliger Texte (Illich 2010: 8) zur Grundlage logischen Denkens, von der raschen Entzifferung elementarer Informationen zum vertieften, identifikatorischen Lesen. Ein zentrales Problem vieler Debattenbeiträge zur Lesekultur besteht aber darin, dass die unterschiedlichen Formen und Funktionen der Lektüre, ihre ungleiche soziale Verteilung und ihre historischen Veränderungen zugunsten eines ebenso emphatischen wie diffusen Begriffs von ‚Lesen' oft unberücksichtigt bleiben. Damit gehen wesentliche Differenzierungen verloren. Von einem basalen Begriff des Lesens aus betrachtet sind die internetbasierten digitalen Geräte wie Tablets, Smartphones, Notebooks hauptsächlich Lesemedien. Ein solch allgemeiner Begriff macht es aber unmöglich zu erkennen, welche Formen und Funktionen des Lesens auf dieser medialen Basis eingeübt werden. Carr und Wolf geht es in ihren Beiträgen konsequenterweise nicht um das Lesen „an sich", sondern um eine ganz spezifische Lektüreweise, die sie als *deep reading* bezeichnen.

Die Geschichte des Lesens ist jedenfalls immer auch eine Geschichte der Lesemedien: von der Keilschrifttafel bis zum eReader. Lesende werden „nie mit abstrakten, ideellen, aller Dinglichkeit enthobenen Texten konfrontiert, sie gehen mit Objekten um, deren Organisation eine Lektüre vorgibt, welche wiederum das Erfassen und Verstehen des gelesenen Textes bestimmt", wie der Lesehistoriker Roger Chartier (1990: 8) ausführt. Der „Text [kann] nicht ohne Träger, der ihn zu lesen [...] gibt, existieren, [...] kein Schriftstück [kann] unabhängig von den Formen, in denen es seine Leser erreicht, verstanden werden." (Chartier 1990: 12) Oder um es mit dem Mediologen Régis Debray zu formulieren: „Die Historiker des Geschriebenen wissen

[…], dass die Geschichte der Zeichen mit der Geschichte der Materialien beginnt. […] Es gibt keine unschuldigen Träger, jedes Material fordert seinen Preis." (Debray 2003: 54f.)

Im Folgenden soll daher der Frage nach dem „Preis" der Digitalisierung nachgegangen werden, d.h. der Frage, was sich für die Technik des vertieften Lesens ändert, wenn Texte auf digitalen Trägern gespeichert und auf Monitoren von Computern, Notebooks, Tablet-PCs, Smartphones sowie eigens für die Lektüre von digitalisierten Büchern (E-Books) entwickelten Lesegeräten wie dem Amazon Kindle, dem Sony-Reader und ähnlichen sichtbar gemacht werden. Denn die Digitalisierung macht nicht einfach nur unzählige Texte rasch und mit neuen Endgeräten zugänglich,[6] sondern sie verändert – medientheoretisch gesprochen – „die Modalitäten unseres Denkens, Wahrnehmens, Erinnerns und Kommunizierens" (Krämer 1998: 14f.), mithin die Parameter der Kulturtechnik Lesen. Sie impliziert neue Formen des Umgangs mit Texten und damit neue Formen der Lektüre. Einige dieser Veränderungen sollen in der Folge mit Hilfe medientheoretischer Überlegungen, literarischer Leseszenen und Ergebnissen empirischer Studien skizziert werden.

## Trennung von Speicher- und Lesemedium

Die Digitalisierung von Büchern macht Texte höchst beweglich. Anbieterplattformen von E-Books wie Amazon oder Google gehen mittlerweile von einem verteilten Lesen eines Textes auf verschiedenen technischen Endgeräten aus. Die Lektüre wird etwa zu Hause auf einem Notebook begonnen, auf dem Arbeitsweg mit dem E-Reader fortgesetzt, in einer Pause auf dem Smartphone etc. In einer Selbstdarstellung von Google-Books ist in diesem Zusammenhang von *seamless reading* die Rede, also einer nahtlosen Lektüre.[7] Die Text-Dateien selbst sind in diesem Konzept auf einem Server gespeichert, den die LeserInnen zwar nicht lokalisieren, auf den sie aber via Netzzugang zugreifen können. Der von der IT-Industrie dafür geprägte Begriff lautet *Cloud-Computing*. Dahinter verbirgt sich ein medienhistorisch bedeutsamer Schritt: Das Speichermedium des Textes trennt sich vom Lesemedium, was weitreichende Konsequenzen für die die Distribution, die Aufbewahrung, die Zugänglichkeit und die Kontrollierbarkeit von Texten und ihrer Lektüre hat.

Einerseits werden die Zirkulation von Texten und ihre Benutzung an unterschiedlichen Orten dadurch enorm erleichtert. Andererseits entsteht damit eine völlig neue Dimension der Überwachbarkeit individueller Lektüre. Digitale Datenflüsse lassen sich auch umkehren, das Leseverhalten der E-Book-Nutzerinnen und -Nutzer aufzeichnen und auswerten. So sammeln die Marktführer im E-Book-Publishing (Amazon, Apple, Google, Barnes & Noble) bereits umfangreiches Datenmaterial über das Leseverhalten ihrer Kundinnen und Kunden. Messbar ist unter anderem wie weit Leserinnen und Leser in die Bücher hinein lesen, wie lange sie lesen, welche Suchbegriffe sie verwenden, welche Textstellen markiert werden usw. Leseverhalten wird auf diese Weise direkt messbar, quantifizierbar und von außen beobachtbar, wie das seit dem Ende des lauten Lesens im 18. Jahrhundert nicht mehr der Fall war. Der Vizepräsident der E-Book-Abteilung von Barnes & Nobles, Joe Hilt, betont die noblen Motive seines Unternehmens bei der groß angelegten Leseüberwachung und sagt, dass seine Firma beginnt mit den Verlagen zusammen zu arbeiten um die künftigen Bücher für die Leserinnen und Leser zu optimieren: „The bigger trend we're trying to unearth is where are those drop-offs in certain kind of books, and what can we do with publishers to prevent that? […] If we can help authors create even better books than they can create today, it's a win for everybody." (Alter 2012)

In den verpflichtend zu unterschreibenden Nutzungsbedingungen des Amazon Kindle gewähren alle Leserinnen und Leser der Firma Amazon das Recht, das Nutzungsverhalten zu überwachen und zu speichern. Es heißt darin:

> Darüber hinaus stellt die Software Amazon Informationen zu den digitalen Inhalten auf Ihrem Kindle und unterstützten Geräten sowie zur Nutzung der digitalen Inhalte durch Sie bereit (z.B. zuletzt gelesene Seite und Archivierung von Inhalten). Uns bereitgestellte Information, einschließlich Anmerkungen, Lesezeichen, Notizen, Markierungen oder ähnliche Kennzeichnungen, die Sie mit Ihrem Gerät oder Ihrer Lese-App vornehmen, können auf Servern außerhalb des Landes, in dem Sie leben, gespeichert werden.[8]

Eine Möglichkeit, am Kindle zu lesen, ohne dass die Nutzungsdaten gesammelt würden, scheint es derzeit nicht zu geben.

## Ein geistiger Raum

Seit sie im 4./5. Jahrhundert n.Chr. die Schriftrolle verdrängte, werden längere Texte vorwiegend in der Form des Codex, des gebundenen Buches, gespeichert.[9] Jahrhunderte lang war diese Form derart selbstverständlich, dass die mit ihr verbundenen medialen Charakteristika und performativen Handlungen nicht in den Blick gekommen sind. Das ändert sich nun mit der Verbreitung digitaler Lese-Medien. Codizes sind räumlich abgeschlossen und überschaubar, sie gehen mit einer klaren, sinnlich erfassbaren Orientierungsstruktur einher. Sowohl im Rahmen einer Seite als auch im Rahmen des gesamten Buches ist die momentane Position der bzw. des Lesenden innerhalb des jeweiligen Textes deutlich im Blick. Wie viel schon gelesen wurde, wie viel noch kommt, ist sinnfällig erkennbar. Der räumlichen Ausdehnung des Buchkörpers entspricht auch eine spezifische Zeitlichkeit. Die Erzählung *Pavlos Papierbuch* (1982) von Franz Fühmann, die ihren Protagonisten in einer fernen Zukunftswelt, in der es nur noch elektronische Lesemedien gibt, auf ein Papierbuch stoßen lässt, macht auf diese medialen Besonderheiten nachdrücklich aufmerksam:

> Was ein Papierbuch war, begriff Pavlo, da er es in seinen Händen hielt. Das Papierbuch war zunächst einmal handlich [...] und jede seiner Seiten war ein Gebilde, das ringsum mit Blicken abschreitbar war, ein Maß an Raum, in sich geschlossen, und damit auch ein Maß für die Zeit. Dieses Maß war menschlich, weil überschaubar. [...] Was beim Papierbuch ein geistiger Raum war, wurde im Lesegerät ein Fließband. [...] Einem Mikrofilmröhrchen entnahm man nicht sinnenhaft, wieviel Lesezeit es in sich barg; beim Papierbuch wog man mit Hand und Auge, man sah, wen man da vor sich hatte. (Fühmann 1985: 142)

Fühmanns Erzählung betont die räumlichen Charakteristika des Buch-Mediums, dem eben auch ein „geistiger Raum" entspricht, ein fürs erste begrenzter geistiger Raum. Bücher wie *Die Wahlverwandtschaften, Malina, Die Klavierspielerin* sind trotz aller Intertextualität in ihrem konkreten Umfang begrenzte Textuniversen, die als Ideal eine vollständige Lektüre von der ersten bis zur letzten Seite nahelegen. Sie leiten nicht im Lektürevorgang selbst schon zum Lesen anderer Texte über. Ein Text ist in der Form des gedruckten Buches eine von anderen Texten deutlich abgegrenzte Einheit. Ein Papierbuch ist – sinnlich deutlich erkennbar – ein eigener Ort, der dann ja als solcher auch in der Bibliothek räumlich verortet werden muss.

Diese Aufteilung des Schrifttums in klar adressierbare einzelne Bücher ist ein Produkt der frühen Neuzeit. Vor dem Buchdruck beinhalteten die Codizes je unterschiedliche Text-Zusammenstellungen aus dem Vorrat der überlieferten Schriften, oft auch nach ganz pragmatischen Bedürfnissen. Die Frage nach dem Autor bzw. der Zuordnung der Texte war nicht so wichtig. Michael Giesecke schreibt, dass erst mit dem Buchdruck eine neue Regel in Kraft trat: „‚Ein Autor, ein Werk (Titel), ein Informationsbündel.' In den Jahrhunderten zuvor hatte eine solche Regel nicht oder doch nur ausnahmsweise bestanden. Niemand erwartete, daß der Aristoteles in Paris der gleiche war wie jener in Bologna." (Giesecke 1991: 325)

Im digitalen und vernetzten Lesemedium verschwindet nun die Grenze zwischen dem einzelnen Buch und dem gesamten Schrifttum. Sie ist sinnlich nicht mehr auszumachen, da auf dem Bildschirm hintereinander und ohne Zeitverzögerung das eine Buch, aber potentiell auch alle anderen digitalisierten Zeichen erscheinen können. Wie sehr die Räumlichkeit des Lesemediums mit der Vorstellung eines spezifischen geistigen Raumes zusammenhängt, zeigen nicht zuletzt die Debatten über das Recht auf geistiges Eigentum im digitalen Medium,[10] eines Konzepts, das nicht zufällig mit dem Buchdruck entstanden ist. Auch für den gesellschaftlichen Umgang mit Wissen spielt die Räumlichkeit des gedruckten Buches eine wichtige Rolle. Wissen erscheint in dieser Form verfügbar und – im wahrsten Sinne des Wortes – greifbar. Der Buchkörper fungiert als seine physische Repräsentation. Auf diese Weise kann eine vollzogene Lektüre mit dem Buch in der Hand gezeigt, im privaten Bücherregal auch ausgestellt werden.

## Die Immaterialität des Textes am Bildschirm

Der konkrete Ort des Leseakts ist die einzelne Textseite und diese ist beim Papierbuch ein klar lokalisierbarer Teil eines sinnlich erfassbaren, greifbaren Ganzen. Ein Text auf dem Bildschirm unterscheidet sich davon ganz grundlegend. Sinnfällig präsent ist für die Lesenden jeweils nur eine Seite. Wie viel Text davor und dahinter liegt, ist sinnlich nicht wahrnehmbar. Scrollbalken, Prozentangaben und ähnliche Surrogate sind nur grobschlächtige Instrumente zur Orientierung.[11] Was wir mit der Bildschirmseite eines digitalen und vernetzten Mediums vor unseren Augen haben, ist ein undefinierter Ausschnitt aus einer völlig unüberschaubaren Menge an Zeichen, die mit einem Mausklick augenblicklich auf derselben medialen Oberfläche erscheinen können.[12] Die folgende Textseite eines Romans kann am Schirm genauso rasch erscheinen wie ganz andere Texte oder Zeichen: Videos, Lexika, Nachrichtenmedien, das persönliche E-Mail-Programm, Social-Media-Anwendungen etc.

Im 16. Jahrhundert mussten noch große Apparate entworfen werden, um nur ein Dutzend verschiedener Bücher im raschen Wechsel lesen zu können, wie etwa das Bücherrad von Agostino Ramelli (vgl. Abb. 1 aus Ramellis *Le Diverse Et Artificiose Machine*, 1588;

o:766859)[13]: ein drehbares Lesepult, das Ramelli als „ansehnliche und sinnreiche Maschine" beschreibt, „die sehr nützlich und bequem für jeden ist, der gern studiert, besonders aber für jene, die unter Gicht oder körperlichen Gebrechen leiden, denn mit dieser Maschine kann man eine große Zahl von Büchern lesen, ohne sich von der Stelle zu bewegen. Daneben hat sie den erquicklichen Vorzug, wenig Platz einzunehmen, was anhand der Zeichnung jeder Verständige nachvollziehen kann." (Zit. n. Manguel 1998: 158)

Im 21. Jahrhundert ist das rasche Umschalten zwischen zahllosen Seiten den digitalen Lesegeräten inhärent, konzentriert in der Form des Hyperlinks. Und diese mediale Anordnung hat Folgen: Die sofortige Verfügbarkeit von Lexika, Datenbanken, digitalen Archiven etc. schließt den sich vor dem Auge der Leserin bzw. des Lesers befindlichen Text an die gesamte Datenmenge des Netzes an, ohne dass diese Gesamtheit sichtbar oder greifbar werden würde.

Phänomenologisch betrachtet liegt in dieser Immaterialität digitaler Texte einer der entscheidenden Unterschiede zum gedruckten oder handgeschriebenen Text. Anne Mangen argumentiert, dass bei greifbaren (*tangible*) Objekten wie Büchern auch diejenigen Teile, die beim Lesen gerade nicht sichtbar sind, das Buchcover, die anderen Seiten, der Buchrücken, Teil der Erfahrung sind, da sie materiell präsent sind, Räumlichkeit und Dreidimensionalität besitzen.

> Such phenomenological depth, thickness and dimension are – factually and by definition – absent in whatever we read on the screen, due to its intangibility. The digital text has no material substance. [...] The constancy, the temporal and spatial permanence, of a tactile object – say a print text – has distinctively different sensory-motor affordances, than something intangible. (Mangen 2008: 408)

Literarische Lesedarstellungen haben die spezifische Haptik des gedruckten Buches immer wieder mit konzentrierten Leseerfahrungen verbunden. In Botho Strauß' *Die Fehler des Kopisten* (1997) heißt es differenzierend: „Ich brauche indessen den sinnlichen Gegenstand Buch in meinen Händen, sobald ich darin Texte lange lesen und entziffern will. Zu solchem gehört auf authentische Weise das Buch. Für rasches Lesen und einmaliges Zurkenntnisnehmen, stehen passendere Medien zur Verfügung." (Strauß 1997: 169f.)[14] Und auch Franz Fühmanns bereits zitierte Erzählung beschreibt diesen Zusammenhang auf bemerkenswert anschauliche Weise, vor allem angesichts der Tatsache, dass sein Text bereits 1982 (in der DDR) veröffentlicht wurde, zu einer Zeit als gerade einmal der PC erfunden war. Die Begegnung des Protagonisten mit dem Papierbuch hebt dessen haptischen

Qualitäten hervor („daß man es anfassen konnte wie einen Leib! [...] beim Papierbuch wog man mit Hand und Auge, man sah, wen man da vor sich hatte", Fühmann 1986: 164), unterscheidet davon den ganz anderen Charakter der Schrift auf Bildschirmen („auf dem Leseschirm [...] zog die Schrift ohne erkennbares Ende sich hin, [...] der Text, der dann verharrte, war eine diffuse Folge von Wörtern, amorph, perspektivlos, ein zufälliger Ausschnitt.") und beschreibt das daraus resultierende andere Lesen: „Was beim Papierbuch ein geistiger Raum war, wurde im Lesegerät ein Fließband, auf Knöpfchendruck von Ort zu Ort ruckend, daß die Akte der Rezipierung geschähen, mechanische Zugriffe des Hirnes" (Fühmann 1986: 164).

Diese hier dem Bildschirm zugeschriebene oberflächliche, auf punktuelle Informationen abzielende Leseweise ist mittlerweile als Effekt der Immaterialität von digitalen Texten und der Flüchtigkeit des digitalen Mediums überhaupt durch zahlreiche empirische Studien belegt.[15] Nun ließe sich einwenden, dass diese Rezeptionsweise bei einer Generation von *digital natives* nur noch eine von mehreren Varianten darstellen würde und auch lange und fokussierte Leseakte am Bildschirm zur Regel werden könnten. Aus phänomenologischer Sicht liegen das Überfliegen und das rasche Wechseln digitaler Seiten aber weniger in einer spezifischen Mediensozialisation begründet, denn in einer grundlegenden Funktionsweise unserer Wahrnehmung.

### Immersion und Ablenkung

Der menschliche Wahrnehmungsapparat ist so eingerichtet, dass wir, sobald die Stimuli eines betrachteten Objekts nicht mehr ausreichend Neues bieten, unsere Aufmerksamkeit anderem zuwenden. Es gibt also eine in uns biologisch verankerte Disposition zum Wechseln des visuellen Inputs, wenn dieser unsere Aufmerksamkeit nicht durch neue Reize zu behalten imstande ist. Digitale Medien bieten nun den Nutzerinnen und Nutzern sehr einfache Optionen, die Stimuli zu wechseln, wie Mangen ausführt: „A click with the mouse immediately changes the visual input so that our attentional focus can be maintained." (Mangen 2008: 410) Die einzelnen Bildschirmseiten selbst leiten durch Hyperlinks oft schon zu neuen Inhalten über. Dieser rasche Wechsel des visuellen Inputs kann sowohl bei Überforderung als auch bei Gewöhnung bzw. Langeweile erfolgen. Wenn uns gedruckte Texte zu langweilen beginnen, beenden wir meist das Lesen überhaupt. Wenn sie uns überfordern, gilt es zwischen einer erneuten Lektüre desselben Abschnitts oder ebenfalls dem Lektüreabbruch zu entscheiden.

Diese spezifische Aufmerksamkeitsökonomie lässt die digitalen Lesemedien daher prinzipiell und nicht nur für eine mit Büchern sozialisierte Generation als wenig geeignet für ausführliche, kontemplative und hoch konzentrierte Leseakte erscheinen.[16] Eine solche fokussierte Aufmerksamkeit ist freilich die Voraussetzung für eine Leseerfahrung, die in der neueren Forschung als Immersion bezeichnet wird, also als das Eintauchen in die fiktiven Welten, eine Form des Involviertseins, die gleichsam zur physischen Erfahrung wird.[17] Für das Gelingen dieses Eintauchens ist es von Bedeutung, dass die medialen Träger des Leseakts gleichsam transparent werden und nicht mit ständigen Alternativangeboten aus dem vor Augen liegenden Text hinaus führen. In einem frühen literarischen Zeugnis einer solchen Immersion wird dies mit scharfem psychologischen Blick deutlich gemacht. Der Titelheld von Christoph Martin Wielands *Die Abenteuer des Don Sylvio von Rosalva* (1764) liest heimlich und mit großer Intensität französische Feenmärchen. „So oft er konnte, begab er sich in den Garten oder in den angränzenden Wald, und nahm seine Mährchen mit. Die Lebhaftigkeit, womit seine Einbildungskraft sich derselben bemächtigte, war außerordentlich, er las nicht, er sah, er hörte, er fühlte." (Wieland 2001: 28)

Ein derart tiefes Eintauchen in die Textwelten, dass die symbolisch vermittelte literarische Erfahrung als Sinneswahrnehmung erscheinen lässt, wurde freilich nicht immer als positiv oder anstrebenswert betrachtet, wie man das angesichts der gegenwärtigen Lesedebatten meinen könnte. Wielands Held steht explizit in der Nachfolge des ersten großen Lesers der abendländischen Literatur, Miguel de Cervantes' *Don Quijote* (1605/1615). Aber gerade dieser Roman führt über hunderte Seiten vor, welche negativen Folgen das sich Vertiefen – das im folgenden Ausschnitt gleich zwei Mal so benannt wird – und die damit verbundene Imaginationstätigkeit haben können:

> Kurz, der gute Junker versank so tief in seine Lektüre, daß er die Nächte von Untergang bis Aufgang und die Tage von Aufgang bis Untergang damit zubrachte und sich endlich durch zu viel Lesen und zu wenig Schlaf das Gehirn so ausdörrte, daß er den Verstand verlor. Er füllte sich den Kopf mit allem an, was er in seinen Büchern fand [...]; und so tief arbeitete er sich hinein, daß ihm endlich dieser Wust von Hirngespinsten, den er las, als die verbürgteste Geschichte von der Welt erschien." (Cervantes Saavedra 1975: 61)

Was hier noch das „individuelle Fehlverhalten einer privilegierten Minderheit" (Wittmann 1999: 445) beschreibt, gewinnt im deutschsprachigen Raum gegen Ende des 18. Jahrhunderts gesellschaftspolitische Dimensionen. Die Romanproduktion stieg markant an ebenso wie der Anteil der säkularen gegenüber der religiösen Literatur. Die Alphabetisierungsrate stieg durch staatliche Initiativen und die Modernisierung des Leseunterrichts. Literarische Bildung wurde Teil des bürgerlichen Lebensentwurfs, gleichzeitig wurde die Gruppe der Romanleserinnen und Romanleser sozial durchlässiger. Viele Zeitgenossen nahmen die Ausbreitung der Romanlektüre als Suchtverhalten wahr und fürchteten um den Verstand und die sittliche Integrität der Lesenden. Was heute als *deep reading* bewahrt werden soll, galt damals vielen als bedrohliche „Erhitzung der Einbildungskraft" und sozial deviantes Verhalten. In diesen Kontext gehört auch Wielands Roman, der allerdings aus der Ausgangskonstellation des Don Quijote eine positive Bestimmung der Romanlektüre entwickelt, auf die hier nicht näher eingegangen werden kann.

Soll die Immersion gelingen, müssen die kognitiven Kapazitäten jedenfalls vollständig auf die Textwelten gerichtet sein. Zahlreiche empirische Studien belegen mittlerweile, dass das häufige Wechseln zwischen verschiedenen Fenstern am Computer zu Lasten der kognitiven Erfassung der einzelnen Seiten geht.[18] Die sinnlich kargen, unbeweglichen schwarzen Zeichen auf dem weißen Papier des gedruckten Buches geben hingegen wenig Anlass zur Ablenkung. Die kommt, wenn schon, von außen. Anders ist das etwa bei Hypertexten, die durch ihre Linkstruktur direkte Eingriffsmöglichkeiten in den Text bieten. Dafür müssen aber Auswahlentscheidungen getroffen[19] und haptische Aktivitäten durchgeführt werden, die die Aufmerksamkeit von der Textwelt zurück auf die außertextliche, mediale Oberfläche lenken, ähnlich wie die Präsenz einer konkreten Stimme beim bis ins 18. Jahrhundert dominierenden lauten Lesen die Immersion erschwerte.[20] Statt tief in einen Text bzw. einen Themenbereich einzutauchen, führen Hypertextstrukturen daher viel eher dazu, sich scannend und scrollend mit vielen verschiedenen Texten bzw. Themen auseinander zu setzen. (Vgl. Liu 2005) Mangen zieht daraus einen sehr deutlichen Schluss: „The mere possibility of the click bringing about some degree and kind of visual change impacts our phenomenological immersion in a narrative fiction in a way that is simply not possible when reading print narratives." (Mangen 2008: 412)[21]

## Schluss

Was die Medialität und die Performativität betrifft, unterscheidet sich das Lesen von Büchern am Bildschirm wie gezeigt in wichtigen Aspekten vom Lesen gedruckter Bücher. Kehren wir aber zum Ausgangspunkt unserer Überlegungen zurück. Nicholas Carr und Maryanne Wolf sind davon ausgegangen, dass die habituelle Nutzung digitaler Medien nicht nur das Lesen am Bildschirm zu einer verbreiteten Praxis macht, sondern dass diese Veränderungen auch unseren Umgang mit gedruckten Büchern betreffen. Aus der Perspektive der Medientheorie lassen sich dafür einige Argumente finden. Im Umfeld des sogenannten „Dreigroschenprozesses" (1930/31) hat Bertolt Brecht festgestellt: „Der Filmesehende liest Erzählungen anders." (Brecht 1992: 464) Verallgemeinernd gedacht, verlagern laut Marshall McLuhan die „Auswirkungen der Technik [...] das Schwergewicht in unserer Sinnesorganisation oder die Gesetzmäßigkeiten unserer Wahrnehmung ständig und widerstandslos." (McLuhan 1992: 30) Und das beträfe konsequenterweise auch das Lesen von Papierbüchern.

Innerhalb des jeweiligen medienhistorischen Rahmens gibt es freilich immer Raum für individuelle Abweichungen. Inwiefern umfangreiche Romane, die für die Lektüre in Form gedruckter Bücher konzipiert wurden, in der von digitalen Medien geprägten Welt tatsächlich unlesbar – im Sinne eines vertiefenden, immersiven Lesens – werden, hängt auch von individuellen Nutzungsentscheidungen ab. Den medialen Charakteristika von eReadern, Tablets und Smart-Phones ist nicht zu entkommen, wenn man sich entschieden hat, diese Geräte zur Lektüre zu verwenden. Wer trotz technischer Alternativen nach wie vor gedruckte Bücher liest, wird auch die entsprechenden Techniken des vertieften Lesens behalten können, ohne, so wie Maryanne Wolf dies schildert, zu einer drastischen Lesekur greifen zu müssen und sich monatelang „zum langsamen Lesen" zu zwingen. (Thiel 2009)

## Anmerkungen

1 Dieser Aufsatz ist erstmals erschienen in: von Herrmann, Hans-Christian/ Moser, Jeannie (Hg.) (2015): Lesen. Ein Handapparat. Frankfurt a. M.: Vittorio Klostermann, S. 33–48.

2 Carr (2011) hat seine Überlegungen dann in Buchform ausgebaut.

3 Wolf: „Was passiert mit unseren Kindern, die so früh ins digitale Universum hineingezogen werden, dass sie überhaupt nicht die Möglichkeit haben, diesen phantasiebildenden, freudvollen Lesestil zu entwickeln." (F.A.Z., 18.10.2009) Carr: „If we lose those quiet spaces [...] we will sacrifice something important not only in our selves but in our culture." URL: www.theatlantic.com/magazine/archive/2008/07/is-google-making-us-stupid/306868 [23.6.2014].

4 Zuletzt etwa Steven Poole in einem Artikel im britischen *Guardian* mit dem Titel *The internet isn't harming our love of ‚deep reading', it's cultivating it*, der sich aber vor allem auf längere Reportagen und Essays bezieht (The Guardian, 11.4.2014, www.theguardian.com/commentisfree/2014/apr/11/internet-deep-reading [23.6.2014]). Was den einzigartigen Erfolg von Rowlings Romanreihe betrifft, so ist ein differenzierter Blick vonnöten. Auch wenn der enorme Verkaufserfolg die zuvor verbreitete Meinung widerlegte, dass die meisten Kinder nichts lesen würden, was länger als 120 Seiten ist, so lässt sich ein nachhaltiger Effekt auf das Leseverhalten nicht belegen. Aufgrund von Gruppendruck, Kultphänomenen und Ähnlichem gab es wohl ein temporär erhöhtes Harry-Potter-Lesen bei Kindern und Jugendlichen, die sonst kaum lasen. Entsprechende Anschluss-Angebote wurden aber kaum angenommen. Der Anteil an Viel- und NichtleserInnen blieb über längere Zeiträume gleich. (Für wertvolle Hinweise zu diesem Themenkomplex danke ich Heidi Lexe!)

5 Prominent zu nennen ist hier Sven Birkerts (1994), der schon vor 20 Jahren das Ende der Lesekultur anbrechen sah.

6 Das ist freilich nicht unbedeutend, denn es eröffnet eine neue Perspektive für die unzähligen ungelesenen Bücher, die in den Bibliotheken aufgereiht sind und für die Margaret Cohen den Begriff *the great unread* geprägt hat. (Cohen 1999: 23)

7 URL: books.google.com/intl/de/help/ebooks/overview.html [19.6.2014]

8 Lizenzvereinbarung und Nutzungsbedingungen für Amazon.de Kindle für iPad, iPhone und iPod touch unter der URL: www.amazon.de/gp/help/customer/display.html?ie=UTF8&nodeId=200771440 [27.6.2014].

9 Der lateinische Begriff wurde von der Bezeichnung des Materials auf die Form übertragen: *caudex*, *codex* = Baumstamm, Holzklotz, Holzscheit.

10 Vgl. dazu etwa die Diskussion über den Debütroman von Helene Hegemann *Axolotl Roadkill* (2010), in dem die Autorin zahlreiche Passagen aus dem Roman *Strobo* (2009) des Bloggers Airen kopiert hatte, ohne sie als Zitate zu kennzeichnen.

11 Oft ist der Seitenwechsel auf dem Bildschirm auch von Überschneidungen begleitet, die den kontinuierlichen Fluss des Lesens unterbrechen und sich damit vom starren, aber simplen Umblättern im typografischen Raum unterscheiden (vgl. Rose 2011: 519).

12 Die Loslösung der einzelnen Textseite aus der festen Platzierung im Papierbuch macht den Text auf der jeweiligen Seite freilich auch autonomer, befreit

ihn aus dem fixen syntagmatischen Zusammenhang und ermöglicht neue Kombinationen mit den vorher bzw. danach aufgerufenen Seiten. Die elektronischen Seiten sind ja im doppelten Wortsinn nicht gebunden. Es ließe sich etwas pointiert formulieren, dass hier medientechnisch das realisiert ist, was Jacques Derrida 1967 als „das Ende des Buches und den Anfang der Schrift" bezeichnet hat: „Wenn wir den Text vom Buch abheben, dann wollen wir damit sagen, daß der Untergang des Buches, wie er sich heute in allen Bereichen ankündigt, die Oberfläche des Textes bloßlegt." (Derrida 1983: 35)

13 Die Abbildung findet sich unter dem angegebenen Link langfristig im *Phaidra*-Repositorium der Universität Wien gespeichert. Sie können aufgerufen werden unter URL: phaidra.univie.ac.at mit direkt anschließender o-Nummer (hier URL: phaidra.univie.ac.at/o:766859).

14 Zum poetischen Lese-Diskurs allgemein vgl. Stocker 2007.

15 Z.B. Coiro, Julie (2007): Exploring Changes to Reading Comprehension on the Internet: Paradoxes and Possibilities for Diverse Adolescent Readers. Diss. University of Michigan; De Stefano, Diana/Le Fevre, Jo-Anne (2007): Cognitive load in hypertext reading: A review. In: Computers in Human Behavior 23, H. 3, S. 1616–1641; Dyson, Mary C. (2005): How do we read text on screen? In: van Oostendorp, Herre/Breure, Leen/Dillon, Andrew (Hg.): Creation, Use, and Deployment of Digital Information. Mahwah: Lawrence Erlbaum Ass., S. 279–306; Liu 2005; Ohno, Takehiko (2007): EyePrint: Using passive eye trace from reading to enhance document access and comprehension. In: International Journal of Human-Computer Interaction 23, H. 1–2, S. 71–94; Rose, Ellen (2011): The phenomenology of on-screen reading: University students' lived experience of digitised text. In: British Journal of Educational Technology 42, H. 3, S. 515–526. Weitere Angaben in Mangen 2008: 409.

16 Vgl. dazu auch die Ergebnisse einer empirischen Studie zur Bildschirmlektüre von Universitätsstudierenden, die von Ellen Rose durchgeführt wurde: „In screen space, however, my reading takes place on a surface cluttered with endless fascinating distractions, giving rise to the phenomen of continuous partial attention." (Rose 2011: 522). Vgl. auch Mangen 2008: 410. Noch nicht entschieden scheint, in welche Richtung sich eReader entwickeln werden. Ob sie – entgegen der Konvergenzbewegung aller digitalen Medien – zu ausschließlich zum Bücherlesen zu verwendende Geräte werden oder doch internetfähige Mehrzweckgeräte. Aktuelle Modelle erscheinen noch als Kompromisse, zwar auf E-Book-Lektüre konzentriert, aber doch mit direkter Verbindung zu Wikipedia, Twitter und Facebook. Vgl. URL: www.amazon.de/Kindle-Paperwhite-hochaufl%C3%B6sendes-integrierter-Beleuchtung/dp/B00CUVGB6Y [27.6.2014].

17 Christiane Voss betont diese Fokussierung der Aufmerksamkeit, allerdings in Bezug auf das Medium Film. Dies lässt sich aber genauso auf Literatur übertragen: „Wenn wir dem fiktiven Filmgeschehen so weit folgen, dass ein Großteil unserer Aufmerksamkeit dabei absorbiert wird, kann man von *Immersion in ein fiktionales Gebilde* oder auch von *fiktionaler Immersion* sprechen." (Voss 2008: 69)

18 Vgl. die Synopse der Ergebnisse mit zahlreichen Literaturangaben bei Mangen/Walgermo/Brønnick 2013: 66.

19 „Many studies have been addressing the impact of hypertext structure on

cognitive aspects of reading and comprehension. A recent review […] concludes that hypertext structure tends to increase cognitive demands of decision making and visual processing and this additional cognitive load, in turn, impairs reading comprehension performance." (Mangen/Walgermo/Brønnick 2013: 61)

20 Roger Chartier hat auf die Bedeutung einer neuen Performativität des Leseakts für die spezifische Imaginations-, ja Wahnerfahrung des Don Quijote hingewiesen: Cervantes' Roman brachte das Verschwimmen der Grenzen zwischen Realität und Imagination zu einer Zeit auf den Punkt, als sich das stille Lesen fiktionaler Literatur «nicht nur in gebildeten Kreisen, sondern auch unter den einfachen Leuten immer mehr verbreitet hatte. Das war eine entscheidende Entwicklung. Weil sie den Unterschied zwischen der Welt des Textes und der Welt des Lesers, der beim lauten Vorlesen immer offensichtlich war, aufhob, und weil sie den Geschichten der fiktionalen Texte eine nie gekannte Überzeugungskraft verlieh, besaß das stille Lesen einen gefährlichen Zauber." (Chartier 1999: 410f.)

21 Aleida Assmann konstatiert ebenfalls einen Zusammenhang zwischen der, wie sie es bezeichnet, „imaginativen", „belebenden" Leseweise und dem gedruckten Buch, ohne das allerdings näher auszuführen (Assmann 1998: 37).

## Literatur


Alter, Alexandra (2012): Your e-book is reading you. In: The Wall Street Journal, Internetausgabe 19.7.2012. URL: online.wsj.com/news/articles/SB10001424052702304870304577490950051438304 [23.6.2014].

Assmann, Aleida (1998): Lesen als Beleben. Zum Verhältnis von Medium und Imagination. In: Lesezeichen 5, S. 34–49.

Birkerts, Sven (1994): The Gutenberg Elegies. The fate of Reading in an Electronic Age. Winchester: Faber and Faber.

Brecht, Bertolt (1992): Der Dreigroschenprozeß. In: ders.: Werke. Große komm. Berliner u. Frankfurter Ausg. Hg v. W. Hecht et al. Bd. 21. Schriften I. Berlin/Weimar/Frankfurt a. M.: Aufbau/Suhrkamp, S. 448–514.

Carr, Nicholas (2008): Is Google making us stupid? What the internet is doing to our brains. In: The Atlantic, July/August 2008. online-Version: www.theatlantic.com/magazine/archive/2008/07/is-google-making-us-stupid/306868 [23.6.2014]

Carr, Nicholas (2011): The Shallows: What the Internet is Doing to Our Brains. New York: W.W. Norton.

Cervantes Saavedra, Miguel de (1975): Der scharfsinnige Ritter Don Quixote von der Mancha. Band 1. Frankfurt a. M.: Insel.

Chartier, Roger (1990): Lesewelten. Buch und Lektüre in der frühen Neuzeit. Frankfurt/M. et al.: Campus et al.

Cohen, Margaret (1999): The Sentimental Education of the Novel. Princeton: Princeton University Press.

Debray, Régis (2003): Einführung in die Mediologie. Bern/Stuttgart/Wien: Haupt.

Dehaene, Stanislas (2010): Lesen. Die größte Erfindung der Menschheit und was dabei in unseren Köpfen passiert. München: Knaus.

Derrida, Jacques (1983): Grammatologie. Frankfurt a. M.: Suhrkamp.

Fühmann, Franz (1986): Pavlos Papierbuch [1982]. In: ders.: Saiäns-fiktschen. Erzählungen. Darmstadt, Neuwied: Luchterhand, S. 162–182.
Giesecke, Michael (1991): Der Buchdruck in der frühen Neuzeit. Frankfurt a. M.: Suhrkamp.
Illich, Ivan (2010): Im Weinberg des Textes. Als das Schriftbild der Moderne entstand. München: Beck.
Krämer, Sybille (1998): Was haben die Medien, der Computer und die Realität miteinander zu tun? Zur Einleitung in diesen Band. In: dies. (Hg.): Medien, Computer, Realität. Wirklichkeitsvorstellungen und Neue Medien. Frankfurt a. M.: Suhrkamp, S. 9–26.
Liu, Ziming (2005): Reading behavior in the digital environment: Changes in reading behavior over the past ten years. In: Journal of Documentation 61 (2005), S. 700–712.
Mangen, Anne (2008): Hypertext fiction reading: haptics and immersion. In: Journal of Research in Reading 31 (2008), H. 4, S. 404–419.
Mangen, Anne/Walgermo, Bente, R./Brønnick, Kolbjørn (2013): Reading linear texts on paper versus computer screen: Effects on reading comprehension. In: International Journal of Educational Research 58, S. 61–68.
Manguel, Alberto (1998): Eine Geschichte des Lesens. Berlin: Volk & Welt.
McLuhan, Marshall (1992): Die magischen Kanäle. Understanding Media. Düsseldorf et al.: Econ.
Rose, Ellen (2011): The phenomenology of on-screen reading: University students' lived experience of digitised text. In: British Journal of Educational Technology 42 (2011), Nr. 3. S. 515–526.
Stocker, Günther (2007): Vom Bücherlesen. Zur Darstellung des Lesens in der deutschsprachigen Literatur seit 1945. Heidelberg: Winter.
Strauß, Botho (1997): Die Fehler des Kopisten. München/Wien: Hanser.
Svenbro, Jesper (2000): Ameisenwege. Figuren der Schrift und des Lesens in der griechischen Antike. Graz: Droschl.
Thiel, Thomas (2009): Interview mit Maryanne Wolf. In: Frankfurter Allgemeine Zeitung, 18.10.2009.
Voss, Christiane (2008): Fiktionale Immersion. In: montage AV 17, H. 2, S. 69–86.
Wieland, Christoph Martin (2001): Die Abenteuer des Don Sylvio von Rosalva. Stuttgart: Reclam.
Witmann, Reinhard (1999): Gibt es eine Leserevolution am Ende des 18. Jahrhunderts? In: Chartier, Roger/Cavallo, Guglielmo (Hg.): Die Welt des Lesens. Von der Schriftrolle zum Bildschirm. Frankfurt a. M./New York: Campus, S. 419–454.
Wolf, Maryanne (2010): Das lesende Gehirn. Wie der Mensch zum Lesen kam – und was es in unseren Köpfen bewirkt. Heidelberg: Spektrum.
Chartier, Roger (1999): „Populärer" Lesestoff und „volkstümliche" Leser in Renaissance und Barock, in: Chartier, Roger/Cavallo, Guglielmo (Hg.): Die Welt des Lesens. Von der Schriftrolle zum Bildschirm. Frankfurt a. M./New York: Campus, S. 397–418.

Eugen Pfister

# Narrative und politische Mythen in digitalen Spielen

Digitale Spiele gewannen im Laufe der letzten 40 Jahre weltweit dermaßen an Verbreitung, dass einzelne Spiele heute in manchen Fällen ein Publikum von mehreren Millionen Menschen erreichen können. So erklärte Bundeskanzlerin Angela Merkel im August 2017 anlässlich der Eröffnung der *gamescom*-Spiele-Messe: „Computer- und Videospiele sind als Kulturgut, als Innovationsmotor und als Wirtschaftsfaktor von aller größter Bedeutung" (Bundesregierung 2017). In Deutschland spielten 2017 über 34 Millionen Menschen Computer- und Videospiele. Das entspricht in etwa 46 % der Bevölkerung (über zehn Jahren) bzw. 53 % der Männer und 47 % der Frauen. (BIU 2017)

Wir spielen sie zwischendurch in der Straßenbahn auf unseren Smartphones, gemeinsam mit FreundInnen auf der Couch, von einem Beamer auf die Wohnungswand projiziert oder am PC mit Headset in Multiplayer Arenen. Wir sammeln Münzen, fahren Rennen, kämpfen gegen Monster und verlieben uns. Spiele sind nicht nur Spielzeug, nicht nur Rollenspiel, sie sind auch Simulation und interaktive Erzählung. Wobei die relative Bedeutung dieser beiden Elemente von Spiel zu Spiel variabel ist – wie sich im Folgenden noch zeigen soll. Spiele erschaffen regelbasiert virtuelle Welten. Diese entstehen aber nicht in einem luftleeren Raum *ex nihil*, denn ihre EntwicklerInnen verarbeiten in ihnen mehr oder weniger bewusst eine ihnen bekannte Welt. Spiele sind so auch Massenmedium geworden, denn sie bilden einen Kommunikationsraum, in welchem Politik, Gesellschaft und Kultur konstruiert und reflektiert werden (vgl. Pfister 2018). Dergestalt sind sie historische Quellen jener Gesellschaften, die sie hervorbringen (vgl. Köstlbauer/Pfister 2018), und werden abseits der Forschung auch von Gesellschaft und Politik in zunehmendem Maße als relevant wahrgenommen.

Digitale Spiele verunsichern aber auch, vor allem ihr Versprechen quasi grenzenloser interaktiver Freiheit für die SpielerInnen. Auf einer Podiumsdiskussion an der University of South California 2013 erklärte George Lucas:

Telling a story, it's a very complicated process [...] You're leading the audience along. You are showing them things. Giving them insights. It's a very complicated construct and very carefully put together. If you just let everybody go in and do whatever they want then it's not a story anymore. It's simply a game [...] it's not going to be Shakespeare" (Bishop 2013).

Sind also Spiele aufgrund der „interaktiven Freiheit" der SpielerInnen also doch etwas grundsätzlich Neues, das keine Story, keine Erzählung, keine Narrative im ursprünglichen Sinne zulässt? Was ist es denn überhaupt, das digitale Spiel?

Zum einen sind digitale Spiele eine Ware, ein Unterhaltungsprodukt, das – ähnlich wie der internationale Spielfilm – weltweit vertrieben wird und einer kleinen Handvoll multinationaler Großunternehmen pro Spiel im Idealfall Umsätze in dreistelliger Millionenhöhe erlaubt. Zum anderen – und das zeigt sich auch in der Rede Angela Merkels – werden Spiele zunehmend als Kulturprodukte wahrgenommen. Vom belächelten Kinderspielzeug avancierten sie zum prämierten Vorzeigeprodukt. Vor allem in der sogenannten Indie-Szene – hier handelt es sich vor allem um kleine Entwicklerteams mit beschränkten Budgets – zeigte sich in den letzten Jahren das Potenzial zu beindruckend kreativen neuen ästhetischen Ausdrucksformen. Dabei darf nicht die extreme Heterogenität des Mediums vergessen werden. Von sogenannten Casual Games, Geschicklichkeits- und Puzzlespielen wie der *Candycrush*-Spielreihe, die schnell zwischendurch auf dem Smartphone in der U-Bahn in kleinen Häppchen von einer bis zehn Minuten gespielt werden kann, bis zu den megalomanen japanischen Rollenspielepen wie *Final Fantasy XV*, die im Durchschnitt 50 Stunden dauern, reicht hier die Bandbreite – von regelbasierten Geschicklichkeitsspielen und Simulatoren bis zur interaktiven Fiktion. Lässt sich in einem dermaßen heterogenen Medium überhaupt sinnvoll nach Narrativen, nach Erzählungen suchen?

## Game Studies und Narratologie

Vielleicht wissen ja die Game Studies eine Antwort zu geben. Diese junge Forschungsdisziplin entstand um die Jahrtausendwende – so wollen es die meisten Einleitungen und Forschungsstandexpositionen in der einschlägigen Literatur – mit einem explosiven Methodenstreit. Auf der einen Seite standen die „NarratologInnen", allen voran Janet Murray, welche digitale Spiele unter anderem als neue narrative Formen begriffen und untersuchten. Sie verstanden Ende der 1990er Jahre (mit Aufkommen des Hypertexts) digitale Medien als spannende Möglichkeit zur Weiterentwicklung der Erzählung. Auf der anderen Seite positionierten sich die „LudologInnen", allen voran Espen Aarseth und Gonzalo Frasca. Diese bestanden darauf, dass das digitale Spiel ein genuin neues Phänomen sei, dass sich grundsätzlich von bisherigen narrativen Formaten, wie dem Buch und dem Film, unterscheide: „The simulation aspect is crucial: it is radically different alternative to narratives as a cognitive and communicative structure. Simulations are bottom up; they are complex systems based on logical rules." (Aarseth 2001) LudologInnen bestanden mit Nachdruck auf der Singularität des neuen digitalen Spiels – auf seine Ausnahmestellung als prozedurale und regelbasierte Simulation – und beanspruchten so die wissenschaftliche Deutungshoheit für sich. Gonzalo Frasca schrieb 2003 einen Aufsatz alleine mit diesem Ziel: „My goal in this essay ist to contribute to this discussion by offering more reasons as to why the storytelling model is not only an inaccurate one but also how it limits our understanding of the medium and our ability to create even more compelling games". (Frasca 2003: 221) Die „Gegenseite" reagierte pikiert – Janet H. Murray antwortete in einer Präsentation 2005:

> Because the game essentialists want to privilege formalistic approaches above all others, they are willing to dismiss many salient aspects of the game experience, such as the feeling of immersion, the enactment of violent or sexual events, the performative dimension of game play, and even the personal experience of winning and losing. To be a games scholar of this school you must have what American poet Wallace Stevens called „a mind of winter"; you must be able to look at highly emotive, narrative, semiotically charged objects and see only their abstract game function. (Murray 2005)

An dieser Stelle sind zwei wichtige Ergänzungen notwendig: 1. Zu keinem Zeitpunkt der Debatte behaupteten LudologInnen, dass Spiele grundsätzlich Narration ausschlossen, und NarratologInnen zogen nie die Ausnahmestellung des Spiels in Zweifel. 2. Während sich von 1999 bis 2004 mehrere Streitschriften von LudologInnen finden, fehlt es an ebenso prominenten Streitschriften von NarratologInnen, was Jesper Juul 2004 auch in einem Blogbeitrag eingestand:

> they thought the ludologists are fighting an imaginary narratological straw man – indeed, that the narratologists do not exist at all. And on some level, I see what they mean – it is very seldom these days that you'll meet someone who will squarely proclaim that games are stories. (Juul 2004)

Aus einer historischen quellenkritischen Perspektive wird deutlich, dass die Streitschriften von Espen Aarseth, Gonzalo Frasca, Marku

Eskelinen und Jesper Juul eben nicht alleine einer methodologischen Diskussion geschuldet waren. Sie waren auch als Initialzündung einer neuen Forschungsdisziplin, der Ludologie, gedacht, welche im Kampf um Anerkennung und vor allem Finanzierung ihr Profil schärfen musste:

> The greatest challenge to computer game studies will no doubt come from within the academic world. Making room for a new field usually means reducing the resources of the existing ones, and the existing fields will also often respond by trying to contain the new area as a subfield" (Aarseth 2001).

Aus historischer Perspektive ist der Streit zwar so in seiner Motivation nachvollziehbar, nicht aber in seinen Aussagen. Denn keine Forschungsdisziplin kann jemals die Deutungshoheit eines menschlichen Phänomens für sich alleine beanspruchen. Die zu wählende Methode wie auch Forschungsfrage hängt vor allem von dem angestrebten Erkenntnisgewinn ab.

> Die Diskussion ist ein ganz alter Hut. Eigentlich. Schon Anfang des Jahrtausends gerieten sich Akademiker der noch jungen Disziplin der Game Studies in die Haare, was denn genau ein Spiel sei: eher eine Erzählung, oder doch eher ein System von Regeln? Die Antwort, die man außerhalb akademischer Zirkel bedeutend schneller gefunden hätte, ist allen Spielerinnen und Spielern einleuchtend: beides – mal mehr, mal weniger." (Sigl 2017)

Trotzdem dauerte es über zehn Jahre, bis Espen Aarseth 2014 in einem Paper mit den Begriff Ludonarrativ den naheliegenden Schluss zog: „What has so far been lacking is a detailed, robust understanding of the various ways computer software have been used to combine elements from narratives and games into a number of quite different ludo-narratological constructs" (Aarseth 2012).

Der Versuch eine einheitliche Theorie für alle digitalen Spiele zu finden, ja selbst der Versuch einer umfassenden Definition hat sich trotz intensiver Diskussionen bisher als nicht zielführend erwiesen. Es hängt also von der untersuchenden Person und vor allem vom Forschungsinteresse ab, welcher theoretische Fokus, aber auch welches Quellensample sinnvoll ist. Zugleich ist es immer notwendig, das digitale Spiel als Ergebnis vieler unterschiedlicher Einflüsse zu begreifen. Das heißt, es reicht nicht aus, das Spiel als Simulation *und* als Erzählung zu begreifen. Man muss es *auch* als wirtschaftliches Produkt begreifen, das bestimmten Marktlogiken entspricht. Aus historischer Perspektive muss man außerdem jedes Spiel quellenkritisch als Produkt seiner Zeit begreifen und analysieren. So kann es – je nach Forschungsinteresse – auch sinnvoll sein, sich auf den narrativen Aspekt von Spielen zu konzentrieren. Nicht nur aus einer erzähltheoretischen Perspektive heraus, sondern auch aus einer politisch-historischen Perspektive heraus, wie ich im Anschluss zeigen möchte.

Wenn wir nämlich Spiele als menschliche Artefakte begreifen, werden sie zu einer spannenden historischen Quelle. In einer zunehmend engeren Verschränkung und im ständigen Austausch mit anderen Medienformen werden in Computerspielen Gesellschafts- und Herrschaftsbilder kommuniziert, konstruiert und perpetuiert. Computerspiele sind eben immer auch Ausdruck zeitgenössischer Ängste und Wünsche und transportieren – auch ungeachtet ihrer Intentionen – politische Aussagen. Diese nehmen oft die Form einer Erzählung, eines (Ludo-)Narratives an. Digitale Spiele sind neben Film und Fernsehen zu einem wichtigen medialen Sozialisationsfaktor geworden; Werte und Grenzen werden hier „spielerisch" vermittelt (vgl. Pfister 2018).

## Können Spiele „erzählen"?

Bevor wir uns auf die Suche nach politischen Metanarrativen machen, gilt es die Frage zu klären, ob Spiele überhaupt „erzählen" können. Ganz allgemein bezeichnet die Narration, also Erzählung eine „Art von mündlicher oder schriftlicher Rede, in der jemand etwas Besonderes mitteilt", egal ob dieses Geschehen real oder fiktiv ist. Wenn nun das dargestellte Geschehen (*story*) eine Motivation (einen nachvollziehbaren kausalen Zusammenhang) hat, wird es zur Geschichte (*plot*) (vgl. Martinez/Scheffel 1999: 115). Durch die Motivierung erscheinen die erzählten Ereignisse nun in einem „Erklärungszusammenhang": „Die Ereignisse werden dann so verstanden, dass sie nicht grundlos wie aus dem Nichts aufeinander, sondern nach Regeln oder Gesetzen aufeinander folgen" (Martinez/Scheffel 1999: 115). Die Erzählung bekommt so einen Sinn.

Nun ist das Phänomen von dargestelltem Geschehen in einem Erklärungszusammenhang trotz der geläufigen Einschränkung nicht allein auf mündliche und schriftliche Überlieferungen beschränkt, es findet sich auch in der darstellenden Kunst, in der Musik, im Film und eben auch im Spiel. Zwar kommt an dieser Stelle auch heute noch der Einwurf von LudologInnen, Spiele seien eben nicht Darstellung wie der Film oder die Literatur, sondern regelbasierte Simulation (vgl. Ciccoricco 2014: 224f.); sie reproduzierten nicht, sondern erschüfen mit ihren Codes quasi Neues. Nun gibt es gewisse Spiele wie etwa Quantic Dreams *Heavy Rain*, aber auch First-Person Shooter wie *Call of Duty: World War II* oder Textadventures, die recht eindeutig Erzählung sind. Ihre Interaktivität beschränkt sich darauf, dass die SpielerInnen am Spiel scheitern können oder es erfolgreich zu Ende spielen. Auch an einem Buch kann man bekanntlich scheitern. Aber auch in „echten" Simulationen – egal ob es sich nun um den *Landwirtschaftssimulator 2017* oder *Civilization VI* handelt, gibt die – wiederum kulturell eingespielte – Spielmechanik latent den Spielverlauf vor. Der Code des Spiels leitet uns gewissermaßen, er belohnt ein gewisses Spielverhalten und bestraft andere. Es entsteht das Ludonarrativ. Man kann diese Spiele zwar auch „frei" und gegen den Strich spielen, trotzdem hält sich ein Großteil der SpielerInnen an den vom Code vorgezeichneten Weg: Sie arbeiten sich durch den „Karrieremodus" durch und erobern ihre Nachbarn – egal ob nun mit militärischen Mitteln oder via „kultureller Dominanz".

Trotzdem zeigen Sandbox-Spiele wie *Minecraft*, vor allem aber alle auf zwischenmenschliche Interaktion basierende Multiplayer-Spiele die Grenzen einer auf das Narrativ fokussierten Forschungsperspektive. Eine solche ist nur dann sinnvoll, wenn sie einem Erkenntnisgewinn dient: Ein Rückgriff auf die Erzähltheorie ist zum Beispiel für eine politische Ideengeschichte in Spielen vor allem aufgrund des Konzepts der „Handlungsschemen" zielführend. Diese bezeichnen typische, d.h. in mehreren „Texten" auffindbare Handlungsverläufe. Diese wiederum tragen das Potenzial in sich, den Texten eine zusätzliche Bedeutung, ein Thema, eine „These über die Welt" zu geben (vgl. Martinez/Scheffel 1999: 129). Hier schließt der Narrativbegriff aus den Sozialwissenschaften an: „Ein Narrativ ist ja mehr als eine Geschichte. Es ist ein Erzählmuster, das für sich genommen etabliert und mit einem gewissen Legitimitätsstatus versehen ist", liest man dazu bei Wolfgang Seibel (2009).

Das heißt zusammengefasst, dass Narrative reale oder fiktive Ereignisse in einen kausalen Sinnzusammenhang ordnen und so den RezipientInnen diesen Sinnzusammenhang erfahrbar machen. (Das geschieht in Spielen nicht allein auf Ebene der Story, es geschieht auch auf der Ebene des audiovisuellen Designs und insbesondere auf der Regelebene.)

## Mythos in digitalen Spielen

Hier zeigt sich deutlich die Nähe zum narratologischen Handlungsschema, zum „Skript". Denn wir lernen unsere Welt auch in Spielen kennen, werden in Spielen sozialisiert. Abseits des Erlernens von Handlungsroutinen (z.B. wie verhalte ich mich richtig in einem eleganten Restaurant) werden Faktenwissen (z.B. wie wurde im Mittelalter Krieg geführt) vermittelt und Denkschemata übernommen, wie die Gegenüberstellung von Gut und Böse. Bei diesen Denkschemata handelt es sich um nichts anderes als kommunizierte und konstruierte Wertvorstellungen, die sich nach Jürgen Fritz in tiefenpsychologischen Vorgängen übertragen (vgl. Wesener 2004: 25-27). Solche Narrative beziehungsweise Weltbilder sind – hierin anderen Medien vergleichbar – nicht immer der Intention eines einzelnen Autors, einer einzelnen Autorin zuzuordnen, sondern gehorchen immer auch einer medienimmanenten Logik, einer Rhetorik des digitalen Spiels beziehungsweise sind Ausdruck dominanter Diskurse. Das heißt, dass nicht jedes Narrativ willentlich in ein Spiel eingebaut wird, es kann auch gewissermaßen unbewusst Eingang in ein Spiel finden. In diesem Fall spreche ich von einem Mythos.

Insbesondere aufwendige, d.h. kostenintensive Spieleproduktionen bedienen sich im Regelfall erfolgreich eingespielter affektsteuernder Techniken, um finanzielle Risiken zu minimieren und ihre Chancen auf dem Markt zu erhöhen. Das heißt, dass diese Spiele – noch eindeutiger als Roman und Film – Produkte dominanter Diskurse sind. Diese sogenannten Triple-A-Spiele tendieren dazu, eingespielte Stories und Topoi zu wiederholen und verfestigen somit bereits verbreitete Mythen im Sinne Roland Barthes'. Dieser bezeichnete als Mythos zugleich ein Zeichensystem, das eine (auch politische) Botschaft transportiert (vgl. Barthes 1964). Ein solcher Mythos bietet den SpielerInnen ein vorgefertigtes Handlungsschema, eine Weltdeutung an. Im Gegensatz zu anderen Narrativen wird im Mythos die Botschaft allerdings nicht gleich als solche erkannt und deswegen von den RezipientInnen zumeist nicht weiter hinterfragt. Sie wird gewissermaßen „unbewusst" aufgenommen, die Botschaft erweckt den Anschein „natürlich" zu sein. Damit eine Aussage als Mythos funktionieren kann, muss sie an verschiedenen Stellen wiederholt werden. Im Folgenden werde ich einen an das Medium und an die Fragestellung angepassten Mythosbegriff verwenden, welcher sich durch folgende Charakteristiken auszeichnet:

1. Der Mythos ist nie ein einzelnes Zeichen (eine klischeehafte Figur, ein Symbol, usf.), sondern eine politische Aussage, die sich

aus einem System einander gegenseitig verstärkender Zeichen zusammensetzt.
2. Der Mythos ist eine scheinbar unmittelbar einleuchtende politische Aussage. Deshalb wird er oft an mehreren Orten, das heißt in mehreren Spielen beziehungsweise in mehreren Medienformen wiederholt. Durch sein wiederholtes Auftreten verstärkt der Mythos den Anschein der „Natürlichkeit“ und wird dergestalt fortan unbewusst reproduziert.
3. Der Mythos verschleiert Geschichte in seiner Argumentation. Er zitiert bekannte ästhetische Vorbilder und überträgt sie auf aktuelle Phänomene, ohne dabei historisch spezifisch zu werden. Das heißt, er referenziert nicht so sehr historische Phänomene, sondern vor allem ihre ästhetische Hülle. Er gewinnt seine Überzeugungskraft aus diesem Verweis auf seine vermeintlichen Vorgänger, was wiederum einen Anschein der Natürlichkeit erweckt.
4. Trotz seiner vordergründig historischen Argumentation ist jeder Mythos eindeutig in seiner Aktualität verortbar und kann nur in einem konkreten zeithistorischen Kontext verstanden werden (vgl. Pfister 2018).

Solche Mythen sind an sich weder etwas moralisch Positives noch etwas Negatives. Man darf sie auf keinen Fall mit Propaganda verwechseln. Sie beziehen sich alle auf ursprünglich bewusst getroffene politische Aussagen, die im weiteren Verlauf zu einer dominanten diskursiven Aussage wurden – hier in gewisser Weise Lyotards „méta-récits“ vergleichbar. Sie sind ein diskursives Selbsterhaltungsinstrument. Solange einer bestimmten diskursiven Aussage nicht von einer Mehrheit der am Diskurs beteiligten Bevölkerung widersprochen wird und es infolgedessen zu einem Paradigmenwechsel kommt, reproduziert sich der Diskurs selbst in der Populärkultur unter anderem in Form von Mythen.

## US-amerikanischer Opfermythos

Dieses Konzept soll nun anhand eines konkreten Mythos veranschaulicht werden, der zuletzt wieder an Aktualität gewonnen hat: die Konstruktion eines US-amerikanischen Opfermythos zur Rechtfertigung der Anwendung von Gewalt in digitalen Spielen.[1] Angesichts der Tatsache, dass der letzte Einfall ausländischer Truppen in die Vereinigten Staaten im Zuge des Britisch-amerikanischen Krieges (1812–1814) geschehen ist, mag es doch überraschen, dass die USA in Computerspielen überdurchschnittlich häufig ausgesprochen aggressiven und skrupellosen ausländischen Invasoren zum Opfer fallen. In den First-Person Shootern *Homefront* (2011) und *Homefront: The Revolution* (2016) gelingt es beispielsweise den Streitkräften der nordkoreanischen Volksarmee, rasch an der amerikanischen Westküste Fuß zu fassen. In *Call of Duty: Ghosts* (2013) erobert eine südamerikanische „Konföderation" große Teile der südlichen Bundesstaaten und droht nach einem längeren Stellungskrieg auch den Rest der Vereinigten Staaten zu erobern. Zum Schutz gegen die Konföderation haben die USA im Spielnarrativ übrigens eine mehrere hundert Kilometer lange „Liberty Wall" gebaut. In *Call of Duty: Modern Warfare 2* (2009) und *Call of Duty: Modern Warfare 3* (2011) sind es schließlich die Russen, die ohne Vorankündigung die Ostküste überfallen und in einer Nacht-und-Nebel-Aktion Washington dem Erdboden gleich machen. Alle genannten Szenarien verbindet, dass der Angriff überraschend und ohne vorhergehende Provokation stattfand und sich die Invasoren durch eine unmenschliche Grausamkeit der Zivilbevölkerung gegenüber auszeichnen. Dabei handelt es sich ausnahmslos um sogenannte Triple-A-Games (also Spiele mit einem Entwicklungs- und Marketingbudget in mehrstelliger Millionenhöhe).

Die erzählerische Motivation für die häufige Opferrolle der USA und die geradezu unmenschliche Grausamkeit der Gegner in diesen Computerspiel-Kriegsszenarien ist die Rechtfertigung des Einsatzes aller militärischer Mittel und die klare Aufteilung in Gut und Böse, die bei vielen historischen Konflikten wie dem Vietnam- oder dem Afghanistankrieg nicht so eindeutig zu argumentieren gewesen wäre. Die genannten Computerspiele zeigen, dass die heutigen Spiele natürlich nur vor dem Hintergrund zeitgenössischer Politik zu verstehen sind. Der Opfermythos wird immer mehr zum zentralen Rechtfertigungsgrund für virtuelle Gewalt in Spielen. Zentrale Aussage ist, dass aufgrund einer internen Schwäche der USA, die zu starke Abhängigkeit von ausländischen Ölreserven (*Call of Duty: Ghosts* und *Homefront*) oder eine zu starke Abhängigkeit von ausländischen High Tech Produkten (*Homefront: The Revolution*) den USA zum Verhängnis wird. Da die Aggressoren auch nicht davor zurückschrecken, nach unlauteren Mitteln zu greifen (die Ermordung von Zivilisten in einem vorgeblich amerikanischen Terrorangriff, Atombomben, andere Massenvernichtungswaffen, Massenhinrichtungen, Gehirnwäsche usf.), erscheint jedes Mittel probat, um sich zu schützen. So überlegen wir als SpielerInnen auch nicht lange, wenn wir in diesen Szenarien geradezu aberwitzige Mengen virtueller Gegner erschießen. Das Gameplay lässt uns hier keine große Wahl: Schlauchförmig ziehen sich die Levels durch das Spiel, wir haben im Grunde keinen Einfluss auf das Geschehen, können nur versuchen zu überleben, damit die Invasion weitergeht. Es ist eine erschreckend simple Geschichte. Und es ist nicht so sehr die Gefahr, dass konkrete Länder auf diese Weise als Bösewichte ins kollektive Gedächtnis wandern – von dort kamen die meisten bereits –, sondern dass die Konfliktlösungsansätze (Bewaffnung der Zivilbevölkerung, Widerstand gegen Marionettenstaaten, sogenannte *Covert Operations* und Präventivangriffe) hier von einer Mehrheit der Bevölkerung erlernt werden. Das Aushebeln demokratischer Grundrechte wird zumindest kurzfristig rechtfertigbar.

Vor diesem Hintergrund erscheint es vielleicht nicht mehr ganz so unverständlich, wie es ein Donald Trump mit seiner Belagerungsrhetorik geschafft hat, massenweise WählerInnen für sich zu gewinnen. Natürlich haben wir es hier nicht mit einer unilateralen Kausalität zu tun. *Call of Duty*-SpielerInnen wählen nicht alle Trump. Die rhetorischen Mittel und Schlüsse sind aber die gleichen, die sich immer wieder – und nicht nur in den USA, sondern auch in Europa – finden, zuletzt im Zuge der sogenannten Flüchtlingskrise: Von Belagerung und Eroberung ist die Rede, vom Eindringen in die eigenen vier Wände. Die Einheimischen werden zu Opfern.

Es ist dabei nie allein das Narrativ, sondern das Zusammenspiel aus Narrativ, beeindruckenden dreidimensionalen und begehbaren Ruinengemälden bekannter Umgebungen und einer Spielmechanik, die vor allem das Gefühl der Überwältigung durch den Aggressor und einer ursprünglichen Ohnmacht, die dann durch eine waffenstrotzende Agency wieder gutgemacht wird, bedienen. Aus dieser anfänglichen Ohnmacht erwächst Wut und Zorn und ein Wunsch nach Vergeltung, nach Wiedergutmachung in der Spielwelt. Dass die USA erobert werden können, mag allen als eindeutige Fiktion erscheinen. Als plausibel wird uns aber suggeriert, dass es viele Staaten gibt, die das durchaus wollten, denen aber die Möglichkeiten dazu fehlen. So erklärt sich, dass immer mehr Spiele mit entsprechenden Motiven erscheinen.

## Ludonarrativ

Das Beispiel des Opfermythos hat hoffentlich gezeigt, dass eine Untersuchung des Ludonarrativs digitaler Spiele auch für andere Disziplinen wie die Politikgeschichte fruchtbar sein kann. Durch die

Auflösung des konstruierten Wettstreits zwischen der Regelhaftigkeit (ludologische Perspektive) und der Erzählung (narratologische Perspektive) von Spielen im Begriff Ludonarratologie zeigt sich auch, dass ein solcher Zugang kritisch angewandt auch in weniger storylastigen Spielen funktioniert. Potenziell ließen sich auch Puzzlespiele auf ihr Ludonarrativ hin untersuchen, wobei hier naturgemäß die Analyse der Regeln und Spielbedingungen weitaus mehr Gewicht einnähme. In einem „storylastigen" Rollenspiel oder First-Person Shooter wiederum ist es durchaus sinnvoll, auch der Story mehr Aufmerksamkeit zu widmen.

Digitale Spiele mögen ein neues Phänomen sein, die ihnen zugrunde liegenden Mechanismen sind uns aber bereits seit Längerem geläufig, da es sich um eine bisher nicht gekannte Symbiose uns bereits bekannter Bestandteile handelt. Digitale Spiele vereinen die Regelhaftigkeit des Spiels sowie unseren ungebrochenen Wunsch nach Erzählung mit der überragenden Simulationsleistung neuartiger Mikroprozessoren. So wie digitale Spiele aus dem Zusammenspiel bekannter Phänomene etwas Neues erschufen, müssen wir auch in unserer Forschung vorgehen und hier auf bekannte Methoden zurückgreifen, diese aber nach einer kritischen Reflexionsphase neu zusammenstellen.

## Anmerkung

1 Die folgenden zwei Absätze sind in Teilen bereits als Gastkommentar in science.apa.at erschienen. Siehe URL: science.apa.at/dossier/Zur_Konstruktion_eines_virtuellen_Opfermythos_in_digitalen_Spielen/SCI_20171130_SCI77434352839389470 [15.5.2018].

## Literatur


Aarseth, Espen (2001): Computer Game Studies, Year One. In: Game Studies 1, H. 1. URL: gamestudies.org/0101/editorial.html [20.5.2018].

Aarseth, Espen (2014): A Narrative Theory of Games. In: FDG '12 Proceedings of the International Conference on the Foundations of Digital Games, 129–133. URL: dl.acm.org/citation.cfm?id=2282365 [20.5.2018].

Barrett, Mark (1997): Irreconcilable differences: Game vs. story. URL: ditchwalk.com/docs/game-vs-story [20.5.2018].

Barthes, Roland (1964): Mythen des Alltags. Frankfurt a. M.: Suhrkamp.

Bishop, Bryan (2013): Lucas and Spielberg on storytelling in games: „it's not going to be Shakespeare". In: The Verge. URL: www.theverge.com/2013/6/13/4427444/lucas-spielberg-storytelling-in-games-its-not-going-to-be-shakespeare-usc [20.5.2018].

BIUS – Bundesverband für interaktive Unterhaltungssoftware (2017): Jahres-

report der Computer- und Videospielbranche in Deutschland 2017. URL: www.game.de/wp-content/uploads/2017/09/game_Jahresreport_2017_inter aktiv.pdf [20.5.2018].
Bundesregierung (2017): Merkel eröffnet Gamescom. Computerspiele sind Kulturgut. URL: www.bundesregierung.de/Content/DE/Artikel/2017/08/2017-08-22-merkel-gamescom.html [20.5.2018].
Ciccoricco, David (2014): Games as Stories. In: Ryan, Marie-Laure/Emerson, Lori/Robertson, Benjamin J. (Hg.): The Johns Hopkins Guide to Digital Media. Baltimore: Johns Hopkins University Press. S. 224–228.
Frasca, Gonzalo (2003): Ludologists love stories, too: Notes from a debate that never took place. In: Digital Games Research Conference 2003 Proceedings. URL: www.ludology.org/articles/Frasca_LevelUp2003.pdf [20.5.2018].
Juul, Jesper (2004): The definitive history of games and stories, ludology and narratology. In: The Ludologist, URL: www.jesperjuul.net/ludologist/2004/02/22/the-definitive-history-of-games-and-stories-ludology-and-narratology [20.5.2018].
Köstlbauer, Josef/Pfister, Eugen (2018): Vom Nutzen und Nachteil einer Historie digitaler Spiele. In: Hust, Christoph (Hg.): Digitale Spiele Interdisziplinäre Perspektiven zu Diskursfeldern, Inszenierung und Musik. Bielefeld: transcript, S. 89–106.
Martinez, Matias/Scheffel, Michael (1999): Einführung in die Erzähltheorie. München: C.H. Beck.
Murray, Janet H. (2005): The last word on ludology v narratology. URL: inventingthemedium.com/2013/06/28/the-last-word-on-ludology-v-narratology-2005 [20.5.2018].
Pfister, Eugen (2018): Der Politische Mythos als diskursive Aussage im digitalen Spiel. Ein Beitrag aus der Perspektive der Politikgeschichte. In: Junge, Thorsten/Schumacher, Claudia (Hg.): Digitale Spiele im Diskurs. Hagen. URL: www.medien-im-diskurs.de [20.5.2018].
Seibl, Wolfgang (2009): Hegemoniale Semantiken und radikale Gegennarrative. Beitrag zum Arbeitsgespräch des Kulturwissenschaftlichen Kollegs Konstanz. URL: www.exzellenzcluster.uni-konstanz.de/fileadmin/all/downloads/veranstaltungen2009/Seibel-Heg-Semantiken-090122.pdf [20.5.2018]
Sigl, Rainer (2017): Videospiele können nicht erzählen! Oder? URL: derstandard.at/2000057384015/Videospiele-koennen-nicht-erzaehlen- Oder [20.5.2018].
Wesener, Stefan (2004): Spielen in Virtuellen Welten. Eine Untersuchung von Transferprozessen in Bildschirmspielen. Wiesbaden: Springer.

# Methoden und Modellierungen

*Arndt Niebisch*

# Distant Reading

Zu bestimmen, was Literaturwissenschaft ist, mit welchen Texten und Gegenständen sie sich auseinandersetzt, ist Thema vieler Diskussionen. Was bei all diesen Diskussionen sicher zu sein scheint, ist, dass Literaturwissenschaft etwas mit dem Lesen von Texten zu tun hat. Die Lektüre ist der privilegierte Zugang der Literaturwissenschaft zu ihrem Objekt, Diskussionen um einen erweiterten Textbegriff greifen die Stabilität des Begriffes ‚Text' zwar an, aber erweitern vor allem den Raum dessen, was gelesen werden kann, und machen es möglich, dass man von der ‚Lektüre' von Filmen oder auch anderen Artefakten spricht.[1] Der Rückzug auf die Lektüre als zentrale Kulturtechnik der Literaturwissenschaft erscheint dabei als der kleinste gemeinsame Nenner, auf den sich die meisten Methoden und Theorien von Hermeneutik bis Dekonstruktion verständigen können. Diese sichere, praktische Basis ist aber dabei, sich aufzulösen bzw. sich dramatisch zu verändern.

Computergestützte Verfahren der Textanalyse zeigen die Möglichkeit auf, dass das Lesen auch von Maschinen übernommen werden kann, und es kommt zunehmend der Verdacht auf, dass Computer die besseren Leser sind. Datengestützte Literaturwissenschaft hat das Label Distant Reading erhalten und dieser Begriff, der sich vom Close Reading absetzt, verweist darauf, dass es sich bei der computergestützten Untersuchung von Texten nicht einfach um ein neues Werkzeug handelt, sondern es um die Frage geht, welchen Stellenwert individuelle Lesepraktiken in einem wissenschaftlichen Kontext haben. Mir geht es dementsprechend in diesem Beitrag nicht einfach darum, zu erklären, was ‚Distant Reading' ist, sondern darum, diese Transformation verständlich zu machen, zu zeigen, wie Distant Reading eine praktische, aber auch methodische Umstellung der Literaturwissenschaft auf die Informations- und Kommunikationsbedingungen des 21. Jahrhunderts bedeutet.

Im ersten Teil dieses Textes werde ich auf die methodischen Implikationen von Distant Reading eingehen und Werkzeuge und Fallbeispiele diskutieren. Im zweiten Teil werde ich zeigen, wie Distant

Reading auf die Analyse von *digital born material* angewendet werden kann. Dies ist nicht nur einfach eine Ausweitung von Distant Reading auf kulturelle Artefakte der Gegenwart, sondern wichtig, da aus diesen digitalen Texten bzw. Daten in Verbindung mit künstlicher Intelligenz neue Werkzeuge für das literaturwissenschaftliche Arbeiten entstehen könnten.

## Close Reading

Der Begriff des Distant Readings wurde von dem Literaturwissenschaftler Franco Moretti stark gemacht, der damit eine arbeitsteilige Analyse des untersuchten Materials meint.[2] Der Wissenschaftler ist bei dieser Arbeitsweise nicht alleine zuständig dafür, ein bestimmtes Textkorpus zu erarbeiten, sondern delegiert diese Aufgabe an MitarbeiterInnen, Studierende oder Computer. Bevor ich auf diese Praktiken genauer eingehe, möchte ich den Begriff des ‚Close Readings' (auf den das ‚Distant Reading' als Gegenbegriff verweist) genauer reflektieren, da ich denke, dass er sich dafür eignet, die methodischen Eigenheiten des Distant Readings klarer herauszuarbeiten.

Zunächst ist es mir wichtig zu betonen, dass es sich bei Close und Distant Reading nicht um Methoden oder Theorien handelt, sondern primär um Praktiken. Obwohl bestimmte methodische Ansätze das Close Reading präferieren, heißt dies nicht, dass das Close Reading an sich schon eine Methode ist. Close Reading ist zunächst ein Weg, sich einem Text zu nähern. Beim Close Reading geht es darum, eine überschaubare Textmenge sehr genau zu analysieren, durch eine wiederholende Lektüre sich den Text eigen zu machen, in einen Dialog mit ihm zu treten und ein immer genaueres Verstehen aufzubauen. Der Text wird als ein ästhetisches Artefakt begriffen, das als poetische Konstruktion eine komplexe polyvalente Struktur enthält, die nur durch hohe Aufmerksamkeit entschlüsselt bzw. dargestellt werden kann. Es ist ein mikrologischer Blick, der versucht, Literatur als Konzentration von Kultur zu verstehen.[3] Es steht somit der expansiven Logik des ‚Distant Reading' diametral entgegen.

Eine Besonderheit des Close Readings ist, dass es sich methodisch auf ein weites Feld verbreitet. Es ist eine etablierte Technik sowohl im Bereich von hermeneutischen Ansätzen wie der textimmanenten Interpretation als auch eine Schlüsseltechnik der anti-hermeneutischen Dekonstruktion. Das liegt daran, dass das Close Reading verschiedene Verständnisse von Literatur ermöglicht. Auf der einen Seite konstituiert es das Verständnis von Literatur als eines komplexen, hoch individuellen Ausdrucks des Autors, der Autorin. Ein hermeneutisches Close Reading versucht diese Individualität des Textes als Aussage des Autors, er Autorin aufzuschlüsseln. Auf der anderen Seite ermöglicht das Close Reading einen Text als hoch komplexes polysemantisches Konstrukt zu verstehen, das, auch wenn es beschränkt in seiner Textmenge ist, nie zu einer abschließenden Interpretation kommen kann. Aus diesem Grund benutzt die Dekonstruktion das Close Reading, um diese Polyvalenz in der Praxis einer nicht abzuschließenden Lektüre aufzuzeigen, die nicht den Sinn, sondern die Ambiguitäten eines Textes identifiziert.[4]

Diese Bemerkungen sind wichtig, um zu verstehen, was bei der Debatte des Distant Readings mit auf dem Spiel steht. Es geht nicht nur darum, eine neue Technologie einzuführen, sondern auch eine neue Vorstellung der ästhetischen Struktur von Literatur zu etablieren. Mit Distant Reading wird Literaturwissenschaft zur Datenanalyse und nähert sich somit einem technisch-empirischen Verständnis von Wissenschaft an. Das bisher dominierende Paradigma eines hermeneutischen Verständnisses von Literatur als ästhetischer Singularität bzw. hoch individualisierter Äußerung wird dabei zurücktreten müssen, und das zusammen mit dem Verständnis von Literaturwissenschaft als Arbeit am Individuum, wie es sich in der Romantik formierte.[5]

## Distant Reading

*Was ist Distant Reading?*

Distant Reading ist arbeitsteiliges Lesen. Die Lektüre wird nicht mehr als eine individuelle Tätigkeit des Wissenschaftlers verstanden, sondern wird zu einer Form der Mustererkennung. Die Aufgabe des Wissenschaftlers ist dabei, die Muster vorzugeben, nach denen MitarbeiterInnen, Studierende oder Computer einen Textkorpus auswerten sollen. Dieses Verfahren ist unter dem Namen ‚Distant Reading' von dem Literaturwissenschaftler Franco Moretti bekannt gemacht worden und will eine Antwort auf eine zentrale literaturwissenschaftliche Schwäche geben. Diese Schwäche besteht darin, dass kein menschlicher Leser die gesamte literarische Produktion einer Epoche, wahrscheinlich noch nicht einmal die Produktion eines Jahres lesen und schon gar nicht wissenschaftlich reflektieren könnte. Die bisherige Antwort auf diese menschliche Beschränkung war der literarische Kanon. Der Kanon lässt nun allerdings eine Vielzahl von Stimmen wegfallen und stellt ein sehr verzerrtes Abbild der literarischen Produktion einer Zeit dar. Das Distant Reading stellt dem eine Makroanalyse von Literatur gegenüber. Moretti bringt das wie folgt auf den Punkt:

> [L]iterary history will quickly become very different from what it is now: it will become ‚second hand': a patchwork of the other people's research, *without a single direct textual reading*. Still ambitious, and actually even more so than before (world literature!); but the ambition is now directly proportional *to the distance from the text:* the more ambitious the project, the greater must the distance be. (Moretti 2013: 57)

In dieser Formulierung tritt viel hervor, was eine digitale von einer konventionellen Literaturwissenschaft unterscheidet. Individuelle Exploration tritt zurück und kollaboratives Arbeiten wird zentraler. Der meditative Umgang mit ‚hoher Literatur' wird ersetzt durch die Analyse von Daten. Der Garant für Wissenschaftlichkeit liegt nicht in der intimen Nähe, sondern in der analytischen Ferne zu einem Text.

*Beispiel: Burrows's Delta*
Im deutschsprachigen Raum sind Fotis Jannidis und Gerhard Lauer besonders für Forschungen im Bereich Distant Reading hervorgetreten und ich möchte hier einen Text der beiden diskutieren. Der Aufsatz „Burrows's Delta and it's use in German literary history" (Jannidis/Lauer 2014) stellt eine Fallstudie dar, bei der Jannidis und Lauer die Möglichkeiten einer computergestützten Stilanalyse im Bereich der deutschen Literaturgeschichte ausloten. Es ist dabei anzumerken, dass die Stilanalyse, die eigentlich die Heimat einer divinatorischen, hermeneutischen Literaturwissenschaft war, mittlerweile sehr gut mit computergestützten Verfahren funktioniert.[6] In diesem Beitrag beschreiben Jannidis und Lauer die Textanalyse mit einer Software (ein Stylometriepaket für die Programmiersprache R), die basierend auf Worthäufigkeit die Ähnlichkeiten von verschiedenen in einem Textkorpus abgelegten Texten bestimmt.[7] Diese Methode basiert auf dem sogenannten ‚Burrows's Delta' (vgl. Burrows 2002), das jedem Text in diesem Korpus durch eine Worthäufigkeitsanalyse einen numerischen Wert zuweisen kann. Die Software kann dann diese Ähnlichkeiten bzw. Unterschiede zwischen den Texten grafisch abbilden.

Jannidis und Lauer führen mit diesem Werkzeug verschiedene Experimente durch. Zunächst analysieren sie 36 Romane aus dem Zeitraum von 1785 bis 1815, die in ihrem Korpus vorkommen, und bestätigen, dass die Auswertung der Autorattribution zutrifft (vgl. Jannidis/Lauer 2014: 35f.). Eine weitere Analyse geht auf die Unterscheidung nach Epochen ein. Hier wollen Jannidis und Lauer sehen, ob AutorInnen, die von der Literaturwissenschaft einer bestimmten Epoche zugeordnet werden, auch in der Tat so von der Software in dieser Weise geclustert werden. Also ob, wie in ihrem Beispiel, AutorInnen der Aufklärung und des Realismus jeweils zusammen gruppiert werden. Auch diese Analyse liefert ein Bild, das mit den literaturwissenschaftlichen Einordnungen übereinstimmt.

Eine weitere Analyse testet die Position Heinrich von Kleists Dramen in der Literatur seiner Zeit. Das Ergebnis ist, dass Kleist der Weimarer Klassik nahesteht und nur das *Käthchen von Heilbronn* eine starke stilistische Nähe zu den Texten der Romantik hat (vgl. Jannidis/Lauer 2014: 43–47).

Jannidis und Lauer gehen bei diesen Beispielen mit großer Vorsicht mit dem Distant Reading um. Das Textkorpus ist nicht einfach eine Blackbox, auf die mathematische Analysen angewandt werden. Es ist ein Korpus, über den man noch so etwas wie hermeneutische Kontrolle behalten will. Beispielsweise beginnen sie ihr Experiment mit 36 Romanen, eine für das Distant Reading eigentlich sehr kleine Zahl. Auch die Fragestellungen sind lange etablierte Fragen nach AutorInnen, Epoche und Genre. Dadurch wird es Jannidis und Lauer möglich, einen Vergleich zwischen traditionellem literaturwissenschaftlichen Wissen und den computergestützt erstellten Ergebnissen aufmachen zu können. Diese Experimente arbeiten nicht daran, die Fragestellungen der Literaturwissenschaft auszuweiten, sondern die Möglichkeiten des Distant Reading zu konsolidieren.[8]

Auch wenn ein solches quantitativ vorsichtiges Vorgehen nicht Ziel von Distant Reading sein sollte, ist es durchaus sinnvoll, um sich der computergestützten Analyse zu nähern und ein Verständnis davon zu bekommen, welche Fragen man stellen kann und welche Antworten man mit diesen Verfahren geliefert bekommt. Lauer und Jannidis reflektieren auch selber, dass ihr Experiment nur vorläufige Übungen sind (vgl. Jannidis/Lauer 2014: 49). Dieses Vorgehen ist aber sehr wichtig und macht klar, dass es zentral ist, aktiv mit diesen Technologien zu experimentieren, um eine Anschauung ihrer Möglichkeiten zu erhalten.

## Tools

Um der Diskussion des Distant Readings konkrete Fassbarkeit zu geben, möchte ich einige Werkzeuge vorstellen, die benutzt werden können, um sich dem Distant Reading zu nähern. Diese Tools eignen sich nur in einem beschränkten Maße dazu, wissenschaftlich zu arbeiten, aber sie können einen ersten Eindruck geben, was es bedeutet, Texte als Daten zu analysieren.

*Google Ngram Viewer*

Googles *Ngram Viewer* ist ein Online-Tool, das die Treffer zu durch Komma abgetrennte Suchbegriffen pro Jahr angibt. Es kann dabei auf Quellenmaterial vom Jahr 1500 bis nahe an die Gegenwart zurückgreifen und das Korpus enthält Texte aus einer Vielzahl von Sprachen. Das Programm kann einzelne Wörter oder auch ganze Phrasen suchen. Es ist äußerst interessant, mit dieser Software herumzuspielen, und sie ähnelt Tools wie *Google Trends*. Der *Ngram Viewer* ermöglicht makroskopische und komparatistische Fragestellungen, bspw. kann man schnell sehen, wie sich die Verteilung der Autoren der Weimarer Klassik Goethe, Schiller, Kleist historisch darstellt. Man kann weiter historisch ins Detail gehen und die Frequenz zu den Lebenszeiten der Autoren darstellen oder auch einen schnellen Vergleich der Rezeption zur NS-Zeit machen. Ein weiterer interessanter Punkt ist, dass man das Korpus nach Sprachen aufteilen und die Häufigkeit in verschiedenen Sprachen analysieren und so Hypothesen über die Rezeption aufstellen kann.

Diese Datensätze bzw. die Ergebnisse, die diese Software liefert, sind allerdings nicht einfach unkritisch zu übernehmen. Google bemüht sich zwar um die Transparenz der Datenbestände, aber die schiere Menge macht es zu einer Blackbox, bei der es nur schwer möglich ist, eine klare Vorstellung von dem Textkorpus zu erhalten. Weitere Bedenken sind, dass die OCR der Texte sehr fehleranfällig war und dass es eine unverhältnismäßige Häufung von wissenschaftlichen Texten gibt. Zudem weiß man, dass eine Vielzahl der Texte falsch datiert bzw. kategorisiert sind.[9]

*Voyant Tools*

Ein anderes Tool, das sich primär zur Analyse von Einzeltexten und kleineren Korpora eignet, ist *Voyant Tools*. Es ist eine freie Web-Applikation, in der man seinen Textkorpus hochladen kann. *Voyant Tools* bietet dann verschiedene Methoden an, die Frequenz von Worten in den Texten darzustellen. Die Standardanalyse zeigt zunächst die Wörter in einem Korpus mit der höchsten Häufigkeit an. Sehr hilfreich ist es, dass man je nach Sprache die ‚Stop Words', also Funktionswörter mit geringem semantischen Wert, ausblenden kann. Es ist daraufhin möglich, die angebotenen Graphen und ‚Word Clouds' genauer zu kalibrieren und so sein Textkorpus zu visualisieren und zu analysieren. *Voyant Tools* kann unmittelbar ohne Installationen benutzt werden und ist damit ein wertvolles Werkzeug, um Hypothesen zu testen und einen ersten Eindruck von einem Textkorpus zu bekommen.

Diese beiden Tools (*Ngram Viewer* und *Voyant Tools*) geben die Möglichkeit, Texte zu analysieren und zu visualisieren. Die Voraussetzung dafür ist natürlich, dass man Texte hat, die mit diesen Werkzeugen analysiert werden können. Googles *Ngram Viewer* liefert diese Texte bereits mit, was allerdings auch bedeutet, dass es wenig Einsicht und Kontrolle in den Textkorpus gibt. Eine notwendige Ressource für das Distant Reading ist somit der Zugang zu einem Textkorpus, der sich kontrollieren lässt, und Repositorien, die wissenschaftlich gesicherte Texte zur Verfügung stellen, sind essentiell für die Digital Humanities.

*Repositorien:* TextGrid *und* Deutsches Textarchiv

Eine der bekanntesten Ressourcen für die Digital Humanities im Bereich der germanistischen Literaturwissenschaft ist das Repositorium von *TextGrid*. Hier sind Texte eingegangen, die auch unter zeno.org zugängig und gemeinfrei sind. Das Besondere an diesem Repositorium ist, dass die einzelnen Texte mit Metadaten wie AutorIn, Titel und Publikationsdatum versehen sind. Dies ist ungeheuer hilfreich, da dadurch komplexe Fragestellungen möglich sind. Ein Beispiel für eine groß angelegte Analyse ist „Network Analysis of Dramatic Texts".[10] Dieses Projekt basiert auf Dramentexten, die semantisch annotiert sind und es somit ermöglichen, automatisiert Fragen nach Dramenstrukturen bzw. Personenrollen zu stellen.

Ein weiteres Projekt, das Texte mit einem TEI-Encoding zur Verfügung stellt, ist das *Deutsche Textarchiv*.[11] Dieses Repositorium bereitet Texte detaillierter auf als *TextGrid*, verfügt aber über eine wesentlich geringeren Datenschatz. Der Bestand fokussiert auf deutschsprachige Texte von 1600 bis 1900. Die Textauswahl basiert auf einer von Experten zusammengestellten Bibliografie, die mit einschlägigen Literaturgeschichten und (Fach-)Bibliografien abgeglichen wurde. So wurde versucht, ein Korpus zu erstellen, das hinsichtlich der dort versammelten Textsorten und Disziplinen ein ausgewogenes Korpus repräsentiert. Die Texte wurden daraufhin mit einem *double keying*-Verfahren manuell erfasst und detailliert mit TEI-Tags ausgezeichnet. Diese Arbeit liefert philologisch gesicherte und semantisch aufbereitete Texte, führt aber auch dazu, dass in diesem Archiv nur gut 3400 Werke enthalten sind.

Solche philologisch aufgearbeiteten Texte erfordern aber auch komplexere Werkzeuge, um sie zu untersuchen, bspw. die *eXist*-Datenbank[12], da nun auch das semantische Tagging mitverarbeitet werden muss. Um sich zunächst dem Distant Reading bspw. mit *Voyant-Tools* zu nähern, sollte man mit Rohtexten arbeiten. Nach den ersten Experimenten mit diesen Werkzeugen wird man bald Fragestellungen kreieren, die differenziertere Analysen verlangen. Für diese nächsten Schritte ist es notwendig, sich den Texten mit datenwissenschaftlichen Werkzeugen zu nähern, wie sie bspw. Programmiersprachen wie *Python* und *R* (vgl. Jockers 2014) zur Verfügung stellen.

## Distant Digital Reading

*Endlose Weiten*

Im ersten Teil dieses Aufsatzes habe ich die Argumente rekapituliert, die betonen, dass das Distant Reading ein enormes Textkorpus konstruieren und somit eine neue Form der Literaturgeschichte entstehen lassen kann, die nicht mehr von einem selektiven Kanon ausgeht, sondern wesentlich globaler Themen und Genres erfassen kann. Der Bottleneck ist dabei die Menge und die Struktur des Materials. Es gibt etliche Projekte, die sich um die Digitalisierung von Texten der vergangenen Jahrhunderte bemühen. Diese Projekte machen große Fortschritte, und auch wenn dieser Datenschatz nie vollständig sein wird, so wird er ein bisher nicht gekanntes Archiv von Daten und Wissen versammeln, das neue Analysemöglichkeiten aufschließen kann. Die Aufgabe der Literaturwissenschaft wird es sein, Fragen an dieses Archiv zu stellen und es mit einer Struktur zu versehen, die weitere neue Fragestellungen möglich macht. Es gibt dabei eine Unterscheidung im Zugang zu digitalen Texten: einmal die Analyse von rohen Textdaten und einmal die Analyse von vorstrukturierten Daten.

Die Verwendung von einfachen Textfiles ist die Analyse von einfachen Rohdaten etwa über den *Ngram Viewer*, die jedoch aufgrund der beschränkten Aussagekraft rasch an ihre Grenzen stößt. Die Analyse von prästrukturierten Daten betrifft TEI-kodierte Dokumente, die bspw. die physischen Orte von Briefen in Metadaten verzeichnen und so eine computergestützte Auswertung dieser Topografien ermöglichen. Um solche intelligente Textkorpora zu erstellen, braucht es den Menschen, der diese Elemente an den semantisch korrekten Platz in die Textfiles einarbeitet. Diese Arbeit ist jedoch mühsam und langsam und wird einen neuen Kanon entstehen lassen, der darauf aufbaut, dass bestimmte Texte besser für eine elektronische, semantische Analyse aufgearbeitet sind als andere. Für den deutschen Bereich bilden das *TextGrid*-Repositorium und das *Deutsche Textarchiv* die Korpora, die eine relativ große Auswahl an Texten mit semantische Annotationen und Metadaten bereitstellen.[13]

Es ist dabei bedeutsam, dass das Distant Reading und auch die Digital Humanities im Allgemeinen vor allem mit einer digitalen Aufarbeitung der Vergangenheit beschäftigt sind. Ich würde aber gerne darauf hinweisen, dass unsere digitale Gegenwart und Zukunft den Schlüssel zu einer völlig neuen Literaturwissenschaft aufstoßen könnte. Heutzutage finden wir eine enorme Menge digitaler Texte, die zudem komplexe Strukturierungen bzw. Metadaten besitzen, die computerlesbar sind und nicht erst mühsam hinzugefügt werden müssen. Dies könnte eine wichtige Quelle sein, um durch *Machine Learning* neue Werkzeuge zur Textanalyse zu entwickeln.

Die Dimension von digitalen Archiven der Vergangenheit erscheint beeindruckend. *Google Books* hatte 2015 25 Millionen Bücher eingescannt und ist damit anderen Projekten wie *Project Gutenberg* (50.000 Bücher) oder *Internet Archive* (80.000 Bücher) weit voraus. Google schätzte 2010, dass es 130 Millionen einzelne Titel gibt, die auch eingescannt werden sollen. Diese Zahl bildet wahrscheinlich einen guten Maßstab für die Dimension der Gutenberg-Galaxis an. Nach 2000 hat sich unsere Informationsgesellschaft allerdings in einem dramatischen Ausmaß gewandelt, die Publikation von Texten ist explodiert. Dies liegt sicherlich an der Ausbreitung von *digital-born media*. Während (nach Angaben des ISBN-Ausgabeinstituts Bowker) der Output von ISBNs in den frühen nuller Jahren unter 300.000 per annum lag, gab es im Jahr 2010 einen Rekord mit über vier Millionen und der neue, normale Jahresdurchschnitt scheint deutlich über eine Million Titel zu liegen.[14] Dies zeigt, dass wir nicht mehr in der Gutenberg-Galaxis leben, sondern in einem wirklich neuen Informationszeitalter.

Dies wird umso klarer, wenn man sich die Entwicklung von rein digitalen Inhalten ansieht. Wenn man als Indikator nur die Anzahl von Webseiten (individuellen Hostnames) nimmt, wird klar, dass hier ein noch größeres Wachstum zu beobachten ist. Die Zahl der Webseiten wird bald die Zwei-Milliarden-Marke erreichen und damit hat das Web die Produktion der Printkultur bereits lange hinter sich gelassen.[15] Das Auffällige an dieser Zahl ist nicht nur die schiere Menge, sondern auch das exponentielle Wachstum von digitalen Inhalten.

Diese Situation ist klar jenseits jeglicher Rezeptionsfähigkeit des Menschen und die Anmerkungen, dass man keinen Überblick über die Romane des 19. Jahrhunderts bekommen könnte, erscheint im Angesicht der gegenwärtigen Datenexplosion ein eher kleines Problem zu sein. Die entscheidende Aufgabe der Literaturwissenschaft wird nicht nur die Aufarbeitung der Vergangenheit sein, sondern vielmehr Wege zu finden, um die digitale Gegenwart navigierbar zu machen.

Eine mögliche Lösung, um den Ozean der digitalen Information zu bewältigen, könnte dabei genau in diesem Ozean liegen. Denn digitale Informationen unterscheiden sich von unserem bisherigen Buchwissen nicht nur in der Menge, sondern auch darin, dass sie meist wesentlich detaillierter strukturiert sind, mit wesentlich mehr Metadaten versehen sind, die auch computerlesbar sind. Ein konkretes Beispiel dafür ist Fan-Fiction im Internet.

## Fan-Fiction-Archive

Fan-Fictions sind Weiterschreibungen von etablierten fiktiven Welten. Dies ist besonders beliebt bei Fernsehserien, schließlich entstand das Genre im Zusammenhang mit *Star Trek* und Fanzines.[16] Es ist aber nicht darauf beschränkt, sondern besteht auch in der Fortschreibung literarischer Fiktion, bspw. ist Sherlock Holmes ein beliebter Bestandteil von Fan-Fiction. Diese hat in Verbreitung und Popularität seit dem massenweisen Zugang zum Internet massiv zugenommen und die meiste Fan-Fiction ist *born digital*.[17] Sie hat in letzten Jahren auch zunehmend kritisches bzw. wissenschaftliches Interesse erhalten, da hier Literatur jenseits des Kanons und in einem komplexen Verhältnis zu den Massenmedien entsteht, der einen Freiraum für die Autorschaft verschiedenster Gruppen besonders von queer und weiblichen AutorInnen eröffnet.[18]

Fan-Fiction wird (meist) nicht aus ökonomischen Gründen geschrieben (*Shades of Grey* ist eine besonderer Fall),[19] es ist aber auch kein Schreiben, das ohne Regeln auskommt. Die Einbettung in ein Fandom gibt Regeln vor bzw. Geschichten werden mit bestimmten Tags oder Markierungen versehen, was Fan-Fiction zu einem Spiel mit den Vorgaben eines Fandoms macht.[20] Die literarische Produktivität, die diese Seiten lostreten, ist erstaunlich. Eines der bekanntesten Fanfiction-Archive, fanfiction.net, hat über 6 Millionen Einträge.[21] Diese Archive sind aber nicht nur interessant wegen ihrer reinen Quantität, sondern auch vor allem, weil es diesen Texten eine

Struktur gibt. *Archive of Our Own* ist bspw. ein Repositorium, das einen großen Wert auf die Verschlagwortung von Inhalten legt. In diesem Archiv können Geschichten basierend auf Charakteren, ‚Ships' (romantische Beziehungskonstellationen) und anderen mehr spezifischen Merkmalen kategorisiert und verschlagwortet werden. Freiwillige ‚Tag Wranglers' verbinden händisch synonyme Schlagworte, um die Effizienz der seiteninternen Suchmaschine zu unterstützen. Bspw. werden Schlagworte wie ‚mermaids', ‚mermen' und ‚merfolk' unter der Kategorie ‚merpeople' gefasst. Weiterhin ermöglicht es *Archive of Our Own* Altersempfehlungen (‚General audience', ‚Teen and up audiences', ‚Mature' und ‚Explicit'), Beschreibung der Beziehungskonstellation (‚F/F', ‚M/M', ‚F/M', ‚Multi', ‚Other' und ‚Gen') oder auch Warnhinweise (‚Major Character Death', ‚Graphic Depictions of Violence', ‚Underage' und ‚Rape/Non-Con') einzustellen.[22]

Entscheidend ist an diesem Archiv, dass es durch diese Daten Informationen über Literatur gibt, die von Menschen erstellt wurden. Es ist somit nicht nur ein Archiv von Geschichten, sondern auch eine Matrix, wie diese Geschichten nach Stoffen, Figuren, Motiven, dort vorkommenden sexuellen Praktiken etc. organisiert sind. Dieser Datenbestand könnte jetzt benutzt werden, um es durch *Machine Learning* Computern zu ermöglichen, Texte nach den Mustern zu taggen, wie sie in diesen Archiven vorkommen. Eine mögliche Kritik ist hier offensichtlich. Die Kategorisierung der Fan-Fiction hat wenig mit dem etablierten literaturwissenschaftlichen Begriffsinventar zu tun. Die Frage ist aber auch, ob die Literaturwissenschaft für die digitale Gegenwartskultur dieses Begriffsinventar auch erneuern wird. Fragen von Stoff und Motiv würden dabei zurücktreten, was aber wesentlich klarer hervortreten würde, sind Fragen der Identität und sexuellen Orientierung, da dies zentrale Kategorien der Fan-Fiction sind.

## Schlussbemerkung

Mit meinen Anmerkungen wollte ich zeigen, dass es sich bei Distant Reading nicht einfach um eine weitere Methode handelt, die man in den Kanon von Hermeneutik, Dekonstruktion, Diskursanalyse usw. einreihen kann. Distant Reading, und dies kann man auf die Digital Humanities insgesamt ausweiten, ist vielmehr eine Reaktion auf unsere veränderte Medienumwelt. Es geht dabei nicht nur um den Umstand, dass es nun möglich wird, Texte elektronisch zu untersuchen, sondern um die Einsicht, dass wir bald keine andere Möglichkeit haben, als digitale Technologien zu nutzen, um Ergebnisse zu liefern, die angesichts der ungeheuren Menge von digitalen Inhalten wissenschaftlich gesicherte Evidenz haben.

Die Möglichkeit von datenwissenschaftlichen Untersuchungen von Literatur wird verändern, was als Literaturwissenschaft angesehen wird. Einzelanalysen werden Konkurrenz bekommen durch die Datenanalysen von großen Korpora, und Textinterpretationen werden sich gegenüber der diagramatischen Evidenz von Graphen und Tabellen behaupten müssen. Dies ist aber Zukunftsmusik. Noch müssen wir an den Praktiken, Werkzeugen, Repositorien arbeiten, um eine routinierte, datenbasierte Literaturwissenschaft entstehen zu lassen.

Diese Zukunft ist jedoch bereits in der Gegenwart spürbar und wird bald in die Proseminare und Abschlussarbeiten Einzug halten. Was für diese Entwicklung unerlässlich sein wird, ist ein auch spielerischer Umgang mit der neuen bunten Welt der digitalen Instrumente – ein Wille zum Experimentieren.

## Anmerkungen

1 Zu einer Diskussion des ‚erweiterten' Textbegriffs siehe Lindemann 2009.

2 Zentral für die Begriffsgeschichte ist Franco Morettis Buch *Distant Reading* (Moretti 2013). Das Buch, das diese Methode einflussreich bereits früher vorgestellt hat, ist *Graphs, Maps, Trees. Abstract Models for Literary History* (Moretti 2005).

3 Eine solche Einordnung des Close Readings als primär ästhetisch-stilistische Lektürepraxis mag holzschnittartig sein. Es ist aber eine Vorstellung, von der sich das Distant Reading absetzt. Zu einer komplexeren Diskussion des Close Readings, explizit in Bezug auf Moretti, siehe Bell et al. 2009. Eine frühe kulturanalytische Anwendung des Close Reading-Verfahrens ist im Übrigen von Leo Spitzer vorgeführt worden (Spitzer 1966) und auch Umberto Ecos kultursemiotische Studien (Eco 1994) können als ein kulturelles Close Reading verstanden werden.

4 Diese Spannung zwischen hermeneutischer und dekonstruktiver Lektüre kann man an den Aufsätzen von Norbert Altenhofer (1985) und Werner Hamacher (1985) in dem weit rezipierten Band *Positionen der Literaturwissenschaft* von David E. Wellbery ablesen.

5 Zur Korrelation von Individualisierung und Hermeneutik siehe Kittler 1995.

6 Der bekannteste erfolgreiche Fall einer computergestützten Stilanalyse dürfte die Enttarnung eines von Joanne K. Rowling unter Pseudonym geschriebenen Romans gewesen sein (vgl. Juola 2013).

7 Auf der folgenden Webadresse kann man das Stylometrie Paket herunterladen, URL: sites.google.com/site/computationalstylistics [31.5.2018]. Ich empfehle sehr, die Installation dieser Software auszuprobieren, da dadurch Jannidis' und Lauers Experiment wesentlich besser nachvollziehbar wird.

8 Augenfällig an diesen Beispielen ist, dass sich die Fragen nach Autorschaft und Gattungszuordnung doch sehr auf dem traditionellen Boden der Litera-

turwissenschaft bewegen – Distant Reading als Tool für neuere, nicht primär hermeneutische Fragestellung wie bspw. diskursanalytische Ansätze wird hier kaum bedacht. Für eine andere Perspektive siehe etwa die Ausgabe des *Le Focauldien* zu Distant Reading (Erb et al. 2016).

9 Zu einer Kritik des Bestands von Google Books siehe URL: en.wikipedia.org/wiki/Google_Ngram_Viewer#Criticism [31.5.2018].

10 Siehe URL: dlina.github.io und dracor.org [31.5.2018.] Zu einer Diskussion der Aufarbeitung der Annotation der Texte in diesem Korpus siehe Kampkaspar 2015.

11 Siehe URL: www.deutschestextarchiv.de [31.5.2018].

12 Eine Datenbank, die sich besonders für das Arbeiten mit TEI-Dokumenten eignet, ist eXist DB, die es auch ermöglicht, schnell Applikation für Online-Editionen zu entwickeln. Siehe URL: exist-db.org [31.5.2018].

13 Das *Textgrid*-Repositorium weist bspw. explizit auf die Arbeitsanfälligkeit dieser Annotationen hin: „During transformation, the original zeno-XML-mark-up was converted into TEI. In addition, further mark-up was added on the basis of defined existing mark-up or other text structure (e.g. lg-grouping, speaker etc.). Due to the limited manageability of such enormous amounts of data, the applied heuristics are kept schematic and unspecific, hence, it might in some cases result in erroneous interpretations. To remove such source of error step by step, the ‚literature folder' will be adapted continuously; hence, there will be different versions available." URL: textgrid.de/en/digitale-bibliothek [31.5.2018].

14 Diese beeindruckenden Zahlen kommen allerdings nicht durch den traditionellen Buchmarkt zustande, sondern durch Titel, die Bowker als ‚non traditional' klassifiziert. Dieser Bereich wird wie folgt bestimmt: „*Non-traditional/unclassified consists of reprints (often public domain), other titles printed on-demand, and wiki-based material. The number also includes records received too late to receive subject classification and/or ISBNs that were not classifiable." Dies bedeutet zwar u.a., dass diese Zahlen nicht notwendiger Weise eine Produktion neuer Inhalte bezeichnen, sie zeigen aber, dass sich die quantitative Dimension unserer Informationsgesellschaft ändert. Siehe hierzu die Angaben von Bowker, URL: media.bowker.com/documents/isbn_output_2002_2013.pdf [31.5.2018].

15 Für eine Übersicht über das Wachstum des Internets siehe URL: www.internetlivestats.com/total-number-of-websites/#trend [31.5.2018].

16 Zu einer Diskussion der Geschichte von Fan-Fiction siehe bspw. Edwards 2018.

17 Für eine Diskussion zur Entwicklung von Fan-Fiction im Internet siehe bspw. Pimenova 2009.

18 Siehe hierzu bspw. den Band *Internet Fictions* (Leppänen et. al 2009), der besonders auf die Rolle von Fan-Fiction fokussiert.

19 Zu einer kritischen Diskussion der ökonomischen Struktur von Fan-Fiction siehe De Kosnik 2009, zur besonderen Situation bei *Shades of Grey* Jones 2013.

20 Siehe hierzu bspw. Mackey/Mcclay 2008.

21 Zur Bedeutung von Fan-Fiction-Archiven als kulturelles Gedächtnis siehe De Kosnik 2016.

22 Siehe hierzu den Wikipedia-Eintrag, URL: en.wikipedia.org/wiki/Archive_of_Our_Own [31.5.2018].

## Literatur


Altenhofer, Norbert (1985): Der erschütterte Sinn. Hermeneutische Überlegungen zu Kleists ‚Das Erdbeben in Chili'. In: Wellbery, David E. (Hg.): Positionen der Literaturwissenschaft. Acht Modellanalysen am Beispiel von Kleists ‚Das Erdbeben in Chili'. München: C. H. Beck, S. 39–53.

Bell, David/ Harris, Paul/Méchoulan, Eric (Hg.) (2009): Close Reading = SubStance: A Review of Theory and Literary Criticism 119, H. 38/2.

Burrows, John (2002): ‚Delta'. A measure of stylistic difference and a guide to likely authorship. In: Literary and Linguistic Computing 17, H. 3, S. 267–287.

De Kosnik, Abigail (2009): Should fan fiction be free? In: Cinema Journal 48, H. 4, S. 118–124.

De Kosnik, Abigail (2016): Rogue Archives. Digital Cultural Memory and Media Fandom. Cambridge, Mass.: MIT Press.

Eco, Umberto (1994): Apokalyptiker und Integrierte. Zur kritischen Kritik der Massenkultur. Frankfurt a. M.: Fischer.

Edwards, Alexandra (2018): Literature fandom and literary fans. In: Booth, Paul (Hg.): A Companion to Media Fandom and Fan Studies. Hoboken: Wiley, S. 47–64. URL: doi.org/10.1002/9781119237211.ch3

Erb, Maurice/Ganahl, Simon/Kilian, Patrick (2016): Distant Reading and Discourse Analysis. In: Le foucaldien 2, H. 1, URL: doi.org/10.16995/lefou.16 [31.5.2018].

Hamacher, Werner (1985): Das Beben der Darstellung. In: Wellbery, David E. (Hg.): Positionen der Literaturwissenschaft. Acht Modellanalysen am Beispiel von Kleists ‚Das Erdbeben in Chili'. München: Beck, S. 149–173.

Jannidis, Fotis/Lauer, Gerhard (2014): Burrows's Delta and its use in German literary history. In: Erlin, Matt/Tatlock, Lynne (Hg.): Distant Readings: Topologies of German Culture in the Long Nineteenth Century. Suffolk: Boydell & Brewer, S. 29–54.

Jockers, Matthew (2014): Text analysis with R for Students of Literature. New York: Springer.

Jones, Bethan (2013): Fifty shades of exploitation: Fan labor and ‚Fifty Shades of Grey'. In: Transformative Works and Cultures 15, URL: doi.org/10.3983/twc.2014.0501 [31.5.2018].

Juola, Patrick (2013): How a computer program helped show J. K. Rowling write ‚A Cuckoo's Calling'. Author of the Harry Potter books has a distinct linguistic signature. In: Scientific America, URL: www.scientificamerican.com/article/how-a-computer-program-helped-show-jk-rowling-write-a-cuckoos-calling/ [31.5.2018].

Kampkaspar, Dario/Fischer, Frank/Trilcke, Peer (2015): Introducing our ‚Zwischenformat', URL: dlina.github.io/Introducing-Our-Zwischenformat [31.5.2018].

Kittler, Friedrich (1995): Aufschreibesysteme 1800/1900. München: Wilhelm Fink.

Leppänen, Sirpa/Kirchhofer, Anton/Hotz-Davies, Ingrid (2009): Internet Fictions. Newcastle upon Tyne: Cambridge Scholars Pub.

Lindemann, Uwe (2009): Intertextualitätsforschung. In: Schneider, Jost (Hg.): Methodengeschichte der Germanistik. Berlin/New York: de Gruyter, S. 269–288.

Mackey, Margaret/Mcclay, Jill Kedersha (2008): Pirates and poachers: Fan fiction and the conventions of reading and writing. In: English in Education 42, H. 2, S. 131–147.

Moretti, Franco (2000): Conjectures on World Literature. In: New Left Review 1, S. 54–68.
Moretti, Franco (2005): Graphs, Maps, Trees. Abstract Models for Literary History. London: Verso.
Moretti, Franco (2013): Distant Reading. London: Verso.
Pimenova, Daria (2009): Fan fiction. Between text, conversation, and game. In: Leppänen, Sirpa/Kirchhofer, Anton/Hotz-Davies, Ingrid (Hg.): Internet Fictions. Newcastle upon Tyne: Cambridge Scholars Pub, S. 44–61.
Spitzer, Leo (2016): American advertising explained as popular art. In: Leo Spitzer: Essays on English and American Literature. Princeton: Princeton UP, S. 248–277.

Desiree Hebenstreit, Arno Herberth, Laura Tezarek

# Digitale Edition und TEI-Codierung

## Ein Beispiel für den Nutzen von Editionen

Die Praxis des Edierens zählt innerhalb der Literaturwissenschaften zum Bereich der Grundlagenforschung. Texte werden auf wissenschaftlich fundierte Weise bereitgestellt, um es diversen geistes- und kulturwissenschaftlichen Disziplinen zu ermöglichen, sie für ihre Forschungsfragen heranzuziehen. Im Idealfall vermag eine Edition ein sehr heterogenes wissenschaftliches Publikum anzusprechen, allerdings ergibt sich oft aufgrund eingeschränkter Zeit- und Humanressourcen eine Beschränkung auf zentrale Kernbereiche editorischer Arbeit.

Den grundsätzlichen Sinn und Zweck des Edierens kann ein Beispiel aus der Neueren Deutschen Literaturwissenschaft veranschaulichen. Wenngleich hier die Überlieferungslage oft nicht derart prekär erscheint, wie das für antike oder mittelalterliche Werke gelten mag, so gibt es Fälle in der modernen Literatur, bei denen es große Unklarheiten über den Status der Texte gibt. Dies kann z.B. daran liegen, dass sich die Autorin/der Autor zu Lebzeiten ganz klar gegen eine Veröffentlichung von zahlreichen Werken und Werkentwürfen ausgesprochen hatte, obwohl der literaturgeschichtliche Wert dieser Texte aus heutiger Perspektive unbestritten ist. Franz Kafka ist diesbezüglich ein prononciertes Beispiel. Die Überlieferung eines Großteils seiner fragmentarisch erhaltenen Werke ist seinem Freund Max Brod zu verdanken, der – und das gleich im Folgejahr von Kafkas Tod – damit begann, Kafkas Romanfragmente herauszugeben. Max Brod war es dabei wohl daran gelegen, Kafkas Werk einem breiteren LeserInnenkreis zugänglich zu machen, und hat daher weniger textkritische Sorgfalt walten lassen, was die Wiedergabe des Ursprungszustandes der Handschriften in Bezug auf die Abfolge der einzelnen Kapitel etwa im *Prozess* anbelangt.

Peter Staengle und Roland Reuß haben 1995 damit begonnen, am Heidelberger Institut für Textkritik eine *Historisch-kritische Ausgabe sämtlicher Handschriften, Drucke und Typoskripte* Franz Kafkas zu erarbeiten. Ihr Ziel ist es, das gesamte überlieferte Textkorpus Kafkas in authentischer Form, d.h. in Orthografie, Zeichensetzung, Semantik und Syntax strikt nach Überlieferung, zu präsentieren.[1] Folglich wird weder Rechtschreibung noch Zeichensetzung modernisiert, Textdifferenzen in unterschiedlichen Textträgern werden belassen und Streichungen und Varianten werden integral wiedergegeben. Umgesetzt wird eine bibliophil orientierte Faksimile-Edition, d.h., dass die edierten Handschriften zusätzlich zum Transkript auch mittels fotografischer Reproduktion komplett zur Verfügung gestellt werden. Darüber hinaus werden die Romane Kafkas als originalgetreue Reprints der Erstausgaben als Einzelausgaben erhältlich sein. Insgesamt sind ca. 40 Bände geplant, von denen bis heute – 23 Jahre nach dem Start des Editionsvorhabens – 16 Bände erschienen sind.

Diese Zahlen verdeutlichen, mit welchem Arbeitsaufwand Editionen verbunden sind, insbesondere historisch-kritische, die Textvarianten bzw. Textstufen genauestens darstellen. Für die Forschung ist eine solche Zielsetzung jedoch unerlässlich, da erst auf diese Weise ein Einblick in die Schreibweise einer Autorin/eines Autors gewährt werden kann und frühere editorische Eingriffe transparent gemacht werden können.

## Was ist Edieren und warum tut man es?

Eine sehr kompakte und doch umfassende Definition der Tätigkeit des Edierens stammt von Patrick Sahle, der für seine wegweisenden Publikationen auf dem Gebiet des digitalen Edierens bekannt ist: „Edition ist die erschließende Wiedergabe historischer Dokumente." (Sahle 2017: 239) In weiterer Folge gibt Sahle zu jedem Bestandteil dieser Definition noch eine Erläuterung:

> Dabei meint „historisch" eine zu überbrückende Distanz zwischen unserem heutigen Verständnis und dem Erklärungsbedarf zur historischen Wirklichkeit. „Dokumente" ist ein Oberbegriff für beschreibbare physische Gegenstände *und* die Texte, die mit ihnen kommuniziert werden. „Wiedergabe" bezeichnet das notwendige Kriterium der vollständigen Repräsentation des Editionsgegenstandes (merke: Eine Beschreibung, ein Katalog, ist noch keine Edition!) auf bildlicher und/oder (meistens) textlicher Ebene. „Erschließung" schließlich ist ein Oberbegriff für alle kritischen Operationen, von der Auswahl der zu edierenden Objekte über die äußere Beschreibung, die selbst in einer Transkription unvermeidlichen Entscheidungen, die Identifikation von referenzierten „Dingen" in Texten, die (historischen) Sachanmerkungen bis hin zur Textkritik im engeren Sinne (merke: Eine Reproduktion ohne Kritik ist noch keine Edition!). (Sahle 2017: 239)

Deutlich wird hier der Stellenwert der Kritik für das Edieren, also beispielsweise des genauen Erhebens, welchen Status die einzelnen Textzeugen in Bezug auf den zu edierenden Text haben und welche Überarbeitungsstufen im Textzeugen enthalten sind. Außerdem gilt es, den Text in seiner Vollständigkeit zu reproduzieren bzw. etwaige Auslassungen auch zu begründen. Eine bloße Beschreibung des Textes und seines Überlieferungszustandes stellt jedoch noch keine Edition dar.

Folgende Tätigkeiten einer Editorin/eines Editors leiten sich aus der oben zitierten Definition ab. Zuallererst ist es notwendig, die Überlieferung zu sichten (= Rezension) und eine Beschreibung des Textträgers zu erstellen, wobei unter Textträger neben Handschriften, Typoskripten oder Drucken auch Tonaufzeichnungen, die den Text eines Werkes enthalten, subsumiert werden können (vgl. Plachta 2013: 139). In weiterer Folge müssen, sofern verschiedene Fassungen eines Textes vorliegen, diese miteinander verglichen werden (= Kollation). Dieser Vorgang ist insbesondere für die Herausgabe mittelalterliche Texte relevant, da es damals nur eine handschriftliche Tradierung gab und oft Fehler beim Abschreiben auftraten. Varianten müssen in weiterer Folge einer Kritik unterzogen werden (= Examination) und schließlich gilt es auch, den zu edierenden Text auf der Basis einer genauen Kenntnis der Überlieferung zu verbessern (= Emendation) (vgl. Sahle 2017: 237).

Wesentlich für all diese Arbeitsschritte ist ein systematisches Vorgehen sowie eine systematische Dokumentation des editorischen Vorgehens, damit dieses transparent und für die NutzerInnen einer Edition so genau wie möglich nachvollziehbar bleibt. Da in der Praxis des Edierens viele kleinere Entscheidungen zu treffen sind und Editionen oft in Zusammenarbeit mehrerer ExpertInnen entstehen, ist für die projektinterne Kommunikation die Festlegung stabiler Editionskriterien in Schriftform und die Dokumentation von selbst gesetzten Standards unabdingbar.

Die Ziele, die EditorInnen bei ihrer Arbeit verfolgen, können dabei sehr heterogen gestaltet sein. In historischer Perspektive hat die auf den Mediävisten Karl Lachmann zurückgehende Zielsetzung einige Bekanntheit erlangt, einen ganz bestimmten Urtext zu rekonstruieren. Allerdings hat sich dieses Unterfangen, das vor allem auch für mittelalterliche Texte Relevanz hatte, als nicht erfüllbar erwiesen, sodass sich zunehmend das sogenannte Leithandschriftenprinzip etabliert hat, das dem zuverlässigsten Textzeugen folgt. Darüber hinaus gibt es für Werke jüngeren Datums das Ansinnen, der Intention der

AutorInnen zu entsprechen, was vor allem in sogenannten „Ausgaben letzter Hand“ Niederschlag findet.

Weitere Absichten und Ziele von Editionen betreffen den Variantenreichtum, dem die Variorum-Edition gerecht zu werden versucht, und die genaue Analyse des Entstehungsprozesses, den eine genetische Edition in den Fokus nimmt (vgl. Sahle 2017: 237f.). Diplomatische Ausgaben wiederum setzen sich das Ziel, eine größtmögliche Nähe zur Überlieferung anzubieten. Historisch-kritische Editionen richten sich per se an ein wissenschaftliches Publikum, das an Varianten, der Genese oder der historischen Überlieferung Interesse haben könnte (vgl. Plachta 2013: 14ff.). Sie erheben den Anspruch auf eine vollständige Wiedergabe des Gesamtwerks einer Autorin, eines Autors samt Vorstufen, Entwürfen und Varianten.

## Nutzen und Nachteile digitaler Editionen

Den bisherigen Ausführungen kann entnommen werden, dass das bisherige Leitmedium für Editionen das Buch darstellt. Diese Selbstverständlichkeit ist jedoch in den letzten beiden Jahrzehnten hinterfragt worden. So wird derzeit sehr viel über Nutzen und Nachteile von digitalen Editionen nachgedacht. Eine Zwischenlösung ist die Entscheidung zu einer Hybrid-Edition, bei der die Vorteile beider Bereiche genutzt werden können.

Die Erstellung einer digitalen Edition wird im Bereich des Edierens also nicht aus einem bloßen Selbstzweck als förderungswürdig erachtet, sondern bietet bestimmte Vorzüge, die sich alle unter das Merkmal der prinzipiellen Offenheit des digitalen Mediums subsumieren lassen. Dadurch hebt sich die digitale Edition klar vom Buchmedium als einem fertigen Endprodukt ab. Bei einer fertiggestellten Buchedition ist es nicht mehr möglich, weitere Wissensbestände zu ergänzen und die Edition dadurch noch beliebig zu korrigieren und zu erweitern. Demgegenüber sind digitale Editionen prozessorientiert, da eine fortdauernde Wissensakkumulation möglich ist und eine Offenheit auch hinsichtlich der Kontextualisierung und Vernetzung des Wissens editionsintern sowie extern besteht. Über Linkstrukturen lassen sich Wissensbestände nutzerInnenfreundlich und unmittelbar miteinander in Beziehung setzen und eine umständliche Verweisstruktur mittels Fuß- oder Endnoten kann vermieden werden. Darüber hinaus haben digitale Editionen insofern ein größeres multimediales Potential, als auch Videomaterial oder Tondokumente integriert werden können (vgl. Sahle 2017: 240).

Dennoch schlägt den EditorInnen digitaler wissenschaftlicher Editionen immer noch Skeptizismus entgegen: Digitale Editionen scheinen aus dem Stadium des Experimentierens noch nicht herausgekommen zu sein und es gibt viele Vorbehalte, die einer breiten Durchsetzung im Wege stehen (vgl. Sahle 2013: 110ff.). Der umfassende Wandel, der in der Editionsphilologie mit der Verbreitung digitaler Editionen stattfindet, betrifft schließlich nicht nur die gewohnte Darstellung der zu edierenden Texte, „sondern auch die Inhalte, die zugrunde liegenden Methoden und theoretischen Grundannahmen" sowie „das Rezeptionsverhalten der Editionsbenutzer" (Sahle 2013: 110). Weil Editionsprojekte nur in vieljährigen Projekten und unter großem finanziellen Aufwand durchgeführt werden, handelt es sich um ein tendenziell konservatives Feld, in welchem mittlerweile allerdings ein Umdenken stattfindet: So hat beispielsweise die von der Berlin-Brandenburgischen Akademie der Wissenschaften geförderte digitale Edition von Alexander von Humboldts Manuskripten zum Themenkomplex ‚Reisen' eine geplante Laufzeit von beachtlichen 18 Jahren.[2]

Weil digitale Editionen gemeinsam mit Software-EntwicklerInnen erstellt werden und daher auch an informationswissenschaftliche Fragestellungen gebunden sind, stellen technische Herausforderungen für die EditorInnen ein weiteres potenzielles Problem dar. Zunehmend üben auch die Entwicklungen in anderen Forschungsbereichen wie der Layout- und Texterkennung, Datenvisualisierung, der Computerlinguistik etc. Einfluss auf digitale Editionen aus (vgl. KONDE 2017). Nur weil EditorInnen digital arbeiten, heißt dies aber nicht, dass sie nicht über das Spezialwissen traditioneller EditorInnen verfügen müssen. Außerdem sind „die Überlieferungslagen, die Textsorten, die fachlichen Zugänge und die editorischen Methoden" (Sahle 2013: 112) noch immer so unterschiedlich, dass generische technische Basislösungen, die aber gleichzeitig die Variantenvielfalt des zu edierenden Materials nicht einschränken, ein Desiderat darstellen (vgl. KONDE 2017).

Weil die Benutzung von Textausgaben auf die Möglichkeiten der Buchkultur ausgerichtet ist, gibt es noch keine spezifische Rezeptionsmethodik für digitale Editionen, denen häufig vorgeworfen wird, keinen kontemplativen Zugang zum Text zu ermöglichen. Andere Zugangswege, für die digitale Editionen unbestreitbare Vorteile bieten, können oft noch nicht genutzt werden oder sind den ForscherInnen sogar unbekannt (bestimmte Suchfunktionen, analytische Tools, Netzwerkanalysen etc.). Dieses Potenzial kann sich erst entfalten, wenn BenutzerInnen eine adäquate Rezeptionskompetenz entwickeln (vgl. Sahle 2013: 113). Umgekehrt heißt das auch für HerausgeberInnen, dass sie sich mit einer digitalen Edition auf noch unbekanntem Terrain bewegen, weil die Edition „an einer Nutzerschaft ausgerichtet werden [muss], deren Bedürfnisse noch unbekannt sind. Sie muss u.U. sogar Rücksicht auf verschiedene Nutzergruppen nehmen und für diese *mehrfache* Präsentationen zur Verfügung stellen [...]." (Sahle 2013: 190)

Allgemein wird in Bezug auf im Internet publizierte Texte ein Qualitätsverfall konstatiert, da häufig unkritische digitalisierte Texte und kritische wissenschaftliche Editionen nicht korrekt unterschieden und reine Textwiedergaben ohne wissenschaftlichen Anspruch oftmals zu digitalen Editionen gezählt werden (vgl. Sahle 2013: 113f.). Eine Möglichkeit, hier eine bessere Abgrenzung zu schaffen, ist das Sichtbarmachen des institutionellen Rahmens auf den Startseiten von Editionen. Ein weiteres Problem stellt die Veralterung der Präsentation, des Schriftbilds, der Farben etc. dar. Bücher werden eher als „zeitlos" wahrgenommen, weil sie eine „etablierte Formensprache" (Sahle 2013: 116) haben. Digitale Editionen müssen aber auch in Bezug auf ihr Design immer wieder einem Relaunch unterzogen werden. Nicht zu unterschätzen sind zuletzt die sozialen Rahmenbedingungen: Digitale Editionen verfügen noch immer über weniger „soziales Kapital", sie werden „bei der Einschätzung wissenschaftlicher Leistungen noch nicht in gleichem Maße berücksichtigt [...] wie traditionelle, gedruckte Publikationen" (Henny 2018: 2).

## Standards zur Erstellung und Rezension digitaler Editionen

Das verhältnismäßig geringere Ansehen von digitalen Editionen führt auch zu einer Vernachlässigung in etablierten Peer-Review-Verfahren, deren GutachterInnen einerseits oftmals nicht die notwendigen Kenntnisse haben, digitale Editionen in ihrer Komplexität fachgerecht zu beurteilen und auch technische Komponenten zu bewerten; andererseits stellt sich die Frage, zu welchem Zeitpunkt eine digitale Edition einen evaluierbaren Stand erreicht hat (vgl. Henny 2018: 1). Durch das Fehlen von Reviews erhalten HerausgeberInnen digitaler Editionen wiederum weniger Anerkennung für ihre Arbeit (vgl. Steinkrüger et al. 2016). Um dem entgegenzuwirken, stellen einige Institutionen mittlerweile Richtlinien und Kriterienkataloge zur Verfügung, die gleichzeitig auch von WissenschaftlerInnen, die digitale Editionen planen, herangezogen werden können.

Als Beispiel kann der „Kriterienkatalog für die Besprechung digitaler Editionen“ des *Instituts für Dokumentologie und Editorik* (IDE) dienen (vgl. Sahle 2014). Bei IDE handelt es sich um einen Zusammenschluss von ForscherInnen aus den digitalen Geisteswissenschaften, der auch die digitale, online frei zugängliche Rezensionszeitschrift *ride* herausgibt, in der nur digitale Editionen und Ressourcen besprochen werden. In dem Kriterienkatalog werden nicht nur traditionelle editionsphilologische Kriterien gelistet (Inhalte der Edition, Erkenntnisziele, editionsphilologische Methodik oder Schule etc.), sondern auch Aspekte, die genuin auf die Digitalität der zu bewertenden Edition Bezug nehmen: „Welches Datenmodell wird verwendet? Welche Datenformate werden benutzt? Folgt man den gängigen Standards (z.B. den Richtlinien der TEI?)?“ (Sahle 2014) Wert gelegt wird auf Dokumentation und das Bereitstellen der digitalen Daten der Edition, aus denen, je nach Bedürfnis der NutzerInnen, kritische Texte, Lesefassungen, diplomatische Transkriptionen etc. generiert werden können (vgl. Sahle 2013: 184).

## Paradigmen digitalen Edierens

Grundsätzlich lassen sich zwei Paradigmen unterscheiden, welche die Verwendung des Computers für Editionen kennzeichnen. Zum einen sind Computer ein Hilfsmittel für das Erstellen von digitalen Editionen. Sie fungieren als Speicherort für Faksimiles und Transkripte, mit ihrer Hilfe erfolgt die Transkriptionsarbeit. OCR (*Optical Character Recognition Software*) und Kollationierungs-Werkzeuge können die Arbeit der EditorInnen wesentlich erleichtern (vgl. Pierazzo 2015: 103f.). Zum anderen fungiert der Computer als ein *framework*, das den LeserInnen neue Interaktionsmöglichkeiten bietet. Entscheidungen hinsichtlich der Webpräsentation rücken dadurch in den Vordergrund und EditorInnen müssen sich im Vorfeld darüber Gedanken machen, welche unterschiedlichen Wege durch das Material sie den NutzerInnen anbieten wollen (vgl. Pierazzo 2015: 104f.). Dafür gilt es, die Daten der Edition entsprechend aufzubereiten.

Ein Grundprinzip dieses zweiten Paradigmas ‚Computer als *framework*‘ ist, dass die Speicherung der Daten und deren Wiedergabe zwei verschiedene, voneinander getrennte Bereiche sind. In Datenbanken können diese etwa im XML-Format abgelegt und auch noch fortlaufend ergänzt werden. Überlegungen dazu, wie diese Informationen dargestellt werden sollen, erfolgen in einem weiteren Arbeitsschritt und müssen eigens auf einer sogenannten Controller-Ebene festgelegt werden. Dort wird definiert, mittels welcher Suchangebote, Einstellungs- und Wahlmöglichkeiten jeweils spezifische Daten aus der Datenbank für eine Webansicht herangezogen werden sollen. Die Wahl für die eine oder andere technische Lösung ist abhängig vom Gegenstand bzw. Komplexitätsgrad der Edition selbst und letztendlich auch von finanziellen und zeitlichen Ressourcen (vgl. Sahle 2017: 244).

Digitale Editionen entstehen zumeist in interdisziplinären Teams, deren Mitglieder verschiedene Aufgabenbereiche übernehmen. Zu den Kernkompetenzen der EditorInnen zählen dabei einerseits alle kritischen Arbeitsschritte, wie sie für das klassische Edieren in Abschnitt 2 dieses Artikels benannt wurden. Darüber hinaus entwerfen die EditorInnen ein für den herauszugebenden Text geeignetes Datenmodell und sind dort, wo ein automatisiertes Encoding nicht möglich ist, mit dem Codieren betraut. Die technische Umsetzung schließlich, die für die Visualisierung der Daten auf einem Web-Interface notwendig ist, liegt in der Domäne von InformatikerInnen. EditorInnen sollten aber zumindest ein Grundverständnis der Prozesse und weiteren Programmierschritte haben, die das konkrete Erscheinungsbild der Edition generieren (vgl. Pierazzo 2015: 109ff.).

## Textcodierung mit XML/TEI

### *XML*

Um Texte ganz allgemein im digitalen Raum darstellen zu können, müssen sie mit einer Auszeichnungssprache codiert werden. Texte werden dabei als Daten verstanden, deren Struktur in der Codierung festgelegt wird. Die Verwendung der Auszeichnungssprache XML (*eXtensible Markup Language*) gilt seit 2006 als Standard für den Umgang mit Daten, der seitens des *World-Wide-Web-Consortiums* festgelegt wurde.[3]

Eine Codierung des Textes mit XML trennt zwischen Textstruktur und Darstellung. Dadurch ergeben sich mehrere Möglichkeiten zur Ausgabe des Textes (z.B. als Word, PDF oder HTML-Dokument), dessen Aussehen beispielsweise durch den Einsatz eines XSLT-Stylesheets genau definiert werden kann. Bei der Verwendung von XML werden sogenannte ‚Elemente' oder ‚Tags' zur Auszeichnung von Textstrukturen verwendet. XML funktioniert nach festgelegten grundlegenden Regeln (vgl. Vogeler/Sahle 2017: 128ff.). Beispiele dafür sind:

– Es gibt ein Wurzelelement, das alle weiteren Elemente und Inhalte bzw. Textteile umschließt.

- Die Elemente stehen in spitzen Klammern und haben jeweils einen Anfangs- und Endtag: <element> </element>.
- XML ist nach einer Baumstruktur aufgebaut, bei der die Abhängigkeiten der Elemente als *,parent-/child-'*Relation definiert werden.
- Das jeweilige Dokument muss ,wohlgeformt' sein, d.h. die verwendeten Elemente müssen korrekt ineinander verschachtelt sein und auch alle anderen XML-Regeln müssen eingehalten werden.
- Das Dokument muss ,gültig' sein, d.h. in einer ,Validierung' wird überprüft, ob alle verwendeten Elemente, Attribute und Attributwerte mit dem Schema des Dokuments übereinstimmen.

XML verwendet zur Darstellung verschiedener Zeichensysteme den internationalen Standard Unicode (UTF-8). Aufbauend auf XML sind unterschiedliche Vokabulare zur Codierung von Texten oder multimedialen Daten entstanden (z.B. im Bereich der Musik das Dokumentenformat nach den Vorgaben der *Music Encoding Initiative,* MEI).

*TEI*

In den digitalen Geisteswissenschaften hat sich die Codierung von Texten in digitalen Editionen nach den Regeln der TEI (*Text Encoding Initiative*) etabliert. Die Anfänge der TEI gehen in die 1980er Jahre zurück. Heute ist die TEI eine international organisierte Non-Profit-Organisation, die Standards zur Textauszeichnung auf formaler und inhaltlicher Ebene kollektiv entwickelt.[4] Die TEI legt dafür die Benennung von Elementen und Attributen fest sowie die Regeln, nach denen diese miteinander kombiniert werden können. Dabei werden verschiedene Module definiert, in denen spezielle Tags zur Auszeichnung bestimmter Textsorten oder zum Umgang mit bestimmten Textphänomenen festgelegt sind, wie z.B. ,Dictionaries', ,Verse' oder ,Critical Apparatus'. Allgemeine Tags sind im Modul ,Elements Available in All TEI Documents' enthalten. Mit TEI können u.a. formale Textstrukturen (z.B. Zeilenumbrüche, Absätze, Überschriften, Durchstreichungen), inhaltsbezogene Aspekte (z.B. Person, Werk, Ort) oder Aspekte, die sich auf den Editionsprozess des Textes beziehen (z.B. Informationen über Verantwortlichkeiten), erfasst werden. Seit 1990 erscheinen die *TEI-Guidelines,* die umfangreiche Erläuterungen zur Verwendung der einzelnen Elemente und Attribute enthalten. Die zuletzt erschienene Fassung der *TEI P5-Guidelines* ist die Version 3.3.0., die am 31. Jänner 2018 veröffentlicht wurde.

### Beispiel „Andreas Okopenko: Tagebücher aus dem Nachlass (Hybridedition)“

Im Jahr 2012 konnte das Literaturarchiv der Österreichischen Nationalbibliothek den Nachlass des österreichischen Schriftstellers Andreas Okopenko (1930–2010, ausgezeichnet u.a. 1998 mit dem Großen Österreichischen Staatspreis für Literatur und 2002 mit dem Georg-Trakl-Preis) erwerben. Im Zentrum der auf 28 Kisten verteilten Materialien befinden sich umfangreiche Tagebuchaufzeichnungen, die Okopenko zeit seines Lebens akribisch führte und dem Archiv in einem bereits vorgeordneten Zustand hinterließ. Sie sind von Kindheit an bis ins hohe Alter, vom mit Bleistift beschriebenen Schulheft bis zum Computerausdruck belegt. Die darin niedergeschriebenen Gedanken, Erlebnisse, Begegnungen und lyrischen Notate können als Vorstufen zu zahlreichen seiner Werke betrachtet werden und beinhalten zugleich aussagekräftige Kommentare zum österreichischen Literaturbetrieb und zur Zeitgeschichte (vgl. Hebenstreit/Herberth/Tezarek 2017; Herberth/Tezarek 2017). Ziel eines in enger Kooperation zwischen dem Institut für Germanistik der Universität Wien und dem Literaturarchiv der Österreichischen Nationalbibliothek durchgeführten FWF-Projekts ist die digitale Nutzbarmachung dieses Bestandes (vgl. Tezarek 2017; siehe auch Abb. 1–3: o:767808, o:767607, o:767569)[5].

Die digitale Tagebuchedition wird auf der Editionsplattform der Österreichischen Nationalbibliothek eingerichtet, die Codierung des Materials erfolgt nach den beschriebenen Standards der TEI. Das Material wird über die EditionsWebseite in unterschiedlichen Ansichten (Faksimiles, diplomatische Transkription, Lesefassung, Quellcode) dargestellt und durch zusätzliche Verlinkungen angereichert. In einem weiteren Schritt werden die Texte mit Stellen- und Überblickskommentaren versehen, über die Codierung inhaltlich aufbereitet und mit Normdaten (wie die GND, *Gemeinsame Normdatei*) verlinkt. Gemäß dem Konzept einer Hybridedition erscheint zum Projektabschluss auf Basis der digitalen Gesamtedition eine gedruckte Auswahledition der Tagebücher.

Das Projekt sieht sich insofern mit der Arbeit an einem einmaligen Material konfrontiert, als Okopenko u.a. mit dem Avantgarde-Klassiker *Lexikon-Roman* (1970) eine Pionierleistung in der Hypertext-Literatur vorlegte. Sein gesamtes Werk ist geprägt von der intensiven Arbeit an Sprach- und Wahrnehmungsformen und von der Frage nach der gesteigerten Verwertbarkeit von Textmaterialien, der Möglichkeit, diese aus der ursprünglichen Anordnung herauszuholen und in weitere Zusammenhänge zu stellen. Insofern hat er die Nutzung von ‚analogen' Daten bereits sehr früh ‚digital' reflektiert. Das macht ihn auch inhaltlich so spannend für eine Auseinandersetzung mit den Digital Humanities aus poetologischer und literaturwissenschaftlicher Sicht (siehe weiterführend Zolles/Tezarek/Herberth 2018).

## Anmerkungen

1 Siehe URL: www.stroemfeld.de/de/editionen_0_5_1 [31.5.2018].
2 Siehe URL: www.bbaw.de/forschung/avh-r/uebersicht [31.5.2018].
3 Siehe URL: www.w3.org/standards/techs/xmlc14n#w3c_all [31.5.2018].
4 Siehe URL: www.tei-c.org [31.5.2018]. Die TEI-Community betreibt auch eine Mailingliste, gibt ein Online-Journal heraus und organisiert eine jährliche Tagung.
5 Die Abbildungen dieses Beitrags finden sich unter dem angegebenen Link langfristig auf dem *Phaidra*-Repositorium der Universität Wien gespeichert. Sie können aufgerufen werden unter URL: phaidra.univie.ac.at mit direkt anschließender o-Nummer (hier URL: phaidra.univie.ac.at/o:768693).

## Literatur

Hebenstreit, Desiree/Herberth, Arno/Tezarek, Laura (2017): Wahrnehmen, Sammeln, Systematisieren. Rausch und Fluidum bei Andreas Okopenko. In: Manojlovic, Katharina/Putz, Kerstin (Hg.): Im Rausch des Schreibens. Von Musil bis Bachmann. Wien: Zsolnay (Profile 24), S. 345–363.

Henny, Ulrike (2018): Reviewing von digitalen Editionen im Kontext der Evaluation digitaler Forschungsergebnisse. In: Zeitschrift für digitale Geisteswissenschaften, Sonderband 2, URL: www.zfdg.de/sites/default/files/pdf/reviewing_2017.pdf (DOI: 10.17175/sb03) [31.5.2018].

Herberth, Arno/Tezarek, Laura (2017): Andreas Okopenko, die österreichische Nachkriegliteratur und das Politische. In: Folia Linguistica et Litteraria 18 (1), S. 129–141.

Kompetenznetzwerk Digitale Edition (KONDE) (2017): Projektbeschreibung, URL: www.digitale-edition.at/archive/objects/context:konde/methods/sdef:Context/get?mode=about [31.5.2018].

Pierazzo, Elena (2015): Digital Scholarly Editing. Theories, Models and Methods. Farnham: Burlington.

Plachta, Bodo (2013): Editionswissenschaft. Eine Einführung in Methode und Praxis der Edition neuerer Texte. 3. ergänzte u. aktualisierte Auflage. Stuttgart: Reclam.

Sahle, Patrick (2013): Digitale Editionsformen. Zum Umgang mit der Überlieferung unter den Bedingungen des Medienwandels. Bd. 2: Befunde, Theorie und Methodik. Norderstedt: BoD (Schriften des Instituts für Dokumentologie und Editorik 8).

Sahle, Patrick (2014): Kriterienkatalog für die Besprechung digitaler Editionen, Version 1.1, URL: www.i-d-e.de/publikationen/weitereschriften/kriterien-version-1-1/ [31.5.2018].

Sahle, Patrick (2017): Digitale Edition. In: Jannidis, Fotis/Kohle, Hubertus/Rehbein, Malte (Hg.): Digital Humanities. Eine Einführung. Stuttgart: Metzler, S. 234–249.

Steinkrüger, Philipp et al. (2016): Editorial zu *ride*, URL: ride.i-d-e.de/about/editorial [31.5.2018].

Tezarek, Laura (2017): Andreas Okopenkos Tagebücher: Ein digitales Editionsprojekt, URL: www.onb.ac.at/forschung/forschungsblog/artikel/news/andreas-okopenkos-tagebuecher-ein-digitales-editionsprojekt [31.5.2018].

Vogeler, Georg/Sahle, Patrick (2017): XML. In: Jannidis, Fotis/Kohle, Hubertus/Rehbein, Malte (Hg.): Digital Humanities. Eine Einführung. Stuttgart: Metzler, S. 128–146.

Zolles, Christian/Tezarek, Laura/Herberth, Arno (2018): Den Aufstieg der Digital Humanities mit Andreas Okopenko denken. In: medien & zeit (im Erscheinen).

Simon Ganahl

# *Campus Medius*: Digitales Mapping in den Kulturwissenschaften[1]

## Topografie: *Campus Medius* 1.0

Ich möchte Ihnen heute das digitale Mapping in den Kulturwissenschaften anhand meines Habilitationsprojektes *Campus Medius* vorstellen. Die verschiedenen Mapping-Ansätze werden also nicht lehrbuchmäßig der Reihe nach, sondern im Rahmen dieses konkreten Forschungsprojekts präsentiert. Ich beginne mit einigen Screenshots der Webseite campusmedius.net, die 2012/13 während meines Post-Doc-Aufenthalts in New York in Kooperation mit Rory Solomon und Mallory Brennan, einem Programmierer und einer Designerin von der New School, entstanden und seit Sommer 2014 online ist.[2] Die Idee stammt eigentlich noch aus meiner Dissertation über die Medienbezüge in den Schriften von Karl Kraus und Peter Altenberg (Ganahl 2015). Im Fall von Kraus forschte ich nämlich intensiv zu einem Text, den er über die nationalsozialistische Machtergreifung verfasst hat: die *Dritte Walpurgisnacht* (Kraus 1989). In diesem 300-seitigen Essay sind die Vorgänge an einem Wochenende im Mai 1933 in Wien von zentraler Bedeutung, das ist ein Wendepunkt für seine Beurteilung der zeitgenössischen politischen Situation. Aufgrund meiner historischen Recherchen konnte ich die Relevanz, die Kraus dem 13. und 14. Mai 1933 zuschreibt, gut verstehen und auch bestätigen. So habe ich mich entschieden, 15 ausgewählte Ereignisse innerhalb von 24 Stunden dieses Wiener Wochenendes auf einer interaktiven Karte darzustellen.

Beeinflusst war die Auswahl des empirischen Materials auch vom literaturwissenschaftlichen Begriff des *Chronotopos*. Michail Bachtin hat in den 1930er Jahren einen später sehr einflussreichen Aufsatz geschrieben über Zeiträume bzw. Raumzeiten in literarischen Werken von der Antike bis zur Renaissance (Bachtin 2008). Dieses Konzept hat mich inspiriert, den historischen Korpus auf 24 Stunden in Wien zu begrenzen, und zwar deshalb, weil es sich dabei um den wesentlichen Chronotopos des modernistischen Romans handelt. Denken

Sie nur an den *Ulysses* von James Joyce, an Virginia Woolfs *Mrs Dalloway*, Andrej Belyjs *Petersburg* oder auch, um ein anderes Medium zu nennen, den Dokumentarfilm *Berlin – Sinfonie einer Großstadt* von Walter Ruttmann. Man findet in diesen, im ersten Drittel des 20. Jahrhunderts entstandenen Kunstwerken immer wieder den Versuch, die Moderne in einem ganz bestimmten Zeit-Raum einzufangen: dem Tag in der Großstadt (vgl. Ganahl 2017).

Anhand der *timeline* der Karte von campusmedius.net können Sie nun verfolgen, was zur gleichen Zeit an verschiedenen Orten der Stadt passiert ist. [Abb. 1–2] Am Samstagabend, dem 13. Mai 1933, wurde etwa im Burgtheater das von Mussolini mitverfasste Stück *Hundert Tage* und in mehreren Kinos *Das Testament des Dr. Mabuse* von Fritz Lang aufgeführt, in der Engelmann-Arena fand eine nationalsozialistische Massenkundgebung statt, und im Friedensbrücken-Kino waren Klassiker des russischen Films zu sehen. Die Karte bietet auch die Möglichkeit, das Geschehen im räumlichen Überblick darzustellen. [Abb. 3–4] Wir haben die Ereignisse aber nicht nur georeferenziert, sondern auch eine für historische Mapping-Projekte gängige Technik angewandt, die sich *Rektifizierung* nennt. In unserem Fall wurde ein Stadtplan von Wien aus dem Jahr 1933 in der Österreichischen Nationalbibliothek ausgehoben und sehr hochauflösend eingescannt. Diesen Scan haben wir dann in ein GeoTIFF umgewandelt und an unsere *base map* angeglichen, die OpenStreetMap. Entscheidend ist jetzt, dass diese relativ banale Angelegenheit der Rektifizierung bei mir ein großes Unbehagen hervorgerufen hat durch die Vorstellung, dass so eine digitale *map* die Realität repräsentieren soll, von der eine historische Karte mehr oder weniger abweicht. Tatsächlich findet bei der Rektifizierung aber nur eine Übersetzung zwischen verschiedenen Projektionen der Wirklichkeit statt, deren historisch-kulturelle Entstehungsbedingungen man sich eben genauer anschauen kann und muss.[3] Aufgrund meines kulturwissenschaftlichen Unbehagens an dem kartografischen Verfahren versuchen wir nun in der Weiterentwicklung des Projekts, solche standardisierten Repräsentationen von Raum und Zeit zu hinterfragen und im Brecht'schen Sinn zu verfremden. Diese neue Version der Webseite stelle ich Ihnen später unter dem Titel „Topologie" vor.

Wenn man auf eines der *icons* auf der Karte von campusmedius.net klickt, tut sich ein kleines *Akteur-Netzwerk* des jeweiligen Ereignisses auf. [Abb. 5] Dahinter steckt auch methodisch die sogenannte Akteur-Netzwerk-Theorie, die im Grunde besagt, dass Handlungen nicht nur menschlich-intentional verstanden werden sollen, dass nicht immer ein menschliches Bewusstsein den Entschluss fasst, etwas zu tun, sondern bei jeder Handlung menschliche und nicht-menschliche Elemente aufeinander einwirken und erst dieses Zusammenspiel den Handlungsverlauf ausmacht bzw. ermöglicht (vgl. Latour 2010). Bei dem beispielhaften Ereignis auf dem Screenshot hier, der Radioübertragung einer politischen Rede, spielen bestimmte Mikrofone und Empfangsgeräte, Führerfiguren, Proteste, Fragebögen und viele andere Dinge eine aktive Rolle. Klickt man auf dieses Akteur-Netzwerk-Fenster, dann öffnet sich eine Beschreibung des Ereignisses samt ausgewählten Fotografien, Tonaufnahmen, Filmausschnitten, Archivalien, Zeitungsartikeln usw. [Abb. 6]

Das ist im Wesentlichen die erste Version von *Campus Medius*, wie sie seit 2014 online ist, nämlich eine Art digitale Ausstellung. Dazu möchte ich Ihnen noch Folgendes sagen: Mein Zugang zu den Digital Humanities ist stark beeinflusst von jenen Leuten, die das *Digital Humanities Manifesto* verfasst haben, namentlich Todd Presner und Jeffrey Schnapp.[4] Sie treten u.a. dafür ein, dass sich KulturwissenschaftlerInnen im Internet als „Kuratoren des Wissens" engagieren sollen. Wir befinden uns ja in einer medialen Umbruchsituation: Die Archive und Bibliotheken stellen ihre Bestände online zur Verfügung, denken Sie an die Nationalbibliothek oder die Österreichische Mediathek, aber was bringen die unzähligen Dokumente, wenn sie nicht sinnvoll verknüpft werden? Es gehört zu unseren Aufgaben als KulturwissenschaftlerInnen, sei es im analogen oder digitalen Umfeld, mit diesem kulturellen Erbe belegbare Geschichten zu erzählen. Leider beschäftigt sich die deutschsprachige Diskussion der Digital Humanities aber weit mehr mit Archivierung und *big data* als mit Kuratierung und Methodologie. Daher wollte ich Sie abschließend zum ersten Teil des Vortrags auf diese neue, entscheidende Herausforderung hinweisen.

## Topologie: *Campus Medius* 2.0

In der neuen Version von *Campus Medius*, die 2019 online gehen soll, wird das eben Vorgestellte unter der Rubrik „Topography" weiterbestehen, von der Sie hier einen Screenshot sehen. [Abb. 7] Dieser Bereich setzt sich weiterhin aus der 24-stündigen *timeline* und dem an die OpenStreetMap rektifizierten Stadtplan von 1933 zusammen. Die 15, multimedial dargestellten Ereignisse sind auf der Karte aber nur mehr durch *pins*, Stecknadeln markiert, weil das Konzept der Akteur-Netzwerke in eine neue Rubrik wandert, die wir „Topology" nennen. In diesem Bereich der Webseite fokussieren wir auf das Hauptereignis des ausgewählten Wochenendes: eine „Türkenbefreiungsfeier“ am 14. Mai 1933 im Schlosspark von Schönbrunn, deren Verlauf dreimal erzählt bzw. korreliert wird. Sie kennen diese narrative Technik, ein Geschehen aus verschiedenen Perspektiven darzustellen, aus Romanen oder Filmen. Uns geht es dabei um eine idealtypische Zuspitzung im Sinn von Max Weber: Die standardisierten, fast natürlich erscheinenden Repräsentationsweisen von Ereignissen in Raum und Zeit sollen überdeutlich und den Usern dadurch nicht nur bewusst, sondern auch fremd werden. Die folgende Tabelle zeigt einen schematischen Überblick dieser drei Erzähl- bzw. Verknüpfungsweisen der „Türkenbefreiungsfeier“ am 14. Mai 1933 in Wien. [Abb. 8]

Konzeptuell liegt dem Schema eine Frage zugrunde, die mich von Anbeginn des Projekts umgetrieben hat, nämlich: Was ist eine mediale Erfahrung?[5] Oder präziser gesagt: Was heißt es, in der Moderne eine Medienerfahrung zu machen? Damit ist die auf Foucault zurückgehende Vorstellung gemeint, dass die Moderne spezifische Erfahrungsfelder herausgebildet hat, die z.B. Kriminalität oder Sexualität heißen. Aber können wir auch *Medialität* als so ein historisch-kulturelles Erfahrungsfeld beschreiben? Was für Möglichkeiten bietet uns die Moderne, Medienerfahrungen zu machen? Die Tabelle beantwortet diese Frage mit einer sehr zugespitzten These: In der Moderne eine mediale Erfahrung zu machen, heißt im Grunde, *entweder* den Verstand anhand souveräner Zeichen zu gebrauchen *oder* das Leben mit prüfenden Blicken einzufangen *oder* die Stimme in gelenkten Sendungen zu erheben. Diese drei medialen Erfahrungsmöglichkeiten, die ich *Dispositive der Mediation* nenne, also Vermittlungsanlagen, kommen in bestimmten *Mediatoren* zum Ausdruck. Im Fall der „Türkenbefreiungsfeier“ haben wir je fünf solcher Vermittler ausgewählt, die wiederum auf je spezifische Arten miteinander verknüpft sind. Bei diesen Verknüpfungstypen handelt es sich um unterschiedliche Topologien: Ist der Raum begrenzt oder unbegrenzt, die Zeit endlich oder unendlich? Steht ein Mediator im Zentrum oder sind alle gleichwertig verteilt? Usw. Die Interfaces gehen gleichsam aus diesen Topologien hervor, denn ob man aus der Vogelperspektive, im Panorama oder in der *street view* auf das Geschehen blickt, hängt eben mit bestimmten Weltbildern zusammen, mit einer bestimmten Mediation der Welt (vgl. Galloway 2012; Drucker 2014). Insofern versuchen wir auch, die Ideologien aufzuklären, die in diese Interfaces eingebaut sind.

Bevor ich Ihnen je ein Beispiel für unsere drei Mediationen zeige, möchte ich noch kurz auf die Mediatoren eingehen, die eben im Sinn der Akteur-Netzwerk-Theorie heterogene Mittler des Geschehens sind. Meine gegenwärtige Aufgabe besteht darin, den Handlungsverlauf der „Türkenbefreiungsfeier" aus den Perspektiven dieser 15 Mediatoren zu beschreiben. [Abb. 9] Für ihre Visualisierung hatte bereits Mallory Brennan, die Designerin von der New School, vorgeschlagen, auf einem Gestaltungskonzept aufzubauen, das unserem historischen Fallbeispiel zeitgenössisch ist: dem *Isotype* von Otto Neurath. (vgl. Hartmann/Bauer 2006) Der Nationalökonom und Austromarxist, der auch Mitglied des Wiener Kreises war, hatte dieses System einer universalen Bildsprache seit Mitte der 1920er Jahre entwickelt. Susanne Kiesenhofer, die aktuelle Designerin von *Campus Medius*, gestaltet nun für alle 15 Mediatoren *icons*, basierend auf Neuraths Isotype, das für uns aber keine Universalsprache ist, sondern exakt zum historisch-kulturellen Umfeld der „Türkenbefreiungsfeier" passt.

Kommen wir nun zur Umsetzung dieser Topologie in der im Entstehen begriffenen Version von campusmedius.net. Sie sehen als Erstes einen Screenshot der Mediation „Den Verstand gebrauchen: Souveräne Zeichen", und zwar am Beispiel des Mediators Ernst Rüdiger Starhemberg, dem damaligen „Bundesführer des Österreichischen Heimatschutzes" und Initiator der „Türkenbefreiungsfeier". [Abb. 10] Dort, wo sich im Bereich „Topography" die *timeline* befindet, können die User in der „Topology" zwischen den verschiedenen Mediationen wechseln. In diesem Fall, den „souveränen Zeichen", blickt man aus der Vogelperspektive auf das Geschehen und kann nur durch *zooming* navigieren. Das Netzwerk ist zentralisiert, d.h. alle Bewegungen verlaufen über einen zentralen Knoten, nämlich diese transzendente, die Dinge überwölbende Position, die nicht nur die göttliche, sondern auch die Perspektive des Souveräns ist – des Monarchen, der sein Territorium überblickt. Starhemberg waren diese Vorstellungen aus ganz persönlichen Gründen vertraut, denn er stammte aus einer der ältesten Adelsfamilien der Habsburgermonarchie. Einer seiner Vorfahren war Graf Ernst Rüdiger von Starhemberg, der Stadtkommandant Wiens von 1683, und nun bekommen Sie auch eine Ahnung, weshalb der gleichnamige Nachkomme diese propagandistische Kundgebung als „Türkenbefreiungsfeier" inszenieren wollte. Die österreichische Bundesregierung unter Engelbert Dollfuß hatte im März 1933 einen autoritären Kurs eingeschlagen, aber es war noch nicht klar, wie es weitergehen sollte. Unterstützt von Mussolini, schlug der Heimwehrführer dem Bundeskanzler im April vor, eine Massenkundgebung zur Erinnerung der Befreiung Wiens von der Türkenbelagerung im Jahr 1683 abzuhalten, und zwar als öffentliches Bekenntnis zum dem, was Starhemberg als „Austrofaschismus" bezeichnete. Tatsächlich jährte sich die „Türkenbefreiung" erst Mitte September zum 250. Mal, aber der Plan ging auf: Dollfuß schwor dem Bundesführer am 14. Mai 1933 auf der gartenseitigen Terrasse des Schlossgebäudes, auf die alle Achsen des barocken Gartens von Schönbrunn gerichtet sind, vor den Augen von bis zu 40.000 Heimwehr-Leuten „Treue um Treue".

In der zweiten Mediation – „Das Leben einfangen: Prüfende Blicke" – befindet sich der User, die Userin im Panorama-Modus. Die Topologie ist hier nicht zentralisiert, sondern linear. Man muss nacheinander vom ersten bis zum fünften Mediator gehen bzw. schwenken. Das Beispiel auf dem Screenshot ist die 35-mm-Filmkamera „Bell & Howell 2709", die auch von Charlie Chaplin verwendet wurde. [Abb. 11] Mir ist die Kamera mit ihrem charakteristischen Wechselmagazin, das wie Mickey-Mouse-Ohren aussieht, auf diesem Foto der Heimwehrparade aufgefallen, die im Anschluss an die Feier in Schönbrunn abgehalten und hier am Beginn der oberen Mariahilferstraße, in der Nähe des Westbahnhofes, abgelichtet wurde. Mithilfe von Technikhistorikern konnte ich nicht nur das Kameramodell feststellen, sondern im hochaufgelösten Scan des Bildes auch erkennen, dass dieses konkrete Exemplar mit einem Kameramotor und einer Anlage zur Tonaufnahme aufgerüstet wurde. Der Film wurde für die *Fox Tönende Wochenschau* gedreht und ist im Filmarchiv Austria erhalten geblieben. Was mich bei dem Mediator interessiert, ist die Frage, welche Art von Aufnahmen dieser zusammengebastelte Apparat ermöglichte, wie es die Kamera erlaubte, die Bewegung der Parade festzuhalten. Im Grunde nimmt diese „Bell & Howell 2709" ja die paramilitärische Truppenschau ab, wie es dann am Schwarzenbergplatz die Mitglieder der Bundesregierung tun werden. Und kommen die Zuschauer, die später im Kino die Wochenschau ansehen, nicht in die gleiche Position des prüfenden Abnehmens der Parade?

Das Interface der dritten Mediation – „Die Stimme erheben: Gelenkte Sendungen" – ist bestimmt durch die *street view*. Die User können sich in der verteilten Topologie zwar in alle Richtungen bewegen, kommen aber nicht aus der eingeschränkten Straßensicht heraus. Der exemplarische Mediator, den ich Ihnen hier als Letztes vorstelle, ist das Kurzwellen-Senderauto der RAVAG, der Radio-Verkehrs-AG, also der Vorläuferin des ORF. [Abb. 12] Solche Übertragungswagen, die Livesendungen außerhalb des Studios ermöglichten, gab es seit etwa 1930. Bei der „Türkenbefreiungsfeier" kam der Ü-Wagen der RAVAG zum Einsatz, um die in Schönbrunn gehaltenen Reden live in *Radio Wien* zu senden. Die Übertragung führte dann aber zu heftigen Protesten, bei denen zahlreiche HörerInnen ihr Radioabonnement kündigten, und zwar, weil mit der Praxis gebrochen worden sei, den Rundfunk politisch neutral zu halten. Mich interessiert dieser Widerstand noch mehr als die Sendung selbst, denn was die Leute in ihren Kündigungsschreiben äußern, ist ein Widerwille gegen staatliche Bevormundung und den deutlichen Willen, die eigene Stimme zu erheben. Der Protest passt zu den Ergebnissen einer innovativen Studie der Wirtschaftspsychologischen Forschungsstelle unter der Leitung von Paul Lazarsfeld, deren Ergebnisse im Herbst 1932 präsentiert wurden. Im Auftrag der RAVAG hatte Lazarsfeld, der später in den USA als Mitbegründer der empirischen Kommunikationsforschung Karriere machte, statistisch erhoben, welche Radiosendungen die ÖsterreicherInnen mögen und welche nicht. Das Spannende an der RAVAG-Studie von 1932 ist nun, dass die Wünsche und Abneigungen der HörerInnen mit ihren Sozialdaten korreliert wurden. Das Publikum wird in diesem Forschungsbericht – zum ersten Mal, wie ich denke – nicht mehr als Masse von Individuen aufgefasst, sondern in spezifische Zielgruppen unterteilt. Hier liegen die Anfänge dessen, was wir heute als *profile* bezeichnen und als Management unserer Kommunikationsfreiheit begrüßen oder beklagen können.

## The database is the theory!

Da ich in diesem Vortrag das methodische Potenzial des digitalen Mappings hervorheben möchte, setzen wir uns nun mit dem Datenmodell auseinander, das der neuen Version von campusmedius.net zugrunde liegt. Ich habe bisher vor allem über das *front end* gesprochen, über Fragen im Zusammenhang mit dem Interface. Am anderen Ende der Webseite befindet sich allerdings ein zunächst noch unsichtbares *back end*, eine Datenbank, in der alle Inhalte gespeichert sind. Es ist mir wichtig, Ihnen klar zu machen, dass die Entscheidung, welche Entitäten in die Datenbank aufgenommen werden und wie diese Elemente zusammenhängen, ein genuin methodisches Problem ist. Um eine Datenbank zu bauen, müssen die Konzepte der Forschungsarbeit operationalisiert werden, es sind zumindest *working definitions* der zentralen Begriffe erforderlich, und ich sehe überhaupt nicht ein, warum die KulturwissenschaftlerInnen diese

Arbeit an die InformatikerInnen abtreten sollen. Denn: „The database is the theory!" (Bauer 2011) Um der Komplexität unserer theoretischen Ansätze gerecht zu werden, müssen wir die Datenbanken in enger Kooperation mit Software-Entwicklern konstruieren. Ich hatte von Anfang an das Glück, mit Programmierern arbeiten zu können, die einen Sinn für kulturwissenschaftliches Denken haben, und ich möchte die Gelegenheit auch nutzen, Rory Solomon von der New School in New York und Andreas Krimbacher von der österreichischen Zentralanstalt für Meteorologie und Geodynamik (ZAMG) für diese jahrelange Zusammenarbeit zu danken.

Sie sehen hier also ein Diagramm des Datenmodells von *Campus Medius*, das ich gemeinsam mit dem Geomatiker Andreas Krimbacher erarbeitet habe. [Abb. 13] Wir beginnen oben beim *Mediator*, jenem menschlichen oder nicht-menschlichen Vermittler einer Erfahrung, den ich Ihnen bereits anhand von drei Beispielen erläutert habe. Ein *Medium* ist nun nichts anderes als ein Typ von Mediatoren: Starhemberg tritt bei der „Türkenbefreiungsfeier" als „Bundesführer des Österreichischen Heimatschutzes" auf, stellt sich aber in eine Reihe von Führerfiguren von den römischen Cäsaren bis zum faschistischen *Duce*. Das ist ein typisches *one-to-many*-Verhältnis – *ein* Medium konstituiert sich aus *mehreren* Mediatoren. Eine für uns wesentliche Entscheidung war es, die Attribute *space, time* und *value* nicht an den Mediator zu hängen, sondern an die *Relationen*, die Mediatoren verbinden. In der digitalen Kartografie ist es hingegen üblich, von irgendeinem Ding zu sagen, dass es sich an einem bestimmten Längen- und Breitengrad befindet. Als Kulturwissenschaftler frage ich mich aber, wer das eigentlich von wo aus behauptet? Donna Haraway hat diese transzendentale Perspektive treffend als „god trick of seeing everything from nowhere" bezeichnet. (Haraway 1988: 581) Um nicht auf diesen Gottestrick hereinzufallen, bestimmen wir Raum, Zeit und Wert nun relational, d.h. als Differenzen im Netzwerk der Mediatoren: Starhemberg steht auf der Gartenterrasse von Schönbrunn, vor seinem Gesicht befinden sich die Mikrofone, in den Alleen sind die Heimwehr-Truppen arrangiert, dazwischen ragen der Ü-Wagen der RAVAG und der Kameramann der *Fox Tönenden Wochenschau* hervor usw.[6]

Die *experience*, die Erfahrung ist schlicht eine individuelle Teilmenge von Relationen sowie der mit ihnen verknüpften Mediatoren. Dem Verhältnis von Medium und Mediator entspricht im Fall der Relation die *Mediation*, bei der es sich um ein Beziehungsmuster, ein *pattern of relations* handelt (z.B. die zentralisierte Topologie, die bei der

„Türkenbefreiungsfeier" immer wieder auftritt). Eine Regelmäßigkeit von Raum-, Zeit- und Wertbeziehungen also, aber was wird da eigentlich mediatisiert bzw. vermittelt? Was treibt eine konkrete Erfahrung an? Und wie wird diese Anforderung in der gegebenen Situation beantwortet? Diese Fragen verweisen auf das Kästchen *demand & response* am unteren Ende des Datenmodells, das in zwei Worten den Kerngehalt des Foucault'schen Begriffs des *Dispositivs* zusammenfasst, im Sinn einer „Anlage" als Vorrichtung und Veranlagung zugleich. (vgl. Foucault 2003: 392f.) Während das Akteur-Netzwerk einen konkreten Handlungsverlauf beschreibt, fragt das Dispositiv nach den historisch-kulturellen Beziehungsmustern, die in der gegebenen Situation aktualisiert werden. Nehmen wir das angeführte Beispiel des Protests gegen die Radioübertragung der „Türkenbefreiungsfeier": Die Leute wollten ihre eigenen Stimmen erheben und sich weder politisch beeinflussen noch von oben erziehen lassen. Die RAVAG von 1933 konnte diese kollektive Anforderung noch nicht beantworten, aber mithilfe des emigrierten Paul Lazarsfeld, seiner zweiten Frau Herta Herzog und seinem Freund Hans Zeisel lernten etwa das Columbia Broadcasting System (CBS) und die New Yorker Werbeagentur McCann-Erickson noch während des Zweiten Weltkriegs, wie man freie Kommunikationsprozesse in bestimmte Richtungen lenkt. So wurde die Anforderung, die Stimme zu erheben, durch das Dispositiv der gelenkten Sendungen beantwortet.

Das Akteur-Netzwerk und das Dispositiv sind also die beiden zentralen methodischen Konzepte, die im Datenmodell von *Campus Medius* operationalisiert werden. Bis jetzt haben wir aber nur die rechte Seite des Diagramms besprochen, die ontologische Struktur der Datenbank. Lassen Sie mich abschließend zum dritten Teil des Vortrags noch ein paar Worte zur linken Seite sagen, zu jenen Elementen, mit denen die gespeicherten Daten erst wahrnehmbar werden. Um auf der Webseite zu erscheinen, muss ein Mediator *Information* erhalten, er muss buchstäblich durch Texte, Bilder, Audios oder Videos *informiert* werden. Auch die Mediation bleibt unsichtbar, wenn sie nicht mit einem *Interface* verknüpft wird. Wie vorher erläutert, sind diese Visualisierungen nicht unschuldig oder ideologiefrei, sondern gehen aus Dispositiven der Mediation hervor. Sie sollten die Interfaces aber nicht als unterschiedliche Repräsentationen *einer* Wirklichkeit verstehen. Vielmehr ist die *bird's eye* Teil einer anderen Realität als das Panorama oder die *street view* usw.[7]

## Mapping Modern Media

Im letzten Teil des Vortrags möchten ich kurz die Pläne anreißen, die wir langfristig für *Campus Medius* verfolgen. Wir wollen die Webseite zu einer digitalen Plattform zum Mapping von Medienerfahrungen weiterentwickeln. Angeleitet von einem virtuellen Assistenten, sollen die User eigenständig eine mediale Alltagserfahrung auswählen, die Bestandteile des Handlungsverlaufs genau beschreiben und schließlich analysieren, wie diese vielgestaltigen Dinge miteinander verknüpft sind. Das Ziel der Plattform wäre es, die konzeptuellen Thesen der historischen Fallstudie einem breit angelegten Test zu unterziehen: Heißt, eine mediale Erfahrung zu machen, in den (post-)modernen Gesellschaften des 21. Jahrhunderts immer noch, den Verstand anhand souveräner Zeichen zu gebrauchen oder das Leben mit prüfenden Blicken einzufangen oder die Stimme in gelenkten Sendungen zu erheben?

Im Fall der „Türkenbefreiungsfeier" ergaben sich diese drei Dispositive der Mediation durch das Zusammenspiel des empirischen Materials mit einer Foucault'schen Theorie der Moderne,[8] und ich betone hier das Wort Zusammenspiel, denn keine Daten erklären sich von selbst, aber man darf ihnen auch nicht ein begriffliches System überstülpen, das sie zu reinen Platzhaltern degradiert. Wir hoffen nun jedoch, dass uns das entwickelte Datenmodell erlaubt, Medien und Mediationen immanent und quasi von unten zu bestimmen, d.h. in massenhaften Mappings aktueller Medienerfahrungen Typen von Mediatoren und Relationsmuster zu erfassen, die für das (post-)moderne Erfahrungsfeld der Medialität charakteristisch sind. Ich habe dieses Konzept in mehreren Lehrveranstaltungen an der UCLA, der Universität Liechtenstein und der Fachhochschule Vorarlberg erprobt. Dafür war ein weiterer Übersetzungsschritt der methodischen Konzepte erforderlich, und zwar vom Diagramm des Datenmodells in eine Serie von praktischen Operationen bzw. Übungen. Die Handlungsanleitung für das Mapping der Studierenden sieht folgendermaßen aus:

1. *Selektieren:* Was ist eine Medienerfahrung? Wähle eine konkrete Situation, einen Handlungsverlauf, der im Alltagsleben eine Rolle spielt, und begründe die Auswahl. Warum handelt es sich dabei um eine mediale Erfahrung?
2. *Inventarisieren:* Wer oder was ist in dieser Medienerfahrung gegeben und beeinflusst den Handlungsverlauf? Bestimme fünf Mediatoren und beschreibe die Situation aus den Perspektiven dieser heterogenen Akteure.

3. *Kartografieren:* Wie sind die Mediatoren in zeitlicher, räumlicher und evaluativer Hinsicht miteinander verbunden? Stelle die Zeit-, Raum- und Wertbeziehungen der Medienerfahrung in grafischer Form dar.
4. *Analysieren:* Was treibt den Handlungsverlauf an? Welcher dringenden Anforderung entspricht dieses mediale Regime? Beobachte und reflektiere gründlich, bis das Leitmotiv der Medienerfahrung ersichtlich wird.
5. *Kritisieren:* Welche anderen Strategien sind vorstellbar, um diese Anforderung zu beantworten? Was für Mediatoren sind beteiligt? Und wie hängen sie zusammen? Entwirf eine Gegenkarte mit einer alternativen Mediation.

Die Übung beginnt also mit der Selektion: Die Studierenden sollen eine konkrete Situation in ihrem Alltag auswählen, die sie selbst als Medienerfahrung klassifizieren würden, und diese Auswahl begründen. Der zweite Schritt umfasst eine Inventarisierung, es müssen die Mediatoren bestimmt und die Handlungsverläufe aus diesen heterogenen Perspektiven beschrieben werden. Im dritten Schritt, dem eigentlichen Mapping, entwerfen die Studierenden eine Karte bzw. ein Diagramm, das die Beziehungen der Mediatoren visualisiert, möglichst in räumlicher, zeitlicher und evaluativer Hinsicht, wobei nicht strikt alle drei Perspektiven – Raum, Zeit und Wert –umgesetzt werden müssen. Die Schritte vier und fünf sind eine Art Kritik der analysierten Situation. Denn es geht nun darum, das Leitmotiv der Medienerfahrung aufzuklären, herauszufinden, was für eine Anforderung in diesem alltäglichen Handlungsverlauf beantwortet wird, und dann eine alternative Antwort in Form einer *counter map* zu geben.[9] Warum schaut man jeden Sonntagabend den *Tatort*? Weil es so ein spannender Kriminalfilm ist – oder vielleicht eine der letzten Möglichkeiten, sich am Lagerfeuer der deutschen Nation zu wärmen (wie eine Studentin von mir behauptete)? Wenn es aber Letzteres sein sollte: Warum nicht die Grimm'schen Märchen lesen, das *Deutschlandlied* singen oder sich politisch umorientieren?

Um diese Mapping-Kurse ein wenig anschaulicher zu machen, zeige ich Ihnen nun zum Abschluss des Vortrags ein paar studentische Skizzen, Karten und Diagramme. Aufgrund der fortgeschrittenen Zeit beschränke ich die Erklärungen aber auf Stichworte. Sie sehen als Erstes zwei Beispiele von Studenten der UCLA. Hakeem wählte als Medienerfahrung *hookah smoking* aus, also das gemeinsame Rauchen von Wasserpfeifen, um *easygoing conversation* zu betreiben, und zeichnete u.a. diese Recherche-Karte zur Bewegung des Schlauches.

[Abb. 14] Otto erstellte hingegen eine *timeline* zum Auspacken eines iPhone und definierte dabei zwei *points of no return*, nämlich die Abnahme der Plastikhülle und das Abziehen des Bildschirmschutzes. [Abb. 15] Die folgenden beiden Karten stammen aus einem Seminar über *sound mappings* an der Universität Liechtenstein: Philipp kartografierte, wie die Geräusche spielender Kinder auf einem nahegelegenen Schulhof seine tägliche Aktivitätskurve beeinflussen; und Diogo arrangierte Fotos, um sein Aufwachen zu visualisieren, das allmorgendlich durch einen vorbeifahrenden Zug angestoßen wird. [Abb. 16–17] Die letzten drei Karten sind in einer Lehrveranstaltung an der FH Vorarlberg entstanden. Alexandra, eine passionierte Paragliderin, stellte die Intensität der Konzentration beim Start eines Gleitschirmfluges dar und erkannte, dass es die anschließende Phase der Entspannung im Blick von oben ist, die ihr Hobby motiviert. [Abb. 18] Eine andere Studentin zeichnete eine *timeline* des Espressokochens, das ihre Morgenroutine in zügige Hygiene und möglichst ruhiges Kaffeetrinken gliedert. [Abb. 19] Und zuletzt noch eine Karte von Astrid, die sich für das Seminar tatsächlich einer Blutabnahme unterzogen und diesen Körpereingriff in einer Skizzenreihe dokumentiert hat. [Abb. 20]

Sie sehen, das ist ziemlich experimentell, eine Spielwiese oder, besser gesagt, ein Labor, um unsere digitale Mapping-Plattform zu entwickeln, die auf der Webseite nicht nur für Lehrveranstaltungen, sondern öffentlich zugänglich sein soll. Die große Schwierigkeit liegt darin, einerseits ein klares methodisches Verfahren zu definieren und anderseits die Gestalt der Medienerfahrung so offen wie möglich zu halten. Wir wollen kollaborativ erforschen, was Medialität eigentlich ist, welche Dinge beteiligt sind und wie sie zusammenhängen – sei der untersuchte Handlungsverlauf das Auspacken eines Smartphones oder das Rauchen einer Wasserpfeife. Trotz dieser inhaltlichen Offenheit müssen die Ergebnisse aber vergleichbar sein, sodass sich über die Menge der Mappings erstens Typen von Mediatoren, sprich Medien, und zweitens Relationsmuster, sprich Mediationen, erkennen lassen.

## Anmerkungen

1 Der Text ist eine von Wolfgang Straub erstellte und vom Autor redigierte Transkription des im Rahmen der Ringvorlesung *Germanistik digital* am 25. April 2018 an der Universität Wien gehaltenen Vortrags. Die für das Verständnis erforderlichen Abbildungen sind auf *Phaidra,* dem digitalen Repositorium der Universität Wien, frei zugänglich. URL: phaidra.univie.ac.at/o:768673. Die in eckigen Klammern angeführten Nummerierungen beziehen sich auf die Reihenfolge der Abbildungen in der online verfügbaren PDF-Datei (gezählt ohne Titelseite).

2 Betreut und maßgeblich geprägt wurde das Projekt an der School of Media Studies der New School in New York von Shannon Mattern, die ihre „Urban Media Archaeology" inzwischen in zwei Monografien (2015/2017) veröffentlicht hat.

3 Vgl. dazu das für *Campus Medius* in vielerlei Hinsicht prägende Forschungsprojekt HyperCities (URL: www.hypercities.com [30.5.2018]) unter der Leitung von Todd Presner (2014: 110–118).

4 Vgl. URL: manifesto.humanities.ucla.edu [30.5.2018].

5 Ich möchte anfügen, dass mir diese Frage eigentlich von einem Freund gestellt wurde, nämlich von Mathias Schönher.

6 Die Auswahl von Raum, Zeit und Wert (im Sinn der Gewichtung der Knoten im Netzwerk) als relationale Eigenschaften gründet auf Foucaults Machtanalytik, v.a. seine präzise Beschreibung von zeitlichen Abfolgen, räumlichen Verteilungen und hierarchischen Gliederungen (vgl. Foucault 1976: 173–292).

7 Den philosophischen Hintergrund dieser Fragen beleuchtet Bruno Latour in einem Forschungsprojekt über moderne *Existenzweisen* (2014), das aufgrund der Kombination von Buchpublikation und Online-Plattform ebenfalls zu den Digital Humanities gezählt wird (vgl. URL: modesofexistence.org [30.5.2018]).

8 Foucault hat so eine Theorie nicht ausdrücklich formuliert, seine historischen Studien zur Moderne aber in den Vorlesungen zur Gouvernementalität resümiert und neu ausgerichtet. Anstatt von epochalen Brüchen um 1650 und um 1800 auszugehen, entwirft er dort ein souveränes, ein disziplinarisches und ein liberales Regime, deren Verläufe vom 17. bis ins 20. Jahrhundert verfolgt werden können (vgl. Foucault 2006: 134–172).

9 Vgl. zum *counter mapping* die kurze Einführung von Crampton und Krygier (2005) sowie den hervorragenden *Critical Cartography Primer* von Kim (2015: 112–145).

## Literatur


Bachtin, Michail (2008 [russ. 1975]): Chronotopos. Übers. v. Michael Dewey. Frankfurt a. M.: Suhrkamp.

Bauer, Jean (2011): Who you calling untheoretical? In: Journal of Digital Humanities 1, H. 1, URL: journalofdigitalhumanities.org/1-1/who-you-calling-untheoretical-by-jean-bauer/ [30.5.2018].

Crampton, Jeremy/Krygier, John (2005): An introduction to critical cartography. In: ACME: An International E-Journal for Critical Geographies 4, H. 1, S. 11–33, URL: www.acme-journal.org/index.php/acme/article/view/723 [30.5.2018].

Drucker, Johanna (2014): Graphesis. Visual Forms of Knowledge Production. Cambridge: Harvard University Press.

Foucault, Michel (1976 [franz. 1975]): Überwachen und Strafen. Die Geburt des Gefängnisses. Übers. v. Walter Seitter. Frankfurt a. M.: Suhrkamp.

Foucault, Michel (2003 [franz. 1977]): Das Spiel des Michel Foucault. Übers. v. Hans-Dieter Gondek. In: Schriften in vier Bänden. Dits et Ecrits. Bd. III: 1976–1979. Hg. v. Daniel Defert u. François Ewald. Frankfurt a. M.: Suhrkamp, S. 391–429.

Foucault, Michel (2006 [franz. 2004]): Sicherheit, Territorium, Bevölkerung. Geschichte der Gouvernementalität I. Vorlesung am Collège de France 1977–1978. Übers. v. Claudia Brede-Konersmann u. Jürgen Schröder. Frankfurt a. M.: Suhrkamp.

Galloway, Alexander R. (2012): The Interface Effect. Cambridge: Polity.

Ganahl, Simon (2015): Karl Kraus und Peter Altenberg. Eine Typologie moderner Haltungen. Konstanz: Konstanz University Press.

Ganahl, Simon (2017): Der monströse Fouleuze. Eine philosophische Lektüre von Andrej Belyjs *Petersburg*. In: Le foucaldien 3, H. 1, DOI: doi.org/10.16995/lefou.23 [30.5.2018].

Haraway, Donna (1988): Situated knowledges: The science question in feminism and the privilege of partial perspective. In: Feminist Studies 14, H. 3, S. 575–599.

Hartmann, Frank/Bauer, Erwin K. (2006): Bildersprache: Otto Neurath – Visualisierungen. 2. Aufl. Wien: WUV.

Kim, Annette Miae (2015): Sidewalk City. Remapping Public Space in Ho Chi Minh City. Chicago: University of Chicago Press.

Kraus, Karl (1989): Dritte Walpurgisnacht. Hg. v. Christian Wagenknecht. Frankfurt a. M.: Suhrkamp (= Schriften, Bd. 12).

Latour, Bruno (2010 [engl. 2005]): Eine neue Soziologie für eine neue Gesellschaft. Einführung in die Akteur-Netzwerk-Theorie. Übers. v. Gustav Roßler. Frankfurt a. M.: Suhrkamp.

Latour, Bruno (2014 [franz. 2012]): Existenzweisen. Eine Anthropologie der Modernen. Übers. v. Gustav Roßler. Berlin: Suhrkamp.

Mattern, Shannon (2015): Deep Mapping the Media City. Minneapolis: University of Minnesota Press.

Mattern, Shannon (2017): Code + Clay… Data + Dirt. Five Thousand Years of Urban Media. Minneapolis: University of Minnesota Press.

Presner, Todd/Shepard, David/Kawano, Yoh (2014): HyperCities. Thick Mapping in the Digital Humanities. Cambridge: Harvard University Press.

Bernhard Oberreither

# Die *Datenbank literarischer Bildzitate*[1]

Die *Datenbank literarischer Bildzitate* (Fliedl 2014), die in der vorliegenden Form von Anfang 2011 an im Rahmen eines FWF-Forschungsprojekts entwickelt wurde, steht seit Juli 2014 in einer abgeschlossenen Form online. Die folgenden Anmerkungen werden dementsprechend einen Überblick über Umfang und Benutzung sowie Entstehung und Struktur der Datenbank geben sowie Konzepte für die zukünftige Erweiterung der Datenbank vorstellen. Dabei wird neben der quantitativen Erweiterung der Datengrundlage vor allem die qualitative Erweiterung zur Sprache kommen, die Anreicherung der in der Datenbank zur Verfügung gestellten Forschungsdaten in Form einer Ergänzung um maschinenlesbare Metadaten sowie der Anbindung an Ressourcen außerhalb der Datenbank. Es sind nicht zuletzt *Semantic-Web*-Technologien, von denen bei letzteren beiden Punkten die Rede sein wird.

## Entstehung der Datenbank, Herkunft der Datensätze

Die *Datenbank literarischer Bildzitate* ist eines der Ergebnisse des vom österreichischen Wissenschaftsfond FWF finanzierten Forschungsprojekts „Das Bildzitat – Intermedialität und Tradition", das unter der Leitung von Konstanze Fliedl von 2009 bis 2014 am Institut für Germanistik der Universität Wien angesiedelt war. Die Kombination bzw. Konfrontation von Primärtext und Bild bildet den Kern der Datenbank. Der Fokus liegt nicht auf einer vollständigen Darstellung der Kunstzitate repräsentativer AutorInnen, sondern auf den Kunstwerken, genauer: den meistzitierten unter ihnen, und den literarischen Bezugnahmen auf diese in Texten einer theoretisch unbegrenzten Zahl von Autorinnen und Autoren.

Im Zuge der Arbeit am *Handbuch der Kunstzitate* (Fliedl/Rauchenbacher/Wolf 2011) in einem Vorgängerprojekt wurden ca. 20.000 literarische Verweise auf Bildende Kunst gesammelt und in einer ‚Proto-Datenbank' abgelegt. Diese Datensätze beinhalten Verweise auf identifizierbare Kunstwerke ebenso wie unspezifische Verweise auf

Genres oder Künstler bzw. deren Œuvre. Die 13.000 Verweise auf identifizierbare Werke bilden den Grundstock für die Auswahl des Datenstocks der *Datenbank literarischer Bildzitate*.

Um die Repräsentativität der Datenbank sicherzustellen, wurden weitere fünfzig Gesamtwerke gesichtet und die resultierenden 3000 Fundstellen dem Grundstock von 13.000 hinzugefügt. Diesen insgesamt 16.000 Fundstellen entstammen die 1700 Fundstellen, die derzeit das Datenmaterial der *Datenbank literarischer Bildzitate* ausmachen. Ausgewählt wurden sie ausgehend von den meistzitierten Kunstwerken. Dazu wurden aus den vorhandenen Daten die 130 meistzitierten Kunstwerke in der deutschsprachigen Literatur der Moderne (also ab ca. 1880) erhoben. Ausschlaggebend war dabei letztlich nicht, wie oft einzelne Kunstwerke insgesamt genannt wurden. Erhoben wurde stattdessen, bei wie vielen unterschiedlichen AutorInnen das jeweilige Werk genannt wurde, um so die Verzerrung der Reihung durch den individuellen Kunstkanon und die Zitationsfrequenz einzelner AutorInnen[2] zu unterbinden.

## Benutzung der Datenbank

Die Benutzung der Datenbank verläuft über eine intuitiv verwendbare Suchmaske (Abb. 1, o:768674)[3]. Diese Suchmaske besteht aus einer Suchzeile und vier darunter angeordneten Listen, die jeweils alle AutorInnen, Texte, Künstler[4] und Kunstwerke anführen, die in der Datenbank verzeichnet sind.

Die Anzeige der Suchergebnisse erfolgt nach einem von links nach rechts verlaufenden Baum-Schema (Abb. 2, o:768675). Werden als Suchergebnisse AutorInnen bzw. Texte gewählt, beginnt der Baum in der ersten Spalte mit einer Auflistung der AutorInnen, von diesen ausgehend werden in der zweiten Spalte deren Werke angezeigt, von diesen ausgehend wiederum in der dritten Spalte die darin jeweils zitierten Kunstwerke. Werden umgekehrt als Suchergebnis Künstler oder Kunstwerke gewählt, liefert die erste Spalte den Künstler, die zweite dessen Werke, die dritte die Texte, in denen die Werke zitiert werden.

Der Klick auf einen Eintrag in der dritten Spalte öffnet nun das Bild-Text-Feld, das den Kern der Datenbank bildet: Es zeigt die Abbildung des Kunstwerks sowie die das Kunstwerk zitierende Textpassage. Beides – Bild wie Text – ist außerdem mit ausführlicher Quellenangabe versehen. Zudem bietet dieser Bereich die Möglichkeit, auf schnellem Wege eine neue Suche durchzuführen – etwa:

durch den Link „Öffne AutorIn" oder „Öffne KünstlerIn" eine neue Baumansicht zu öffnen, mit der betreffenden Person als Ausgangspunkt; oder die gegenwärtigen Ergebnisse durch Klick auf „Nur Texte dieses/dieser AutorIn zu diesem/dieser KünstlerIn" zu filtern.

Insgesamt ermöglicht die *Datenbank literarischer Bildzitate* also eine Vielzahl verschiedener Suchvorgänge und Darstellungsweisen. Mit wenigen Klicks lässt sich etwa der bevorzugte Kunstkanon eines Autors/einer Autorin erschließen, lassen sich Zitationsketten und die Entwicklung in der Zitationsfrequenz eines Kunstwerks im Lauf der Jahre darstellen, ebenso die historischen Konjunkturen in der Zitation bildkünstlerischer Gesamtwerke oder ganzer Epochen.

Die Handhabung der Suchergebnisse wird weiters erleichtert durch verschiedene Sortier- und Darstellungsoptionen, ein Druckansicht-Button gibt aus allen durch Klick geöffneten Datensätzen eine um rechtliche Nutzerhinweise[5] ergänzte PDF-Druckansicht aus.

## Datenbankmodell & Konzeption einer Datenbank

Das der *Datenbank literarischer Bildzitate* zugrundeliegende Modell ist das einer relationalen Datenbank; von diesem soll also hier vorderhand die Rede sein. Bestimmte Vorstufen der Datenbank weisen hingegen auch andere Modelle der Datenspeicherung auf beziehungsweise erlauben Analogien zu diesen, sodass sie hier auch kurz Erwähnung finden sollen. So werden am Beispiel des Datenbestandes der Forschungsprojekte gewissermaßen gleich mehrere Datenmodelle durchlaufen.

In den sechziger Jahren entstand eines der ersten Datenbanksysteme – das hierarchische Datenbanksystem (vgl. zu diesen Ausführungen v.a. Geisler 2014, Kap. „Datenbankmodelle"). Elemente eines solchen Systems werden als ‚Knoten' bezeichnet und in ‚Wurzel-' bzw. ‚Eltern-' und ‚Kindknoten' unterteilt. Der ‚Wurzelknoten' steht als alleiniger Ausgangspunkt der Datenstruktur an oberster Stelle der Hierarchie, von diesem ausgehende Knoten stehen zueinander in einer Eltern-Kind-Relation der Art 1:M. Jeder Knoten hat genau einen Elternknoten, jeder Elternknoten kann unbeschränkt viele Kindknoten haben. Hierarchische Datenbanken sind heute kaum noch in Verwendung (zumindest im Bereich elektronischer Medien), machen im Kontrast aber sehr gut die Vorteile einer relationalen Datenbank erkennbar – und haben im Übrigen eine Parallele in einem Medium, mit dem wir als LiteraturwissenschaftlerInnen wohl am besten vertraut sind, im Medium des Buches.

Als Beispiel kann hier das *Handbuch der Kunstzitate* herangezogen werden (das zudem in gewisser Weise einen Vorläufer der in Rede stehenden Datenbank darstellt). Es ist, wie beinahe jedes Buch, hierarchisch aufgebaut, indem es nämlich in Kapitel und Unterkapitel aufgeteilt ist. Den Wurzelknoten stellt das Konzept des Buchs in seiner Gesamtheit dar; die Kindknoten ‚ersten Grades' wären in dieser Analogie die beiden Bände, in denen es publiziert wurde; Kindknoten ‚zweiten Grades' stellen die Kapitel zu den einzelnen AutorInnen dar, die wiederum unterteilt sind in den Text der Darstellung selbst, darüber hinaus in davon separate Abschnitte, in denen (wie erwähnt) Bild und Primärtext kombiniert werden, sowie in weitere, bibliografische Abschnitte zu Primärliteratur und Sekundärliteratur.

Entwickelt wurde das hierarchische Datenmodell in der Datenverarbeitung zur Vermeidung von Redundanzen – was dadurch gewährleistet wird, dass auch bei zahlreichen Kindknoten der Elternknoten nur einmal angelegt ist. Der Nachteil dieses Datenbankmodells liegt – was in Hinblick auf unsere Analogie nicht schlagend wird – in seiner Starrheit: Die Daten sind auf eine bestimmte Weise hierarchisch strukturiert – und nur auf diese eine Weise. Ebenso sind sie nur auf diese Weise, d.h. auf dem Weg die Hierarchie herab, abrufbar. Eine Sortierung des Datenbestandes nach anderen Gesichtspunkten ist nur unter großem Aufwand möglich. (Diesem Problem begegnet die ‚traditionelle' Form des Datenspeichers, das Buch, in Form von Querverweisen und einer virtuellen Umsortierung: Das Register – das im *Handbuch* immerhin 80 Seiten einnimmt – hält dem Inhaltsverzeichnis eine zweite, alternative Hierarchie entgegen.)

Ein zweiter Nachteil hierarchischer Datenbanken liegt in der Bedingung, dass Eltern-Kind-Relationen nur die Form 1:M haben können, Kind-Knoten also nur einen Elternknoten haben können. Das verunmöglicht die Abbildung – um in der Domäne der von Literatur und Kunst zu bleiben – von beispielsweise Texten, die mehr als einen Urheber haben oder von Werken, die von mehr als einem Text zitiert werden; um das abzubilden wären erneut Redundanzen nötig, die es im Fall einer Datenbank zu vermeiden gälte.

Als ein weiteres Gegenmodell zu dem der relationalen Datenbank, als das die *Datenbank literarischer Bildzitate* letztlich realisiert wurde, wird in der entsprechenden Einführungsliteratur (z.B. Klinke 2017: 110f.) die Tabellenform genannt. Tatsächlich wurde auf diese Form im Entstehungsprozess der Datenbank intensiv zurückgegriffen. Die Listung der Kunstzitate, ihre Zusammenfassung, Sortierung und die darauf basierende Auswahl der Kunstwerke und Textstellen, die den Datenbestand der Datenbank darstellen sollen, wurden zu einem großen Teil in Excel-Tabellen durchgeführt (Abb. 3, o:768676). Setzt man aber die Vermeidung von Redundanzen als eine der zentralen Kategorien für ein gelungenes Datenbank-Design, werden die Einschränkungen der Tabellenform deutlich, und zwar schon auf den ersten Blick auf eine der Tabellen, die im Entstehungsprozess der *Datenbank literarischer Bildzitate* verwendet wurden.

Zwar lassen sich in diesem Format die Daten nach unterschiedlichsten Gesichtspunkten, soll heißen: nach jeder beliebigen Spalte, neu sortieren (was einen Vorteil gegenüber der starren Struktur der hierarchischen Datenbank darstellt), dafür allerdings muss jede abgebildete Entität vielfach erstellt werden, da sie nicht einmal, sondern einmal pro Zeile auftreten muss.

Die *Datenbank literarischer Bildzitate* wurde in Form einer relationalen Datenbank konzipiert, und das – darüber sollen die angeführten Beispiele nicht hinwegtäuschen – ohne ernsthafte Erwägung eines anderen Modells.[6] Relationale Datenbanken haben heute die weiteste Verbreitung und eignen sich zudem am besten für die Abbildung des Gegenstandsbereichs der Datenbank.

Datenbanken – und damit auch relationale Datenbanken – bestehen grob gesagt aus zwei bis drei Komponenten: der Datenbank selbst, also den abgelegten Daten, und einem Datenbank-Managementsystem (DBMS), das diese Informationen (Zugriffe, Änderungen etc.) verwaltet. Mithilfe eines (optionalen) Interfaces können nun NutzerInnen über das DBMS auf die Daten zugreifen. Das DBMS der *Datenbank literarischer Bildzitate* ist MySQL, eine weit verbreitete Open-source-Software für relationale Datenbanken. Als User-Interfaces stehen zum einen die Suchmaske inkl. Baumansichten, Druckansichten etc., zum anderen die der Öffentlichkeit nicht zugängliche Admin-Oberfläche zur Verfügung; Erstere dient dem Abrufen, Letztere der Bearbeitung der Datensätze der Datenbank durch ProjektmitarbeiterInnen (vgl. Abb. 4: Datenbankmodell nach Klinke 2017: 109, ergänzt durch B. O., o:768677).

Eine relationale Datenbank (vgl. dazu im Weiteren: Klinke 2017: 111–116; Geisler 2014: Kap. „Relationale Datenbanken"; für einen frühen literaturwissenschaftlichen Anwendungsfall siehe auch Kammer 1995: Kap. 3.2.3) bildet die Entitäten und Zusammenhänge der realen Welt, die sie erfassen will, als Daten und Beziehungen zwischen diesen Daten ab. Daraus resultiert ein Modell, das in einer (leicht vereinfachten) Visualisierung für die *Datenbank literarischer Bildzitate* wie in Abb. 5 (o:768678) aussieht.

Wie der Abbildung zu entnehmen ist, sind die Typen von Entitäten, die die Datenbank verknüpfen will, Personen, Kunstwerke, Texte und Textpassagen. Personen erstellen Kunstwerke bzw. Texte, deren letztere Textpassagen beinhalten, die sich auf Kunstwerke beziehen. Dass hier KünstlerInnen und AutorInnen unter den Oberbegriff der Person gefasst werden, hat damit zu tun, dass die Datenbank auch auf Personen mit Doppelbegabungen ausgelegt ist. Wäre eine Person sowohl AutorIn als auch KünstlerIn, müsste sie, für den Fall, dass hierfür getrennte Kategorien vorliegen, in beiden zugleich verzeichnet werden; Redundanzen solcher Art gilt aber, wie gesagt, zu vermeiden.

Das relationale Datenmodell besteht selbst wiederum aus Tabellen: Tabellen, die Datensätze (Zeilen) und Datenfelder (in den Spalten) beinhalten. Ein Ausschnitt des Datenmodells wird in Abb. 6 noch einmal im Detail gezeigt (Abb. 6: Die Relation „Person – erstellt – Kunstwerk" in der *Datenbank literarischer Bildzitate* [Informationsstruktur in Zus. m. Johannes Pichler, webpixels], o:768679).

Legt man in der Datenbank eine Person an, sehen Sie hier die Datenfelder, aus denen sie in der Datenbank besteht – ID-Nummer, Name, alternative Schreibweisen. Die Admin-Ansicht unterscheidet sich übrigens ganz grundlegend von dieser tabellarischen Form, aus Gründen der intuitiven Verständlichkeit zum einen, zum anderen, weil bestimmte Werte, insbesondere ID-Nummern, automatisiert vergeben werden und für die Arbeit dessen, der die Datenbank befüllt, irrelevant sind. Ein Kunstwerk besteht in der Datenbank in einer Identifikationsnummer, einem Namen, einem Entstehungsjahr (und natürlich einigen Datenfeldern mehr, Museumsheimat, Material etc., die hier aus Platzgründen ausgespart sind). Verbunden werden diese beiden Datensätze nun in einer dritten Tabelle, deren Datensätze die ID-Nummern der beiden Entitäten miteinander in Beziehung setzt. Analoges gilt auch für das Verhältnis Person-Text, Text-Textstelle, Textstelle-Kunstwerk.

Aus dem schon Erwähnten lässt sich leicht die nötige Reihenfolge der Arbeitsschritte bei der Konzeption einer Datenbank herleiten (vgl. Klinke 217: 110). Im ersten Schritt muss festgelegt werden, welchen Teil der ‚Welt' die Datenbank ‚abbilden' soll, welche Elemente sie also beinhalten muss, um ihren Zweck erfüllen zu können. In einem zweiten Schritt werden diese Elemente, durchaus schon in Hinsicht auf die geplanten Nutzungsmöglichkeiten, zueinander ins Verhältnis gesetzt; die grafische Darstellung der Datenbankstruktur fällt also in diesen Arbeitsschritt. In einem dritten Schritt wird das logische Modell erstellt, die Datenbank-Modellierung also in ihre tabellarische Form übertragen, woraufhin erst die eigentliche Umsetzung der Datenbank beginnt.

In diesem Zusammenhang soll auch auf die Aufgabenteilung hingewiesen werden, wie sie in einem Projekt herrscht, das verschiedene Disziplinen vereint – Informatik und, in diesem Fall, Literatur- und Kunstwissenschaft. Die ersten beiden genannten Schritte obliegen mehr oder weniger allein – wenn auch unter Rücksprache mit dem/der ProgrammiererIn[7] – den betreffenden FachwissenschaftlerInnen, die Schritte drei und vier gehören in die Domäne der Informatik, wobei die Eingabe der Datensätze in der Regel wiederum durch FachwissenschaftlerInnen durchgeführt wird. In der Praxis werden wohl mehrere Arbeitsschritte parallel laufen – die Dateneingabe zum Beispiel wird in einer (vielleicht noch rudimentären) Admin-Oberfläche erfolgen, während das User-Interface noch in Entstehung begriffen ist. Das hat den großen Vorteil, dass Feedback-Schleifen zwischen den vier Arbeitsschritten möglich sind (so konnten zum Beispiel Anforderungen an die Möglichkeiten der Text-Formatierung während der Dateneingabe erhoben werden und sofort ins Design des User-Interfaces einfließen).

## Erweiterung der *Datenbank literarischer Bildzitate*

Die *Datenbank literarischer Bildzitate* liegt, wie erwähnt, als abgeschlossenes Projekt vor; sie bietet jedoch mehrere Möglichkeiten der Erweiterung. Quantitativ natürlich sind der Datenbank keine Grenzen gesetzt – die Domäne des intermedialen Verweises ist unüberschaubar groß, und weil die Datenbank dazu konzipiert ist, diese Verweise bis in die Gegenwart hinein abzubilden, wächst der Umfang ihres Gegenstands kontinuierlich.

Aus wissenschaftlicher Sicht interessanter ist hingegen wohl die Erweiterung in qualitativer Hinsicht. Technisch gesehen könnte es hierbei darum gehen, die gegenwärtigen Datensätze um neue Datenfelder zu erweitern bzw. vorhandene Datenfelder im User-Interface abrufbar und durchsuchbar zu machen. So wäre eine Suchfunktion nach Jahreszahlen (des zitierenden sowie des zitierten Werkes) schon mit der gegenwärtigen Form der Datensätze zu bewerkstelligen; für die Suche nach Herkunfts- oder Wirkungsorten von KünstlerInnen und AutorInnen könnten entsprechende Datenfelder angelegt werden; die Veränderung individueller Bildkanones im Zuge von beispielsweise Migrationsbewegungen oder Exilerfahrungen würden so nachvollziehbar, ebenso die Verweisdichte auf Kunstwerke verschiedener nationaler Herkunft. Derartige Möglichkeiten der Erweiterung der Datensätze bieten sich in großer Zahl.

Besonders vielversprechend ist indes die Spezifikation der schon vorhandenen Daten und Relationen sowie ihre detailliertere Auszeichnung auf Ebene der Metadaten. Die Datenbank nämlich bildet in ihrem derzeitigen Zustand den Sachverhalt ab, *dass* ein literarisches Werk eines der bildenden Künste zitiert – nicht allerdings, *wie* es das tut. Eine Spezifikation hinsichtlich des Typus des intermedialen Verweises würde sich also anbieten, um die vorhandenen Daten auch in theoretisch-methodischer Hinsicht anzureichern. Schon einem stichprobenartigen Einblick in die vorhandenen Daten nämlich erschließt sich der Sachverhalt, dass sich die Art und Weise, wie in literarischen Texte auf Kunstwerke verwiesen wird, von Fall zu Fall unterscheidet. So dient der Verweis auf Giovanni Piranesis Radierungszyklus *Carceri d'Invenzione* in verschiedenen literarischen Texten (etwa in Traumpassagen, wie im Fall von Rolf Hochhuths *Traum-Novelle*, wo von „Piranesi-haften Schwarzweiß-Carceri" die Rede ist; Hochhuth 1986: 82) einer vergleichshaften Verdeutlichung des Dargestellten, während in anderen Texten bloß sozusagen ‚das Bild an der Wand hängt', um beispielsweise das Interieur oder den Bewohner der Räumlichkeiten zu charakterisieren. Werden in den meisten Fällen zudem der Künstler Piranesi und/oder seine Radierungsfolge explizit genannt, bleibt die Anspielung in einer Passage von Arno Schmidts Frühwerk *Der junge Herr Siebold* verdeckt und wird nur durch die Nennung bestimmter Versatzstücke des Sujets evoziert (vgl. Schmidt 1988 [1941]: 319). In letzterem Fall wird zudem das Sujet des Kunstwerks direkt in das Sujet des Textes überführt, während andernorts eine ontologische Trennung zwischen der fiktionalen Wirklichkeit des Texts und der des Bildes *im* Text bestehen bleibt. Darüber hinaus stellt sich die Frage nach dem Register der intermedialen Bezugnahme: Wie fällt im jeweiligen Fall der Kommentar aus, der diese Bezugnahme implizit oder explizit immer begleitet?

Für viele dieser Möglichkeiten der Typologie intermedialer Verweise liefern die Disziplinen der Literaturwissenschaft reichhaltige Anknüpfungspunkte und zum Teil schon das – jeweils noch zu adaptierende – Vokabular, etwa die Rhetorik (descriptio/Ekphrasis, Prosopopöie, allusio etc.).Vor allem aber existieren schon eigens zu diesem Zweck konzipierte Typologien, prominent von Werner Wolf (2002) und Irina Rajewsky (2002). Wolf etwa unterscheidet grundlegend zwischen werkübergreifend und werkintern feststellbarer Intertextualität, wobei sich drei Kategorien aus beiden Bereichen für die Übernahme in die *Datenbank literarischer Bildzitate* eignen beziehungsweise Ausgangspunkte für eine weitergehende Typologie bilden können: Unter den werkübergreifenden intermedialen Phänomenen findet sich die ‚intermediale Transposition', was die „Übersetzung bestimmter inhaltlicher oder formaler Konzepte/Konzeptkonfigurationen von einem Medium in ein anderes" meint; die ‚intermediale Thematisierung', der „Verweis auf ein Fremdmedium mit den üblichen Mitteln des eigenen Mediums" – der Standardfall der literarischen Museums- oder Atelierszene; zuletzt die ‚intermediale Imitation', die „ikonische Nachahmung von Merkmalen eines Fremdmediums mit dominant formalen Mitteln des eigenen Mediums" (Wolf 2002: 178).

## Semantic Web

Eine aus heutiger Sicht vielversprechende, zugleich auch – im Sinne eines nachhaltigen Datenmanagements – notwendige Erweiterung jeder für den öffentlichen Gebrauch konzipierten digitalen Informationsquelle stellt die Anbindung ans *Semantic Web* dar. Datenbanken in ihrem üblichen Zuschnitt sind für menschliche Benutzung konzipiert: Daten sind vor allem oder ausschließlich über das Web-Interface abrufbar, das zugleich den nötigen Kontext zur Klassifizierung der Datensätze liefert: URL und Titel der Webseite univie.ac.at/bildzitat machen deutlich (sofern dieses Wissen nicht schon vor Aufruf der Seite vorhanden war), welcher Art die dargestellten Daten sind; spätestens die Beschreibung auf der Startseite räumt alle dementsprechenden Fragen aus – für menschliche Nutzer, wohlgemerkt. Nun ist aber Wissen im Idealfall vernetzt; das heißt, dass möglichst auch andere Computersysteme die Datengrundlage der *Datenbank literarischer Bildzitate* nutzen können sollen. Dazu lassen sich entsprechende Schnittstellen einrichten; notwendig ist hierfür aber die systemübergreifende Auszeichnung der Information mit Metadaten.

Ein Beispiel: Im Rahmen eines anderen Projekts soll eine Datenbank zu Albrecht Dürer erstellt werden. Im Zuge dessen will der Betreiber auch Daten aus der *Datenbank literarischer Bildzitate* übernehmen, und das automatisiert und konstant (anstatt händisch und einmalig). Eine Schnittstelle zwischen den Systemen leistet hier Abhilfe, aber nur, solange die Datenbankstruktur der *Datenbank literarischer Bildzitate* unverändert bleibt. Die Interoperabilität zwischen den Systemen ist also nicht einwandfrei gewährleistet, weil ihre Datensätze nicht standardisiert und maschinenlesbar klassifiziert sind. Es fehlt an Metadaten, die dem einen System ermöglichen würden, die Informationen des anderen Systems zu klassifizieren, und jede Datenbank, aber auch: jedes Online-Dokument mit diesem Manko stellt ein ‚Daten-Silo' dar.

Dem Daten-Silo, dem – von außen betrachtet – unzugänglichen bzw. nicht nachvollziehbar strukturierten Datenspeicher, steht die Idee der *Linked Data Cloud* gegenüber (die in ihrer Konzeption auf Tim Berners-Lee zurückgeht – Berners-Lee 1998). Hier sollen nicht mehr bloß Webseiten miteinander verknüpft werden, sondern Informationen (Daten plus Metadaten), im Sinne einer dezentralen, aus zahlreichen Quellen gespeisten, weltumspannenden Datenbank (vgl. Abb. 7: „Web of Documents" vs. „Web of Data" – Grafik: Matteo Lorenzini, o:768680).

Die *Semantic Web*-Technologien führen Klassifikationssysteme ein, die, sofern sie in den jeweiligen Datenquellen implementiert werden, diese an die *Linked Data Cloud* anschließen. Bei diesen Klassifikations- oder Beschlagwortungssystemen handelt es sich um sog. ‚Ontologien'. Ontologien stellen Klassen und Relationen bereit, die dazu dienen, einen bestimmten Gegenstandsbereich der Wirklichkeit unter einem bestimmten Gesichtspunkt abzubilden.[8] Ontologien modellieren das Grundgerüst des jeweiligen Wissens – und das auf eine Weise, die nicht implizit und dem menschlichen Verstand vorbehalten, sondern explizit und maschinenlesbar ist.

Ein zentraler Einwand, der gegen die digitalen Geisteswissenschaften immer wieder erhoben wird (zuletzt z.B. bei Brennan 2017), lautet bekanntlich, hier würden zugunsten quantifizierbarer Ergebnisse genuin menschliche Leistungen (wie das – z.B. methodisch fundierte, theoriegeleitete – Denken) vernachlässigt. Indes ermöglichen *Semantic Web*-Technologien den Brückenschlag zwischen den Ergebnissen ‚traditioneller' Methodik und digitalen Datenakkumulations- und -abfragemethoden. Alles, was dazu nötig ist, ist die Formalisierung des Vokabulars, aus dem in den betreffenden Domänen Aussagen gebildet werden, in Ontologien.[9]

Schon mehrfach wurde indes die Diskrepanz zwischen der großen Menge an Daten, die aus geisteswissenschaftlicher Forschung online gestellt wurde und das Potenzial zu semantischer Annotation hätte, und der geringen Zahl an Umsetzungen festgestellt (vgl. etwa Grüntgens/Schrade 2016: 55); das liegt nicht zuletzt daran, dass genannte Ontologien für die jeweiligen Domänen – hier: der Literaturwissenschaft oder der Intermedialität – noch nicht zur

Verfügung stehen. Zwar gibt es Ontologien, die sich mit der Domäne des literarischen Werks bzw. des Kunstwerks oder allgemeiner mit dem Objektbereich des kulturellen Erbes befassen, doch sind diese Ontologien für die Verwendung in Archiven, Bibliotheken, Museen und Sammlungen konzipiert, liegen also erst an der Grenze zum Gegenstandsbereich der Literaturwissenschaft (dem Text).[10] Andere Ontologien befassen sich mit dem Text selbst, soll heißen: seinen Bestandteilen oder auch mit Zitationsverhältnissen zwischen Texten, sind allerdings zur Beschreibung nicht-geisteswissenschaftlicher Fachdiskurse ausgelegt;[11] sie wären zwar adaptier- und ausbaubar (indem intertextuelle Zitationsverhältnisse zu intermedialen Zitationsverhältnissen erweitert würden), stehen jedoch in ihrer grundsätzlichen Konzeption in keinerlei Bezug zu Theorie und Methodologie der geisteswissenschaftlichen Disziplinen.

Es besteht also vielfach die Notwendigkeit, damit aber auch die Freiheit, das betreffende computerlesbare Vokabular für die Geistes- und insbesondere für die Literaturwissenschaften erst zu erstellen. Realistischer Weise wird es sich dabei um ein ganzes Set von Vokabularen handeln, die sich je eigenen Gegenstandsbereichen widmen – wie etwa dem intermedialen Verweis zwischen Literatur und Bildender Kunst. Die *Datenbank literarischer Bildzitate* würde in dieser Hinsicht als paradigmatischer Anwendungsfall dienen, von dem ausgehend die Tauglichkeit vorhandener Ontologien für die Domäne des intermedialen Zitats überprüft werden müsste: Ontologien, wie sie für Bibliothekskataloge verwendet werden, können hier etwa Klassen für alle bibliografischen Daten liefern. Für den Kernbereich der Datenbank, die intermediale Konfiguration und ihre jeweilige Klassifikation, wäre jedoch ein gegenstandsspezifisches Vokabular vonnöten, das im Rahmen der qualitativen Erweiterung der Datenbank zu erstellen wäre. Im Zuge der damit erfolgten Anbindung der Datenbank ans *Semantic Web* würde indes nicht nur die systemübergreifende Lesbarkeit der Datensätze ermöglicht; die Teilhabe an der *Linked Data Cloud* würde auch den Import externer Ressourcen beinhalten. Die Verknüpfung von Personen und Werken mit den entsprechenden Normdatensätzen etwa der GND (Gemeinsame Normdatei)[12] würde die entsprechenden Datensätze eindeutig identifizierbaren Entitäten zuordnen und umfängliche zusätzliche Daten liefern (also auch das leisten, was ansonsten über eine eigenständige Erweiterung der Datensätze bewerkstelligt werden müsste). Die *Datenbank literarischer Bildzitate* würde so Teil eines ständig wachsenden und sich ständig verdichtenden Netzwerks des Wissens.

## Anmerkungen

1 Für wertvolle inhaltliche Anmerkungen danke ich Ingo Börner, für die Zustimmung zum Abdruck von Abb. 7 Matteo Lorenzini.

2 Die Deckelbilder etwa, die Sascha Schneider für die Werke Karl Mays angefertigt hat, sind, wie man den Datenbeständen des Projekts entnehmen kann, überraschend häufig Gegenstand des literarischen Kunstzitats, allerdings ausschließlich in den Texten Arno Schmidts.

3 Die Abbildungen dieses Beitrags finden sich unter dem angegebenen Link langfristig auf dem *Phaidra*-Repositorium der Universität Wien gespeichert. Sie können aufgerufen werden unter URL: phaidra.univie.ac.at mit direkt anschließender o-Nummer (hier URL: phaidra.univie.ac.at/o:768674).

4 Zur männlichen Form: Die *Datenbank literarischer Bildzitate* bildet auch das Faktum ab, dass sich unter den 130 meistzitierten Kunstwerken des Zeitraums kein Werk einer Künstlerin findet. In der Datenbank selbst ist jedoch, mit Blick auf mögliche Erweiterungen, von „KünstlerInnen" die Rede.

5 Diese rechtlichen Hinweise finden sich auch in der HTML-Ansicht der Datenbank (Fliedl 2014: Nutzungshinweise) und sind, genauso wie zahlreiche andere Aspekte des Zuschnitts der Datenbank, das Ergebnis eingehender rechtlicher Recherche sowie der Konsultation eines Urheberrechtsexperten. Die Datenbank bewegt sich rechtlich im Bereich der ‚freien Werknutzung', genauer: des Zitatrechts. Als ausgesprochen nützlich hat sich hier über den Gesetzestext hinaus (vgl. Bundesrecht konsolodiert 2018) und im Vorfeld der Konsultation des Juristen der Urheberrechts-Kommentar von Meinhard Ciresa erwiesen (vgl. Ciresa 2015).

6 So schied etwa ein anderer weitverbreiteter Standard, die dokumentenbasierte Datenbank, aufgrund des Zuschnitts der geplanten Datenbank sofort aus: Die Form der zu erfassenden Datensätze sowie ihre Verhältnisse zueinander ließen sich von Anfang an festlegen, die Schemafreiheit der dokumentenbasierten Datenbank hätte keinerlei Vorteile erbracht; zugleich ist die relationale Datenbank – wie schon dem Namen zu entnehmen ist – besser geeignet, Elemente in eine Relation zu einander zu bringen, die von ihrer hierarchischen Ordnung (in einem Dokument) abweicht.

7 Die technische Realisierung, das grafische Konzept und die Informationsstruktur der *Datenbank literarischer Bildzitate* in ihrer veröffentlichten Form entstanden in Zusammenarbeit mit Johannes Pichler (webpixels.at).

8 Klassen sind hierbei hierarchisch angeordnet, um die Gegenstände des betreffenden Weltausschnitts in ihrer Einteilung in Kategorien und Unterkategorien darzustellen; Relationen verbinden die Vertreter (‚Instanzen') verschiedener Klassen über die hierarchische Struktur hinweg. (So wird etwa in einer zoologischen Ontologie die Relation „ernährt sich von" Klassen verbinden, die an ganz unterschiedlichen Orten in der Hierarchie stehen – etwa die Klassen „Ursidae [Bären]" und „Salmoniden [Lachsfische]".)

9 Dass hier nur ein bestimmter Grad an Feinkörnigkeit der Aussagen erreicht werden kann, ist selbstverständlich – und in Hinsicht auf die Interoperabilität der Systeme wohl ohnehin begrüßenswert. Die Erstellung und Anwendung eines solchen Vokabulars brächte indes die Notwendigkeit zur intensiven Methodenreflexion und konsequenten Theoriefundierung mit sich (vgl. Ciotti 2014).

10 Siehe vor allem CIDOC-CRM, das von einem Fachkomitee des internationalen Museumsrats entwickelte *Conceptual Reference Model* (CRM) für kulturelles Erbe (vgl. Crofts 2011); ebenso *FRBRoo*, eine hochgradig ausdifferenzierte Ontologie für bibliografische Metadaten (vgl. Bekiari 2016).

11 Siehe etwa die SPAR (*Semantic Publishing and Referencing*)-*Ontologies* (vgl. Peroni/Shotton 2018).

12 „Die Gemeinsame Normdatei (GND) ist eine Normdatei für Personen, Körperschaften, Konferenzen, Geografika, Sachschlagwörter und Werktitel, die vor allem zur Katalogisierung von Literatur in Bibliotheken dient, zunehmend aber auch von Archiven, Museen, Projekten und in Webanwendungen genutzt wird." (Deutsche Nationalbibliothek 2016)

## Literatur


Bekiari, Chryssoula u.a. (Hg) (2016): Definition of FRBRoo. A Conceptual Model for Bibliographic Information in Object-Oriented Formalism. Version 2.4. URL: www.cidoc-crm.org/frbroo/sites/default/files/FRBRoo_V2.4.pdf [11.5.2018].

Berners-Lee, Tim (1998): The World Wide Web: A very short personal history. URL: www.w3.org/People/Berners-Lee/ShortHistory.html [11.5.2018].

Brennan Timothy (2017): The Digital-Humanities bust. After a decade of investment and hype, what has the field accomplished? Not much. In: The Chronicle of Higher Education, October 15, 2017.

Bundesrecht konsolidiert: Gesamte Rechtsvorschrift für Urheberrechtsgesetz, Fassung vom 11.05.2018, § 42. URL: www.ris.bka.gv.at/GeltendeFassung.wxe?Abfrage=Bundesnormen&Gesetzesnummer=10001848 [11.5.2018].

Ciotti, Fabio (2014): Digital literary and cultural studies: The state of the art and perspectives. In: Between IV, H. 8, URL: ojs.unica.it/index.php/between/article/view/1392/1183 [11.5.2018].

Crofts, Nick u.a. (Hg.) (2011): Definition of the CIDOC Conceptual Reference Model. Version 5.0.4. URL: www.cidoc-crm.org/sites/default/files/cidoc_crm_version_5.0.4.pdf [11.5.2018].

Deutsche Nationalbibliothek (2016): Gemeinsame Normdatei (GND), URL: www.dnb.de/gnd [11.5.2018].

Fliedl, Konstanze (2014): Datenbank literarischer Bildzitate. Referenzen auf Bildende Kunst in der deutschsprachigen Literatur der Moderne. Wien 2014, URL: www.univie.ac.at/bildzitat [12.5.2018].

Fliedl, Konstanze/Rauchenbacher, Marina/Wolf, Joanna (Hg.) (2011): Handbuch der Kunstzitate. Malerei, Skulptur, Fotografie in der deutschsprachigen Literatur der Moderne. 2 Bde. Berlin/Boston: de Gruyter.

Fliedl, Konstanze/Oberreither, Bernhard/Serles, Katharina (Hg.) (2013): Gemälderedereien. Zur literarischen Diskursivierung von Bildern. Berlin: Schmidt.

Geisler, Frank (2014): Datenbanken. Grundlagen und Design. Heidelberg: mitp.

Grüntgens, Max/Schrade, Thorsten (2016): Data repositories in the Humanities and the Semantic Web: Modelling, linking, visualising. In: Adamou, Alessandro/Daga, Enrico/Isaksen, Leif (Hg.): WHiSe 2016. Humanities in the Semantic Web. CEUR Workshop Proceedings 1608). URL: ceur-ws.org/Vol-1608/#paper-07 [11.5.2018].

Hochhuth, Rolf (1986): Traum-Novelle. In: ders.: Schwarze Segel. Essays und Gedichte. Reinbek: Rowohlt, S. 67–100.
Kammer, Manfred (1995): Literarische Datenbanken. Anwendungen der Datenbanktechnologie in der Literaturwissenschaft. München: Fink 1995.
Klinke, Harald (2017): Datenbanken. In: Jannidis, Fotis/Kohle, Hubertus/Rehbein, Malte (Hg.): Digital Humanities. Stuttgart: Metzler, S. 109–127.
Meinhard Ciresa (Hg.): Österreichisches Urheberrecht: Kommentar. Wien: LexisNexis (Stand: Dez. 2015).
Peroni, Silvio/Shotton, David (2018): The SPAR Ontologies. Submitted to the 17th International Semantic Web Conference, URL: w3id.org/spar/article/spar-iswc2018/ [11.5.2018].
Rajewsky, Irinia O. (2002): Intermedialität. Tübingen/Basel: Francke.
Schmidt, Arno (1988 [1941]): Der junge Herr Siebold. Eine Erzählung aus der alten Zeit. In: A. S.: Bargfelder Ausgabe. Hg. v. d. Arno Schmidt Stiftung. Werkgruppe I: Romane. Erzählungen. Gedichte. Juvenilia, Bd. 4 [1988]. Bargfeld/Zürich: Suhrkamp/Haffmans, S. 303–358.
Wolf, Werner (2002): Intermedialität: Ein weites Feld und eine Herausforderung für die Literaturwissenschaft. In: Literaturwissenschaft intermedial – interdisziplinär. Wien: ÖAW, S. 163–192.

# Sprachlandschaften

Ludwig Maximilian Breuer, Melanie E.-H. Seltmann

# Sprachdaten(banken) – Aufbereitung und Visualisierung am Beispiel von SyHD und DiÖ

## Einleitung

Es gibt unzählige Definitionen, die versuchen, zu beschreiben, was Digitale Geisteswissenschaften oder Digital Humanities sind.[1] Einer der vielen Ansätze, der für den vorliegenden Beitrag als Grundlage dienen soll, fokussiert die Beantwortung von Forschungsfragen mithilfe digitaler Methoden (vgl. Jannidis/Kohle/Rehbein 2017: XI). Diese digitalen Methoden sollen dabei als Prozesse zur Wissensgenerierung aufgefasst werden, d.h. dass das Wissen nur oder zumindest leichter mithilfe digitaler Methoden generiert werden kann. Unter digitalen Methoden muss dabei natürlich wiederum fachspezifisches digitales Werkzeug verstanden werden und nicht die bloße Anwendung von Office-Programmen. Die Ergebnisinterpretation bleibt geisteswissenschaftlich, sprich: eingebettet in theoretische (Erkenntnis-)Modelle der jeweiligen geisteswissenschaftlichen Disziplin.

Wenn dies nun grob zusammengefasst Digitale Geisteswissenschaften sind, wäre jede Person, die sich oben genannter digitaler Methoden bedient, einE DigitaleR GeisteswissenschaftlerIn; in der aktuellen Praxis ist dies u .E. allerdings (noch) nicht der Fall. Vielmehr nimmt einE DigitaleR GeisteswissenschaftlerIn eine Art Vermittlungs- oder Schnittstellenposition zwischen GeisteswissenschaftlerInnen und TechnikerInnen ein. Die Einbindung solcher VermittlerInnen in geisteswissenschaftliche Arbeitsprozesse bzw. Projekte erscheint insbesondere aus zwei Gründen wichtig: 1. sind die technischen Erfahrungen des geisteswissenschaftlichen Personals sehr unterschiedlich, 2. sind die geisteiswissenschaftlichen Erfahrungen des technischen Personals, z.B. in Bezug auf Arbeitsweise und Terminologie, sehr unterschiedlich und tendenziell eher gering. Genau zwischen diesen beiden Positionen kann nun das DH-Personal eine entscheidende Vermittlungsposition einnehmen.

Der vorliegende Beitrag gibt anhand zweier größerer sprachwissenschaftlicher Projekte Einblicke in die Grundlagen digitaler geisteswissenschaftlicher Arbeit. Betrachtet werden das Projekt „Syntax hessischer Dialekte“ (SyHD) (Fleischer/Lenz/Weiß 2017) und des Spezialforschungsbereichs (FWF F 60) „Deutsch in Österreich. Variation – Kontakt – Perzeption (DiÖ)“ (DiÖ 2017). Da dies häufig mit der Erarbeitung von Sprachdatenbanken einhergeht, werden deren technischen Hintergründe und Modellierung vorgestellt. Daraufhin werden die Transkriptionen und Annotation als Prozesse der Datenübertragung in die Datenbank vorgestellt sowie abschließend die visuelle Datenverarbeitung und -aufbereitung angeschnitten.

## SyHD und DiÖ – Konzeption und Daten

Im Folgenden wird betrachtet, wie Sprachdaten aufbereitet und modelliert werden können, was Sprachdatenbanken sind und inwiefern bereits die Datenbankmodellierung als geisteswissenschaftlicher Prozess aufgefasst werden kann. Die wichtigsten Aspekte der gewählten Beispielprojekte werden zunächst kurz vorgestellt.

*Syntax hessischer Dialekte (SyHD)*

Das Projekt „Syntax hessischer Dialekte“ (SyHD) wurde von 2010 bis 2016 an den Universitäten Marburg, Frankfurt und Wien durchgeführt, wobei die computerlinguistische bzw. digitale Arbeitsgruppe in Wien die Forschungsplattform SyHD-info[2] entwickelt und implementiert hat. SyHD untersucht syntaktische Variation in der Horizontalen, also die diatopische, areallinguistische Verteilung bestimmter dialektaler Varianten syntaktischer Variablen: Es geht also z.B. um die Frage, in welchen verschiedenen hessischen Dialekten (bzw. Orten) einerseits das Präteritum oder andererseits das Perfekt zum Ausdruck der Vergangenheit verwendet wird und in welchen linguistischen Kontexten die jeweilige Form verwendet wird (vgl. Fischer 2017) (siehe Abb. 1, o:768026).[3]

Die verwendeten Methoden sind zum einen indirekte Erhebungen durch Fragebögen, zum anderen eine direkte Erhebung (vgl. Kuhmichel/Herwig 2017). Die Fragebögen wurden an 163 Orten in Hessen sowie an 12 Orten außerhalb Hessens erhoben (vgl. Fleischer/Kasper/Lenz 2012: 5). Die Interviews wurden an 141 Orten durchgeführt. Die im Projekt gesammelten Daten sowie die Ergebnisse werden zudem einem möglichst breiten Publikum zur Verfügung gestellt und sollen über die Fragestellungen des Projekt hinaus genutzt werden können, wodurch der Open-Data-Ansatz (vgl. OECD 2015: 7) und zumindest zum Teil der Open-Science-Ansatz (vgl. European

Commission 2016: 33) umgesetzt wird. Abb. 2 (o:768115) zeigt den Erhebungsraum und die in ihn fallenden auf phonologischen Merkmalen beruhenden Dialekträume (vgl. Wiesinger 1983: 846–855; Fleischer/Lenz/Weiß 2015: 261f.).

Die gesammelten Daten ergeben sich aus insgesamt 3572 Fragebögen. Die erhobenen Aufgaben stellen größtenteils geschlossene Aufgabenstellungen, wie z.B. Bewertungsaufgaben, dar.[4] Abb. 3 (o:768243) zeigt eine solche Bewertungsaufgabe. Für die Konzeption eines Datenbanksystems ist es wichtig zu wissen, welche Art von Daten gesammelt werden (s.u.). Einerseits aus Gründen der Datenbankmodellierung (für das Back-End), andererseits für die benutzerfreundliche Erstellung von Eingabemasken (für das Front-End). Betrachtet man beispielsweise Abb. 3 (Bewertungsaufgabe) im Vergleich zu Abb. 4 (o:768332, Bildbeschreibungsaufgabe), wird schnell ersichtlich, dass es sich nicht nur um linguistisch unterschiedliche Datentypen mit unterschiedlichen Anforderungen an die Datenbank handelt, insbesondere ist dies der Unterschied zwischen der Auswahl vorhandener Antwortmöglichkeiten und der Eingabe völlig freier Antworten.

Platzbedingt dient dies nur als kleines Beispiel dafür, inwiefern die empirische Konzeption direkten Einfluss hat auf die (DH-)technische Implementierung; und gleichzeitig folgendes Plädoyer unterstreichen: Für eine effiziente, benutzerfreundliche sowie technisch konsistente Entwicklung einer Datenbank für (insbesondere auch) geisteswissenschaftliche Projekte ist das Einbinden von Überlegungen zur Datenmodellierung zu einem frühen Projektzeitpunkt empfehlenswert. Zurück zu SyHD: Die entwickelte Forschungsplattform ermöglicht folgende für das Projekt essenzielle Aspekte: mehrfacher und gleichzeitiger (Bearbeitungs-)Zugriff auf die Projektdaten, leichte und intuitive Verwendbarkeit auch für nicht technisch geschultes Personal, Datenbearbeitung und -analyse v.a. in Bezug auf areallinguistische und syntaktische Fragestellung bei gleichzeitiger Offenheit gegenüber anderer Perspektiven.[5]

*Deutsch in Österreich (DiÖ). Variation – Kontakt – Perzeption*

Der FWF Spezialforschungsbereich „Deutsch in Österreich. Variation – Kontakt – Perzeption“ (F 60), oder kurz: DiÖ, ist wesentlich komplexer aufgebaut als SyHD. Das Projekt besteht aus fünf verschiedenen Taskclustern mit insgesamt neun Teilprojekten, die an den Universitäten Wien, Salzburg und Graz sowie an der Österreichischen Akademie der Wissenschaften angesiedelt sind. Folglich potenziert sich nicht nur die Menge der MitarbeiterInnen sowie die Anzahl der Standorte, sondern auch die potenziellen Fragestellungen, die in den verschiedenen Teilprojekten untersucht werden. Der Untersuchungsgegenstand von DiÖ ist die Vielfalt, der Wandel und die Wahrnehmung der deutschen Sprachen und ihrer Varietäten in Österreich. Der SFB umfasst dabei die drei thematischen Säulen „Sprachvariation und -wandel in Stadt und Land" (Taskcluster B), „Sprachkontakt" (Taskcluster C) sowie „Spracheinstellung und -perzeption" (Taskcluster D). Die Taskcluster A und E rahmen es ein und umfassen die organisatorische Planung und Koordination (A) sowie die technische Umsetzung (E). Aus Platzgründen wird hier auf eine detaillierte Beschreibung der Cluster verzichtet, diese ist auf der Projekthomepage einzusehen.[6]

Für den vorliegenden Beitrag sind v.a. die verschiedenen Erhebungsmethoden bzw. Datentypen, die SFB-übergreifend gesammelt werden, wichtig: Zur horizontalen Variation (Dialekte) und zur soziosituativen vertikalen Variation (Standard, Dialekt und alles dazwischen) sowie zum Sprachwandel im ruralen wie urbane Raum (Cluster B) sollen insgesamt 3200 Teilnehmende befragt werden. Die Komplexität des Untersuchungsgegenstandes wie die Größe des Untersuchungsraum bedingt ein vielfältiges Erhebungsmethoden-Setting, wie aus Abb. 5 (o:768559) ersichtlich: Zum einen werden freie Gesprächsdaten anhand von Interviews und Freundesgesprächen erhoben, zum anderen kontrollierte Sprachdaten wie Vorlese- und Übersetzungsaufgaben, Sprachproduktionsexperimente und Fragebögen. Wie auch bei SyHD haben geschlossene Aufgabenstellungen den Vorteil, dass einerseits gezielt nach Phänomenen gesucht werden kann, die in freien Gesprächsdaten vielleicht seltener auftreten, bzw. diese in gezielten (sprachlichen) Kontexten abgefragt werden können (siehe auch Lenz et al. [i.Vorb.]). Darüber hinaus sind insbesondere Fragebögen eine effiziente Methode, eine hohe Quantität an Daten zu erhalten. Die freien Gesprächsdaten dagegen sind die – im linguistischen Sinne – „natürlicheren" Sprachdaten. Hinzu kommen Spracheinstellungs- und Sprachperzeptionsdaten (Cluster D), die innerhalb des oben beschriebenen Methodensets sowie mithilfe von Hörerurteilstests (Bewertung von Sprachproben) und Gruppendiskussionen erhoben werden. Cluster C ergänzt die Daten dagegen um bereits vorhandene schriftliche Quellen wie Lehrwerke, Medien, Gesetzestexte und Zensusdaten, um Fragen des Sprachkontakts diachron wie synchron (auch im Vergleich zu den Daten aus Cluster B) zu untersuchen.

Taskcluster E beschäftigt sich mit den Digital-Humanities-Aspekten von DiÖ und liefert einerseits den GeisteswissenschaftlerInnen der anderen Teilprojekte die nötigen Tools (Programme, technische Infrastruktur, ...), ist für die (strukturierte, technische) Datenpflege zuständig und entwickelt andererseits die für die Öffentlichkeit zugängliche Plattform, über die alle Interessierten auf die Daten und Ergebnisse des Projekts zugreifen können. Alle Tools, die im Zuge des Projekt entwickelt werden, stehen auf *GitHub*[7] zur Verfügung und sind somit der wissenschaftlichen Community quelloffen zugänglich.

## Datenbanken

*Relationale Datenbanken*

In beiden oben beschriebenen Projekten werden (relationale) Datenbanken eingesetzt, um die Daten strukturiert zu speichern und zugänglich zu machen. Wahrscheinlich kennen die meisten Menschen Anwendungen oder Tools im weitesten Sinne, die auf eine Datenbank zurückgreifen: ob die Kontaktliste im Smartphone, Lexika, Bibliotheken, Zettelkästen oder auch U-Bahn-Pläne – eigentlich kann dies alles als Datenbank verstanden werden.

Unter einer weiten Definition von Datenbank, in die obige Beispiele fallen können, versteht man zunächst eine strukturierte Datensicherung: Sie repräsentiert eine „Miniwelt“ (vgl. Elmasri/Navathe 2011: 4), einen Ausschnitt aus der Realität (vgl. Elmasri/Navathe 2011: 27), in dem Informationen gesammelt und strukturiert werden. Diese stehen folglich in einem logischen, selbst definierten Zusammenhang, der z.B. thematisch (z.B. Zettelkästen) oder alphabetisch (z.B. Lexikon) sein kann (vgl. Elmasri/Navathe 2011: 4f.). Sie hat den Nutzen, diese Daten unter Beachtung bestimmter Anforderungen und Ziele zu systematisieren und weiterverwendbar darstellen zu können, obgleich ihre Erstellung mit einem Informationsverlust einhergeht (vgl. Dimitriadis 2009: 14f.), der – technisch oder forschungspragmatisch – begründbar ist.

Eine digitale Datenbank (Datenbank im engeren Sinne), insbesondere im Sinne einer relationalen Datenbank, baut meist auf einem Datenbankmanagementsystem (DBMS) auf, das eine generalisierte Softwarekomponente darstellt. Das DBMS wird zur Implementierung und Pflege der (digitalen) Datenbank verwendet (vgl. Elmasri/Navathe 2005: 5). Der vorliegende Beitrag konzentriert sich auf zwei Datenbanktypen: relationale und hierarchische Datenbanken im XML-Format.[8] „In einer relationalen Datenbank stehen Datenfelder und Tabellen miteinander in Beziehung und können mithilfe von Anweisungen ausgewertet werden. Das Modell der relationalen Datenbank bietet flexible Datenstrukturen und eine hohe Verarbeitungsgeschwindigkeit" (Klinke 2017: 111). XML (eXtensible Markup Language) ist „ein Verfahren, um Texte auszuzeichnen und Informationen zu kodieren. Es ist entwickelt worden, um die Strukturen eines Dokuments kenntlich und damit für den Computer verarbeitbar zu machen, indem Kodierungen (‚Auszeichnungen') in einen laufenden Text eingefügt werden." (Vogeler/Sahle 2017: 128).

Grundsätzlich werden zwei Zugriffsebenen bzw. Ansichten einer Datenbank unterschieden. Das Back-End besteht aus Tabellen und Software, die meist EntwicklerInnen mit vollen Zugriffsrechten verwenden. Eingaben werden besser im Front-End vorgenommen, das für AnwenderInnen des Datenbankmanagementsystems (meist mit Zugriffsbegrenzungen) zugänglich und für die Eingaben von Daten optimiert ist. Hier erscheinen z.B. Auswahlfelder, die die Dateneingabe erleichtern.

*Semantisches Modell*

Bevor mit einer Datenbank gearbeitet werden kann, muss sie zunächst modelliert werden. In der Konzeptualisierung eines semantischen Datenmodells werden für den intendierten Verwendungszweck relevante Entitäten sowie deren Attribute und Relationen identifiziert. Eine Entität ist eine Gruppe von Objekten aus der Wirklichkeit, die eindeutig bestimmbar ist, die allerdings auch abstrakter Natur sein kann. Attribute sind Eigenschaften der Entitäten und beschreiben sie somit genauer. Dadurch können Einzelerscheinungen der Entitäten individualisiert werden: Sie unterscheiden sich durch verschiedene Werte der Attribute. Relationen sind Beziehungen zwischen zwei Entitäten (vgl. Jannidis 2017b: 102f.), zum Beispiel zwischen „Personen" und „Orten". Auch Relationen können bestimmte Attribute aufweisen, also kann z.B. die Entität „Orte" in Relation zur Entität „Personen" ein Wohnort oder ein Geburtsort sein. Dabei können sowohl die Gestaltung von Entitäten, derer Attribute, aber auch die Relationen je nach Zweck der entsprechenden Datenbank sehr unterschiedlich sein. So sind z.B. für soziolinguistische Projekte an der Entität „Personen" sicherlich Attribute wie Alter und Beruf wichtig, für dialektologische Projekte eine vielfache Relation zur Entität „Orte" („geboren in", „gelebt in" etc.) entscheidend.

In der technischen Umsetzung als relationale Datenbank sind

dabei Entitäten als Tabellen, Attribute als Spalten und Relationen als Tabellen (n:m, s.u.) oder Spalten (1:1, 1:n, s.u.) abgebildet. Abb. 6 (o:768560) zeigt dies an einem konstruierten, relationalen Beispiel: Jede Entität bekommt einen eindeutigen Identifikator (ID) zugewiesen, um eindeutig auf einen Datensatz (d. h. die Einzelerscheinung) verweisen zu können. Diese ID wird in anderen Tabellen aufgenommen. Die Beziehungen zwischen den Tabellen kann verschiedene Grade haben. Die einfachste Form ist die 1:1-Beziehung, bei der genau eine Einzelerscheinung einer Entität genau einer Einzelerscheinung einer anderen Entität zugeordnet ist. Ein klassisches Beispiel hierfür wäre die Sozialversicherungsnummer: Eine Person sollte (zumindest innerhalb eines Staats) genau eine haben, diese wiederum sollte keiner weiteren Person zugeschrieben sein.[9]

Die nächstkomplexere Form ist die der 1:n-Beziehung, bei der eine Einzelerscheinung einer Entität beliebig vielen Einzelerscheinungen einer anderen Entitäten zugewiesen sein kann. Jede Person hat (zum heutigen Stand der Technik) z.B. genau eine biologische Mutter, eine biologische Mutter kann jedoch mehrere Kinder haben. Die komplexeste Form ist die n:m-Beziehung, bei der die Anzahl der Verknüpfung von Einzelerscheinungen zweier Entitäten auf beiden Seiten beliebig groß sein kann. So kann eine Person in mehreren Orten wohnen/gewohnt haben und in jedem Ort können mehrere Personen wohnen/gewohnt haben (genauer s. Klinke 2017: 114f.).

*XML vs. relationale Datenbank*

Die bisherigen Ausführungen beziehen sich vorwiegend auf relationale Datenbanken, wenngleich sich die semantische Datenmodellierung auch für hierarchische Datenbanken eignet, allerdings müssen die Attribute und Beziehungen hier eben verschachtelt aufgebaut werden. In der technische Realisierung unterscheiden sich die beiden Modelle sehr grundsätzlich voneinander: XML[10]-Dokumente bzw. -Datenbanken kann man sich als strukturierte Klammerstrukturen oder Baumstrukturen vorstellen (vgl. Vogeler/Sahle 2017: 128). Attribute von Entitäten sowie Relationen ergeben sich hier durch die Einbettung in ihre Bezugsobjekte. Die hierarchische Struktur ist eine Abhängigkeitsstruktur, quasi eine Dependenzsyntax. Hier wird mit sogenannten Parent- und Child-Elementen gearbeitet (vgl. Vogeler/Sahle 2017: 130f.). Damit erscheint das hierarchische XML erst einmal sehr unflexibel, bei der Abbildung statischer Objekte bzw. (physischer) Dokumente und ihres Aufbaus, z.B. bei Fragebögen, Büchern, Manuskripten etc., ist es jedoch gut geeignet. Die Struktur des Fragebogens kann fast eins zu eins im XML-Dokument technisch widergespiegelt werden (vgl. Klinke 2017: 127).

In der Gestaltung oder Beschreibung der Entitäten, Attribute etc. (z.B. durch die gebotenen Klammerangaben) ist man grundsätzlich sehr frei, da es sich bei XML um ein freies Format (mit freien Vokabular) handelt (eigentlich um eine Metasprache) (vgl. Vogeler/Sahle 2017: 135). Da man allerdings über verschiedene Projekte vergleichbar arbeiten möchte, greift man auf Standards oder Best Practices zurück. Ein solcher Standard, der insbesondere in den Digital Humanities der sprach- bzw. textbasierenden Wissenschaften Usus ist, wäre z.B. das TEI-Format[11], das wie eine Art Lexikon für XML ist (vgl. Vogeler/Sahle 2017: 133). Im eigentlichen, reinen XML sind keine Querverbindungen möglich. Es können jedoch Stand-off-Annotationen (Zuweisungen außerhalb der hierarchischen Struktur) genutzt werden, um solche Verbindungen doch herzustellen. Ein großer Vorteil ist die Flexibilität der Datenkonsistenz, da nicht alle Erscheinungen einer Entität dieselben Attribute oder Relationen aufweisen müssen – der Nachteil, dass daraus uneinheitliche Datensätze entstehen können.

In einer relationalen Datenbank muss für ein neues Attribut in einer Tabelle das Attribut auf alle Objekte in der Tabelle angewendet werden. Eine solche Datenverarbeitung bietet sich für komplex verknüpfte Objekte an.

Welches der beiden Modelle in einem Projekt Verwendung findet, ist abhängig von der Projektstruktur und von den technischen Möglichkeiten innerhalb des Projekts (vgl. Dimitriadis/Musgrave 2009: 21). Auch Kombinationen sind technisch möglich.

*Computational Thinking*

Zurück von der technischen Beschreibung zur Geisteswissenschaft: Die Datenmodellierung stellt u.E. einen geisteswissenschaftlichen Prozess dar. Sie gleicht – zumindest im linguistischen Sinne – einem strukturalistischen Segmentations- und Klassifikationsverfahren. Es handelt sich um die Interpretation realer Objekte und deren Relationen, bestimmte Informationen werden als relevant identifiziert und verdichtet. Die Modellierung ist ein iterativer Denkprozess und kann auch deswegen dem Computational Thinking (vgl. Jannidis 2017a: 89–92) nahegestellt werden. Ein vorhandenes Problem wird abstrahiert und möglichst effektiv zerlegt, sodass die Teilprobleme zu bewältigen sind. Daraufhin werden passende Lösungen identifiziert und die Probleme generalisiert. In der Wissenschaft besteht die Problemabstraktion in den Fragestellungen zur Welt, den Hypothesen. Diese werden operationalisiert, damit sie durch empirische Überprüfung verifiziert oder falsifiziert werden können. Ein iterativer Prozess führt wieder zu den anfänglichen Hypothesen zurück und modifiziert diese entsprechend der vorherigen Ergebnisse bzw. identifiziert und formuliert neue Teilprobleme. Ganz ähnlich lässt sich der Prozess der Modellierung von Datenbanken – oder generell der Programmierung – beschreiben.

### Transkription und Annotation

*Transkription*

Um gesprochene Sprachdaten überhaupt technisch sammeln und in Form einer Datenbank aufbereiten und später bearbeiten und analysieren zu können, steht im ersten Schritt eine Transkription der Aufnahmen. Darunter versteht man die Verschriftlichung gesprochener Sprachdaten, genauer:

> Der Terminus „Transkription" bezieht sich auf die Wiedergabe eines gesprochenen Diskurses in einem situativen Kontext mit Hilfe alphabetischer Schriftsätze und anderer, auf kommunikatives Verhalten verweisender Symbole. Die schriftliche Wiedergabe soll nicht nur „ungefähr" oder annährungsweise authentisch, sondern eine reale Kommunikationssituation möglichst genau abbildende Verschriftlichung sein. (Dittmar 2004: 50f.)

Eine linguistische Transkription soll möglichst viele Informationen beinhalten trotz inhärenten Informationsverlusts (vgl. Sauer/Lüdeling 2016: 421). Je nach Forschungsinteresse wird die Transkriptionsart und somit unterschiedliche Grade des Informationsverlusts bestimmt (s.u.).

Einer der Vorteile, ein gesprochensprachliches Korpus zu transkribieren, liegt darin, dass es visuell schneller und leichter zu rezipieren ist als auditiv. Visuell sind Untersuchende nicht mehr an einen linearen Zugriff gebunden, können quasi querlesen. Gesprochene Sprache ist zeitlich bedingt und auf verschiedene Teile von Sprache kann auditiv schwer zeitgleich zugegriffen werden.

Ein Zugang ohne viele Vorkenntnisse besonderer Verschriftlichungsformen erfolgt durch eine orthografische Umschrift oder auch normalisierte Transkription. Diese Art der Transkription kann angewendet werden, wenn v.a. Gesprächsinhalte untersucht werden. Bei der Verschriftlichung von Nichtstandarddeutsch werden phonetische Merkmale an orthografische Schreibweisen angepasst. Der Vorteil ist, dass die Transkription fast jede Person lesen kann (die entsprechendes Schrift- und Sprachsystem erworben/erlernt hat). Auch für variationslinguistische, insbesondere (morpho-)syntaktische Fragestellungen kann dieses Transkriptionssystem hilfreich sein, solange nur auf Wortebene bzw. nur lautlich normalisiert wird, d.h. z.B. keine Anpassungen bei der Wortstellung vorgenommen werden.

Eine nah am gesprochenen Wort orientierte Transkription wäre die lautgetreue Umschrift (so auch bei SyHD bzw. teilweise bei DiÖ), die auch literarische oder diplomatische Transkription genannt wird. Dabei werden vorwiegend mit orthografischen Graphemen lautliche Besonderheiten abgebildet: Ein „heast" wird dann eben so geschrieben, und nicht als z.B. „hörst" transkribiert. Problematisch ist dabei jedoch die Vereinheitlichung. Um diesem Problem – insbesondere bei großen Projekte – entgegenzuwirken, sind exakte Transkriptionskonventionen unentbehrlich. Komplette Transkriptionssysteme ermöglichen das Erfassen über die verbale Ebene hinaus, d. h. auch der Gesprächssituation. Für z.B. gesprächs- oder diskursanalytische Fragestellungen bieten sich die Transkriptionssysteme GAT(2) (Selting et al. 2009) oder HIAT(2) (Ehlich/Rehbein 1979) an, die u.a. Sprecherwechsel oder Pausen kodieren.

Für Fragestellungen, bei denen die genaue lautliche Realisierung der Sprache relevant ist, muss phonetisch (z.B. nach IPA) transkribiert werden; auch hierbei ist die Transkription von der Transkribierendeninterpretation abhängig (vgl. Sauer/Lüdeling 2016: 421).

Wie bereits mehrfach angedeutet, handelt es sich bei der Transkription um eine Interpretation, bei der bestimmte sprachliche und auditive Signale einem technischen und visuellen Zeichen zugeordnet werden. Ferner werden häufig einzelne Segmente (Äußerungseinheiten, Sätze o.Ä.) bei der Transkription einer Zeiteinheit des Audiomaterials zugeordnet, dies nennt man „Time-Alignment". So verstanden werden die Sprachdaten sowohl durch die Transkription als auch durch das „Time-Alignment" annotiert (s.u.). Durch diese Annotation stellt die Transkription auch einen geisteswissenschaftlichen Zugang zu auditiven Sprachdaten dar.

Die SyHD-Daten aus der direkten Erhebung liegen literarisch und orthografisch transkribiert vor (vgl. Abb. 7, o:768586) – allerdings nur in Form der für die Untersuchung relevanten Einzelsätze, d.h. ohne Abbildung des stattgefundenen Erhebungsgesprächs, was dem oben beschriebenen geschlossenen Methoden entspricht.

In DiÖ dagegen sind die Transkriptionsverfahren wesentlich komplexer, entsprechend der oben formulierten Ansprüche an das

Datenmaterial, aber auch wegen der Natur der gesammelten Daten (freie Gesprächsdaten und kontrollierte Sprachdaten). Als projektübergreifende Projektionsebene der Transkripte wird eine orthografische Umschrift (auf Wortebene) herangezogen; dies ist einerseits nötig, damit die verschiedenen Daten vergleichbar sind, andererseits für die technische Verarbeitung: Durch die vereinheitlichte Verschriftlichung werden die Daten leicht durchsuchbar. Zudem sind automatische Tagger auf diese Ebene trainiert. Ansonsten werden verschiedene Transkriptionsverfahren abhängig vom Untersuchungsgegenstand und Datenmaterial gewählt: Es kommen sowohl phonetische als auch literarische Umschriften zum Einsatz (vgl. Abb. 7), sowohl in Form von Einzelsätzen als auch von Abbildungen ganzer Gespräche (vgl. Abb. 8, o:768657).

*Annotation*

Transkriptionen wurden oben als eine Art von Annotation beschrieben, doch wird mit Annotationen meist eine abstraktere Kategorisierung von Daten gemeint. Annotationen sind allgemein Markierungen, Kategorisierungen und Interpretation von (Sprach-)Daten. Sie dienen zur „Abstrahierung von Einzelvorkommen und deren Ordnung und Zusammenfassung in übergreifenden Klassen [...] und [sind] damit sowohl Teil des wissenschaftlichen Forschungsprozesses als auch dessen Ergebnis“ (Rapp 2017: 254). Mithilfe der Annotationen kann nach Mustern und Phänomenen in den Daten gesucht werden. Dabei können nach Rapp (2017) Annotationen ganz unterschiedliche Funktionen erfüllen:

- Organisation und Visualisierung von Informationen;
- Ergebnis inhaltlicher Analysen;
- Ausgangspunkt von Auswertungen → Zwischenschritt der Analyse;
- Teil des iterativen Prozesses der Wissensgenerierung und -weitergabe → Teil des *research life cycle* (der den Forschungsprozess abbildet: vgl. Van den Eynden et al. 2009).

Ein Element, das für eine Annotation benutzt wird, bezeichnet man als „Tag“ (vgl. Rapp 2017: 255). Dies könnte zum Beispiel eine Variante im linguistischen Sinne sein (vgl. Lüdeling 2017: 132). Eine Auswahl von Tags, die für einen bestimmten Annotationsschritt verwendet werden oder die zu einem vergleichbaren Analysezweck herangezogen werden, wird als „Tagset“ bezeichnet. Eines der bekanntesten ist das Stuttgart-Tübingen-Tagset (STTS, Schiller et al. 1999) für das Part-of-Speech-Tagging (PoS-Tagging).

Unter Tagset kann allerdings auch eine individuelle Sammlung von Tags z.B. für die Untersuchung einer bestimmten Variable verstanden werden. Die Benennung der Tags an sich ist arbiträr, aber es wird versucht, Standards zu entwickeln, um getaggte Korpora miteinander vergleichen zu können

Einer der Zwecke der Annotation ist, nach den markierten Phänomenen suchen zu können und sie somit zu quantifizieren – dies auch in Kombination verschiedener Annotationsebenen. Z.B. können dadurch Fragestellungen wie „Wie oft wurde ein „täte"-Konjunktiv in einem Nebensatz von einer bestimmten Personengruppe realisiert" beantwortet werden. Annotationen können manuell, semiautomatisch oder voll automatisch geschehen, wofür systemebenenabhängig automatische Tagger[12] vorliegen. Im Bereich des Dialekts gibt es hier jedoch wenige zuverlässige automatische Tagger (vgl. Lüdeling 2017: 137).

Annotationen sind u.E. in der heutigen Umsetzung, d.h. gespeichert in Datenbanken, ein Kernbereich digitaler Geisteswissenschaft: Bei der Annotation handelt es sich einerseits um eine digitale Kategorisierung und damit um die Befähigung des Computers, geisteswissenschaftliche Fragstellungen überhaupt beantworten zu können. Andererseits stellen Annotation eine technische, digitale Abbildung der geisteswissenschaftlichen Analyse dar. Die Modellierung der Tagsets basiert auf theoretischen Konzepten aus den entsprechenden (Geistes-)Wissenschaften. Sie folgt einem bewährten iterativen Verfahren, wie Rapp (2017) ausführlich beschreibt. Aus diesem iterativen Prozess, der in großen Projekten stets auch von einer Person betreut werden sollte, ergibt sich ein für die Analyse erforderliches Tagset.

In SyHD wurden stets phänomenbezogene Analysen durchgeführt, was sich auch aus den eher geschlossenen Methoden ergibt. Die Daten sind v.a. mit syntaktischen Tags annotiert und es liegen nur teilweise morphologische oder phonologische Informationen als Teil von phänomenbezogenen Tags vor. Die Annotation kann als eindimensional-relational betrachtet werden, da eine Antwort (außer in wenigen Ausnahmen) genau einem Tag zugeordnet wird. Ein einzelner Tag kann dabei sehr viele Informationen erhalten oder schlicht entsprechend der gesuchten syntaktischen Variante, d.h. nach objektsprachlich-orientierten Kategorien, gestaltet sein.

Im SFB DiÖ wird phänomenbezogen auf mehreren linguistischen Systemebenen (Phonetik/Phonologie, Morphologie/Lexik, Syntax, ...) getaggt. Hinzu kommen qualitativ-inhaltliche sowie ggf. gesprächsanalytische Tags. Je nach getaggtem Phänomen sind z.B. auch Einflussfaktoren auf die Wahl bestimmter Varianten sowie sprachliche Kontexte für die Analyse relevant und werden annotiert. Daher wurde ein eigenes Tagsystem entwickelt, welches diesem mehrdimensionalen Annotationsanspruch genügt. Zudem soll ein möglichst einheitliches Annotationssystem aufgebaut werden, das, wenn möglich, auf existierende Standards zurückgreift. Das Besondere am DiÖ-Tagsystem ist, dass es in seiner Abbildung hierarchisch ist, auch wenn es technisch linear auf mehreren Tagebenen[13] gespeichert wird, welche von der Untersuchungsebene abhängig sind und einen Mehrbenutzerzugriff vereinfachen.

Es gibt also mehrere, hierarchisch voneinander abhängige Generationen innerhalb eines Tagsets, wie in Abb. 9.1 (o:768658) an einem Beispiel gezeigt wird: Auf 0. Generation wird das zu untersuchende Phänomen spezifiziert (z.B. Analysen zum Dativpassiv). In der nächsten Generation werden Kategorien, die für die Analyse von den verschiedenen Forschenden gefordert werden, markiert (z.B. Genus Verbi). Ab der zweiten Generation werden nun die Ausprägungen (Features) – unterhalb ihrer entsprechenden Kategorie – markiert, welche im Sprachmaterial feststellbar sind (z.B. Dativpassiv). Dieses Feature kann in der 3. Generation weiter konkretisiert werden (z.B. „kriegen"-Passiv).[14] Die Front-End-Umsetzung anhand eines Beispiels zur Possession wird in Abb. 9.2 (o:768659) ersichtlich.

Wie erwähnt ergibt sich dadurch eine hierarchische Darstellung (im Front-End), im Back-End dagegen werden die Kategorien linear gespeichert (siehe Abb. 9.3, o:768660). Der Vorteil dieses Annotationsverfahrens ist, dass spätere (und erwartbare) Ergänzungen leicht möglich sind, da durch die hierarchische Struktur Kategorien und entsprechende Features einfach ergänzt werden können – was durch die lineare Speicherung wiederum datentechnisch leicht ermöglicht wird. Die hierarchische Abbildung vereinfacht zudem den Tagging-Vorgang selbst, da jeweils nur die nächsten möglichen Tags angezeigt werden und es daher nicht zu „falschen" Reihenfolgen der Tags kommen kann oder Tags, die benötigt werden, vergessen werden. Die Anlage des hierarchischen Tags erfordert außerdem, dass sie wohlstrukturiert aufgebaut und allein durch die Struktur schon gut beschrieben sind. Für DiÖ wird außerdem eine Explikation der Tags gefordert. Nicht nur für projektinterne Zwecke der Zusammenarbeit verschiedener BenutzerInnen, sondern auch für das projektexterne Verständnis der Tags ist ein solches Verfahren wichtig.[15]

### Verarbeitung/Visualisierung

Zu guter Letzt soll auf einen weiteren wichtigen Aspekt der Erstellung von Forschungsplattformen resp. Sprachdatenbanken eingegangen werden, der häufig vernachlässigt wird: die Visualisierung. Auch im vorliegenden Beitrag kann nur kurz auf diesen Aspekt eingegangen werden, was nicht weniger ein Plädoyer für eine eingehende Beschäftigung mit dem Thema darstellen soll. Wenn in der Sprachwissenschaft Visualisierung diskutiert wird, bezieht man sich v.a. auf Diagramme, in der Areallinguistik zusätzlich auf Karten. U.E. umfasst die Visualisierung aber nicht nur den Content, sondern eben auch die Datenverarbeitung. Es zählt hierzu auch die Darstellung von Datenbanken selbst, also v.a. die Umsetzung der Eingabemasken (Front-End). Gerade in den digitalen Geisteswissenschaften ist dies ein wichtiger Aspekt, der für die Arbeit mit Personen mit unterschiedlicher technischer Erfahrung entscheidend ist. Mit einer gut designten Arbeitsumgebung werden auch die BenutzerInnen effektiver in ihrer Arbeit und können sich auf Wesentliches ihrer Forschungstätigkeit konzentrieren. Wichtig ist dabei, dass Form und Funktion verbunden werden. Intuitiv verwendbare und ähnlich der Vorgabe visualisierte Eingabemasken senken die Fehlerquote, intuitiv verständliche Karten erleichtern bzw. erhöhen den Wissenstransfer (vgl. Rehbein 2017: 336).

Bei SyHD sind die Eingabemasken an das Ausgangsmaterial angepasst, was für Fragebögen natürlich leicht ersichtlich ist, da sie eine konkrete physisch-visuelle Form aufweisen. Abb. 10 (o:768661) zeigt, wie die Gestaltung des Fragebogens auf die Gestaltung der Eingabemaske übertragen wurde, damit für Eingebende a) die Wiedererkennung der gerade einzugebenden Frage gewährleistet ist, wie auch b) die ungefähre Lokalisierung der konkreten Antwort erleichtert wird. Solche Gestaltungsprinzipien senken die Fehlerquote, da eine visuelle Rückkopplung von der Vorlage des ausgefüllten Fragebogens zur Eingabe in der Datenbank ermöglicht wird. Schwieriger ist dies für Sprachaufnahmen, die eben keine visuelle Form vorweisen. Hierbei wurde versucht die mögliche Antwortstruktur (Einzelsätze auf Einzelfragen, spontane Antworten und Nachfragen) abzubilden.

Die (ausgewerteten) Daten werden in einer umfassenden Online-Publikation zur Verfügung gestellt. Die Tools von SyHD.info wurden möglichst intuitiv gestaltet, so können mit wenigen Klicks User mit verschiedensten Wissensstands interpretierte Ergebnisse zu den Daten erhalten[16] – einerseits in Form von Phänomenbeschreibungen, andererseits in Form von Diagrammen oder interaktiven

Sprachkarten. Ein niederschwelliger Wissenstransfer – insbesondere bei komplexen Daten – ist natürlich nicht nur für Nicht-WissenschaftlerInnen wünschenswert. Das Online-Tool SyHD-atlas geht über die reine Online-Publikation hinaus: Atlaskarten können in einer Art Warenkorb Fragen übergreifend gesammelt und visuell nebeneinandergestellt werden – dadurch wird das genutzte Medium wirklich genutzt, anstatt ein Print-Medium online zu stellen (wie das bei PDFs häufig der Fall ist). Bei SyHD-atlas können die Karten interaktiv komplett selbst gestaltet werden.

Um den Rahmen des vorliegenden Beitrags nicht noch weiter auszureizen, bleibt schließlich SyHD als Visualisierungsbeispiel sowie das Plädoyer zu einer eingehenden Beschäftigung mit der Visualisierung nicht nur auf Ebene Datenveröffentlichung, sondern auch der Datenverarbeitung. Visualisierung ist ein wichtiger Teil der DH-Entwicklung, aber in der Content-Visualisierung schließlich auch des geisteswissenschaftlichen Erkenntnisgewinns: Die Visualisierung der geografischen Verteilung bestimmter linguistischer Phoneme ist auf einer Karte besser analysierbar als nur anhand von Datentabellen. Die Visualisierung ist folglich eine Möglichkeit für die geisteswissenschaftliche Analyse, in digitaler Form eine neue und exhaustiv verwendbare Analysemöglichkeit.

## Resümee

Zusammenfassend wird hier festgehalten, dass die Arbeit mit Datenbanken in der Linguistik – aber darüber hinaus in allen geisteswissenschaftlichen Disziplinen – nicht nur hilfreich für die Beantwortung von Fragestellungen an sehr vielen Daten ist, sondern eine prinzipielle Arbeitsweise darstellt oder darstellen sollte. Datenmodellierung, Transkription, Annotation und Visualisierung stellen in unserem Verständnis grundsätzliche Aspekte der digitalen Geisteswissenschaften dar.

## Anmerkungen

1 Besonders beachtlich hierzu die Webseite whatisdigitalhumanities.com, die bei jedem Aufruf eine neue Definition liefert.
2 Zu finden ist die Plattform unter URL: www.syhd.info.
3 Die Abbildungen dieses Beitrags finden sich unter dem angegebenen Link langfristig im *Phaidra*-Repositorium der Universität Wien gespeichert. Sie können aufgerufen werden unter URL: phaidra.univie.ac.at, mit direkt anschließender o-Nummer (hier URL: phaidra.univie.ac.at/o:768026).
4 Zu den verschiedenen Aufgabetypen der indirekten Erhebungen in SyHD und deren unterschiedliche linguistische Qualität siehe Fleischer/Kasper/Lenz 2012.
5 Die Öffnung für alle erdenklichen Fragestellungen, die in einer Anforderungsanalyse nicht schon vorweg erhoben werden können, ergibt sich am leichtesten durch die Offenlegung der zugrundeliegenden Daten, am einfachsten über den Zugriff auf Daten in nicht-proprietären Formaten wie z.B. CSV-Tabellen.
6 Siehe URL: dioe.at, Abschnitt ‚Projekte'.
7 Erreichbar unter URL: github.com/german-in-austria.
8 XML-Daten werden meist dokumentbasierend erstellt, sind aber auch mithilfe eines DBMS organisierbar.
9 Häufig ist es sinnvoll, eine solche Beziehung schlicht als Attribut festzuhalten. Es kann aber Fälle geben, in denen solche Attribute als eigene Entität modelliert werden: Meistens wenn sie a) als eigene Entität im Sinne eines abgrenzbaren Objekts der Wirklichkeit beschreibbar ist und b) zumindest einige eigene Attribute besitzt. Ein Beispiel hierfür wäre ein Bibliotheksausweis einer definierbaren Bibliothek: JedeR BesitzerIn einer Bibliothekskarte (dieser Bibliothek) hat genau eine davon (mit eigener Identifikationsnummer), eine Bibliothekskarte zählt nur für eine Person. Die Karte wiederum hat weitere Attribute wie Ablaufdatum, Entlehnrechte etc.
10 Davon abgesehen gibt es natürlich auch andere hierarchische Daten(bank) formate wie z.B. JSON, auf die hier aus Platzgründen nicht näher eingegangen werden kann.
11 TEI = Text Encoding Initiative. Weitere Informationen siehe URL: www.tei-c.org/index.xml.
12 Tagger sind Programme, die automatische Annotationen durchführen. Ihre Vorgehensweisen sind entweder regelbasiert oder statistisch, sie unterscheiden sich dabei je nach der Domäne, die sie bearbeiten. Ihr Resultat hängt von der Datenmenge, auf der sie trainiert werden, (Trainingskorpus) ab (vgl. Zinsmeister 2015: 88f.).
13 Zum Tagging auf mehreren Ebenen siehe auch Sauer/Lüdeling 2016: 423.
14 Zu ersten Analysen zum Dativpassiv in den Sprachproduktionsexperimente des SFB DiÖ siehe Lenz et al. (i.Vorb.).
15 Eine gute Beschreibung ist wesentlich für die Auswertung und Interpretation der Annotation. „Wenn [eine] Variable nicht definiert ist, weiß man nicht, zu welcher Variable eine Kategorie gehört." (Lüdeling 2017: 136)
16 Siehe im Folgenden die entsprechenden Abschnitte unter URL: www.syhd.info.

## Literatur


Berlin Map Task Corpus (BeMaTaC) (2007): About, URL: u.hu-berlin.de/bematac [22.5.2018].

Chambers, Jack/Trudgill, Peter (1998): Dialectology. Cambridge: Cambridge University Press.

Dimitriadis, Alexis/Musgrave, Simon (2009): Designing linguistic databases: A primer for linguists. In: Everaert, Martin/Musgrave, Simon/Dimitriadis, Alexis (Hg.): The Use of Databases in Cross-Linguistic Studies. Berlin: de Gruyter Mouton, S. 13–75.

Dittmar, Norbert (2004): Transkription. Ein Leitfaden mit Aufgaben für Studenten, Forscher und Laien. Wiesbaden: Springer.

Deutsch in Österreich (DiÖ) (2017): Überblick. In: DiÖ-Online, URL: dioe.at/details/ [19.5.2018].

Ehlich, Konrad/Rehbein, Jochen (1979): Erweiterte halbinterpretative Arbeitstranskriptionen (HIAT2): Intonation. In: Linguistische Berichte 59, S. 51–75.

Elmasri, Ramez/Navathe, Shamkant B. (2011): Fundamentals of Database Systems. Pearson Studium, URL: iips.icci.edu.iq/images/exam/databases-ramaz.pdf [17.5.2018].

European Commission (2016): Open innovation, Open Science, open to the world. A vision for Europe. Brussels: European Commission, Directorate-General for Research and Innovation, DOI: dx.doi.org/10.2777/061652 [17.5.2018].

Fischer, Hanna (2017): Präteritum/Perfekt-Distribution. In: Fleischer, Jürg/Lenz, Alexandra N./Weiß, Helmut: SyHD-atlas. Konzipiert von Ludwig M. Breuer. Unter Mitarbeit von Katrin Kuhmichel, Stephanie Leser-Cronau, Johanna Schwalm und Thomas Strobel. Marburg/Wien/Frankfurt a. M., S. 25–45, DOI: dx.doi.org/10.17192/es2017.0003 [17.5.2018].

Fleischer, Jürg/Kasper, Simon/Lenz, Alexandra N. (2012): Die Erhebung syntaktischer Phänomene durch die indirekte Methode: Ergebnisse und Erfahrungen aus dem Forschungsprojekt „Syntax hessischer Dialekte" (SyHD). In: Zeitschrift für Dialektologie und Linguistik 79, H. 1, S. 2–42.

Fleischer, Jürg/Alexandra N. Lenz/Helmut Weiß (2015): Das Forschungsprojekt „Syntax hessischer Dialekte (SyHD)". In: Kehrein, Roland/Alfred Lameli/Stefan Rabanus (Hg.): Areale Variation des Deutschen. Projekte und Perspektiven. Berlin/Boston: de Gruyter, S. 261–287.

Fleischer, Jürg/Lenz, Alexandra N./Weiß, Helmut (2017): SyHD-atlas. Konzipiert von Ludwig M. Breuer. Unter Mitarbeit von Katrin Kuhmichel, Stephanie Leser-Cronau, Johanna Schwalm und Thomas Strobel. Marburg/Wien/Frankfurt. DOI: dx.doi.org/10.17192/es2017.0003 [17.5.2018].

Jannidis, Fotis (2017a): Grundbegriffe des Programmierens. In: Jannidis, Fotis/Kohle, Hubertus/Rehbein, Malte (Hg.): Digital Humanities. Eine Einführung. Stuttgart: Metzler, S. 68–95.

Jannidis, Fotis (2017b): Grundlagen der Datenmodellierung. In Jannidis, Fotis/Kohle, Hubertus/Rehbein, Malte (Hg.): Digital Humanities. Eine Einführung. Stuttgart: Metzler, S. 99–108.

Klinke, Harald (2017): Datenbanken. In: Jannidis, Fotis/Kohle, Hubertus/Rehbein, Malte (Hg.): Digital Humanities. Eine Einführung. Stuttgart: Metzler, S. 109–127.

Kuhmichel, Katrin/Herwig, Katja (2017): Beispiel Durchführung, URL: www.syhd.info/ueber-das-projekt/beispiel-durchfuehrung/ [Zugriff: 19.5.2018].

Lenz, Alexandra/Breuer, Ludwig M./Fingerhuth, Matthias/Wittibschlager, Anja/Seltmann, Melanie (i.Vorb.): Exploring syntactic variation by means of „Language Production Experiments. Methods from and analyses on German in Austria". Unveröffentlichtes Manuskript.
Lüdeling, Anke (2017): Variationistische Korpusstudien. In: Konopka, Marek/Wöllstein, Angelika (Hg.): Grammatische Variation. Empirische Zugänge und theoretische Modellierung. IDS Jahrbuch 2016. Berlin: de Gruyter, S. 129–144.
OECD (2015), „Making Open Science a Reality". In: OECD Science, Technology and Industry Policy Papers 25, DOI: dx.doi.org/10.1787/5jrs2f963zs1-en [21.5.2018].
Rapp, Andrea (2017): Manuelle und automatische Annotation. In: Jannidis, Fotis/Kohle, Hubertus/Rehbein, Malte (Hg.): Digital Humanities. Eine Einführung. Stuttgart: Metzler, S. 253–267.
Rehbein, Malte (2017): Informationsvisualisierung. In: Jannidis, Fotis/Kohle, Hubertus/Rehbein, Malte (Hg.): Digital Humanities. Eine Einführung. Stuttgart: Metzler, S. 328–342.
Sauer, Simon/Lüdeling, Anke (2016): Flexible multi-layer spoken dialogue corpora. In: International Journal of Corpus Linguistics 21 (3), S. 419–438, DOI: dx.doi.org/10.1075/ijcl.21.3.06sau [20.5.2018].
Schiller, Anne/Teufel, Simone/Thielen, Christine (1999): Guidelines für das Tagging deutscher Textkorpora mit STTS (Kleines und großes Tagset). Universität Stuttgart/Universität Tübingen, URL: www.sfs.uni-tuebingen.de/resources/stts-1999.pdf [5.5.2018].
Selting, Margret et al. (2009): Gesprächsanalytisches Transkriptionssystem 2 (GAT 2). In: Gesprächsforschung – Online-Zeitschrift zur verbalen Interaktion 10, S. 353–402.
Van den Eynden, Verlee/Corti, Louise/Woollard, Matthew/Bishop, Libby/Horton, Laurence (2009): Managing and Sharing Data: A Best Practice Guide for Researchers, URL: www.data-archive.ac.uk/media/2894/managingsharing.pdf [2.6.2010].
Vogeler, Georg/Sahle, Patrick (2017): XML. In: Jannidis, Fotis/Kohle, Hubertus/Rehbein, Malte (Hg.): Digital Humanities. Eine Einführung. Stuttgart: Metzler, S. 128–146.
Wiesinger, Peter (1983): Die Einteilung der deutschen Dialekte. In: Besch, Werner/Knoop, Ulrich/Putschke, Wolfgang/Wiegand, Herbert Ernst (Hg.): Dialektologie. Ein Handbuch zur deutschen und allgemeinen Dialektforschung. 2. Halbband. Berlin/New York: de Gruyter (Handbücher zur Sprach- und Kommunikationswissenschaft 1.2), S. 807–900.
Zinsmeister, Heike (2015): Chancen und Grenzen von automatischer Annotation. In: Themenheft zu Automatisierte Textanalyse für Sozial- und Kulturwissenschaften. Zeitschrift für Germanistische Linguistik 43, H. 1, S. 84–110.

Christoph Purschke

# Liguistic Landscapes – Sprachliche Landschaften[1]

## Einstieg

Die wissenschaftliche Untersuchung von *Linguistic Landscapes* oder *Sprachlichen Landschaften* beschäftigt sich mit Zeichen im öffentlichen Raum und ihrer sozialen Bedeutung. Besonders lohnenswert ist in diesem Zusammenhang die Auseinandersetzung mit Schildern und Aufschriften, die viel über die semiotische Verfasstheit, soziokulturelle Dynamik und sprachliche Diversität von Gesellschaften aussagen.

Im Alltag achten wir zumeist nur dann bewusst auf Schilder, wenn wir entweder aktiv auf der Suche nach einer bestimmten Information sind oder die Zeichen durch ihre visuellen, semiotischen oder räumlichen Charakteristika besonders auffällig sind. So kann das Finden einer Apotheke an einem Ort, dessen sprachliche Landschaft uns nicht zugänglich ist, im Krankheitsfall schnell zu einer (lebens)wichtigen Aufgabe werden. Das Apothekenschild ist in diesem Fall also *praktisch relevant*, d.h. auf dem Horizont eines aktuellen Handlungsplans *pertinent*. Andererseits fallen Schilder uns dann auf, wenn sie vor dem Hintergrund unserer aktuellen Erwartungen *kontextuell auffällig*, also *salient*, sind, etwa wenn ein Schild in grellen Farben beschriftet oder an einem ungewöhnlichen Ort platziert wurde. Damit bilden kontextuelle Auffälligkeit und praktische Relevanz die beiden Grundbedingungen, unter denen wir im Alltag gewöhnlich auf Schilder achten.

Die Linguistic Landscapes-Forschung geht von diesen Grundbedingungen aus, erweitert aber den Blick vor allem in Bezug auf die semiotische Komplexität und soziokulturelle Einbettung von Zeichen im öffentlichen Raum. Ihre grundsätzliche Ausrichtung lässt sich – etwas vereinfacht – am Beispiel zweier Lieder veranschaulichen: So verweist der Refrain des Lieds „Signs" der „Five Man Electrical Band" aus dem Jahr 1970 auf die *praktische Funktion* öffentlicher Zeichen: „Sign, sign, everywhere a sign / Blockin' out the scenery, breakin' my mind / Do this, don't do that, can't you read the sign?" Wir sind umgeben von Zeichen, die lebenspraktische Orientierung liefern, Informationen transportieren, Handlungsanweisungen oder Verbote aussprechen und sich dabei gezielt an unterschiedliche Adressatengruppen richten. In dieser Hinsicht können Linguistic Landscapes-Forschungen Aufschluss über die Funktion von Zeichen als soziokulturellen Informationsträgern liefern. Ein gutes Beispiel hierfür sind etwa Hinweisschilder zur Abschreckung potentieller Diebe in deutschen Kaufhäusern: Hier, und zumeist nur hier, wird die ansonsten vorfindliche Alternanz von Deutsch und Englisch von Schildern abgelöst, auf denen der Hinweis zusätzlich auf Rumänisch, Türkisch, Polnisch oder Arabisch übersetzt ist. Solche Beispiele weisen darauf hin, dass mit der Anordnung und Verwendung von Sprache im öffentlichen Raum auch gesellschaftliche Vorurteile geschürt oder reproduziert werden können.

Die zweite Dimension der Forschung lässt sich demgegenüber mit dem Lied „The Sign" der Gruppe „Ace of Base" aus dem Jahr 1993 veranschaulichen: „I saw the sign and it opened up my eyes / I saw the sign / Life is demanding without understanding". Neben ihrer praktischen Funktion vermitteln öffentliche Zeichen nämlich auch vielfältige Information über die soziosemiotische Strukturierung einer Gemeinschaft, etwa in Bezug auf sprachliche, politische oder soziokulturelle Rahmenbedingungen gesellschaftlicher Praxis, geben also aus wissenschaftlicher Sicht Aufschluss über ihre *symbolische Aufladung*. So lassen sich aus der Präsenz und Abwesenheit von Sprachen, ihrer Prominenz und Marginalität auf Schildern sowie aus der Zugänglichkeit oder Exklusivität der vermittelten Information wichtige Aufschlüsse darüber gewinnen, wie eine Gesellschaft semiotische Ressourcen zur Strukturierung ihrer sozialen Praxis einsetzt.

Die Untersuchung sprachlicher Landschaften kann also Erkenntnisse über die praktische und symbolische Strukturierung von Gesellschaften liefern, indem sie deren sprachliche sowie soziosemiotische Verfasstheit, ihre soziokulturelle Dynamik und die politischen, ökonomischen und sozialen Bedingungen für die Aushandlung gesellschaftlicher Partizipation untersucht. Damit betreffen sprachliche Landschaften als Gegenstand also einerseits *die semiotische Strukturierung der Lebenswelt*, d.h. die Lesbarkeit und Ordnung der Alltagspraxis durch Zeichen als symbolischen Akteuren, und andererseits *das menschliche Handeln in der Lebenswelt*, also die Erschließung und Strukturierung der Alltagspraxis durch Akteure mit Hilfe von Zeichen. Die Erforschung sprachlicher Landschaften trägt dazu bei, das komplexe Verhältnis von Produzent, Zeichen und Rezipient als Konstituenten von Öffentlichkeit besser zu verstehen.

## Sprachliche Landschaften und ihre Erforschung

Die Forschung zu Linguistic Landscapes hat sich in den letzten Jahren als eigenständiger Teilbereich der Soziolinguistik etabliert. Sie beschäftigt sich mit der Präsenz und kulturellen Bedeutung von Zeichen und Objekten, die den öffentlichen Raum kennzeichnen und strukturieren. Es handelt sich um ein internationales und interdisziplinäres Forschungsfeld, das Ansätze aus verschiedenen Disziplinen vereint, darunter ethnografische, semiotische, soziologische oder geografische Beiträge, und damit die Erforschung der (visuellen) Mehrsprachigkeit urbaner Räume um vielfältige Methoden, empirische Zugänge und theoretische Ideen bereichert hat.

Eine einflussreiche Definition von *linguistic landscape*, die Ausgangspunkt vieler Studien geworden ist, liefern Landry/Bourhis (1997, 25): „The language of public road signs, advertising billboards, street names, place names, commercial shop signs, and public signs on government buildings combines to form the linguistic landscape of a given territory, region, or urban agglomeration." Gegenstand der (Mainstream-)Forschung ist also die Frage, wie soziale Räume, v.a. urbane Zentren, sich sprachlich und semiotisch konstituieren. Dabei findet ein doppelter Begriff von „sign" Verwendung, der sich im Deutschen einerseits mit *Zeichen* im Sinne eines semiotischen Artefakts und andererseits mit *Schild* im Sinne einer öffentlich platzierten Botschaft in sprachlicher oder symbolischer Form übersetzen lässt. Sprachliche Landschaften werden so in erster Linie über Schilder und Aufschriften erschlossen, die zugleich und häufig in komplexer Weise unterschiedliche soziokulturelle Symbolsysteme repräsentieren.

Auch wenn die Forschung zu sprachlichen Landschaften erst in den letzten Jahren ihre jetzige Gestalt angenommen hat, finden sich Studien über den öffentlichen Sprachgebrauch (und seine sozialen Implikationen) in der gesamten Kulturgeschichte. So könnte man schon die alttestamentarische Geschichte vom *Schibboleth*, also die Schilderung gesellschaftlicher Selektion auf Basis sprachlicher Eigenheiten, als eine erste „Feldstudie" der Linguistic Landscape-Forschung beschreiben – in diesem Fall mit tödlichen Auswirkungen für jene, die von der eingeforderten Norm abwichen (vgl. Purschke 2014). Die Wahrnehmung, Bewertung und Sanktionierung sprachlicher Abweichung scheint also in der kulturellen Praxis tief verwurzelt zu sein.

Die ersten wissenschaftlichen Studien zu Linguistic Landscapes sind in den späten 1970er Jahren entstanden. Dazu gehört die Untersuchung von Yehudit Rosenbaum et al. (1977), in welcher der

Sprachgebrauch in Jerusalem einerseits über Interviews, andererseits anhand von Straßenaufschriften untersucht wurde. Ebenfalls in Jerusalem haben in der Folge Bernard Spolsky und Robert Cooper (1991) die Kopräsenz von Arabisch, Englisch und Hebräisch auf öffentlichen Schildern untersucht. Eine andere frühe Studie von Stella Tulp (1978) beschäftigte sich mit französischen und niederländischen Plakaten in Brüssel. Knapp 20 Jahre später ging aus der Studie von Rodrigue Landry und Richard Y. Bourhis (1997) über Einstellungen zu Mehrsprachigkeit bei frankophonen SchülerInnen im kanadischen Montréal die oben zitierte Definition der Linguistic Landscapes hervor.

Drei weitere einflussreiche Studien sollen in diesem Zusammenhang noch genannt werden: In theoretischer Hinsicht sind zunächst die Untersuchungen von Ron und Suzie W. Scollon (2003) erwähnenswert, welche die Lingustic Landscapes-Forschung im Sinne einer *Semiotik von Orten* erweitert haben, indem sie die semiotische Konstitution von Orten, d.h. die Platzierung und Gestaltung von Objekten in öffentlichen Räumen, ebenso wie den Beitrag der unterschiedlicher AkteurInnen analysierten. Demgegenüber lenkten Eliezer Ben-Rafael et al. (2006) den Blick auf soziologische Aspekte der symbolischen Konstruktion öffentlicher Räume, also die raum- und zeichenbezogenen Handlungsweisen unterschiedlicher Typen von AkteurInnen.

Eine der umfangreichsten Studien bislang hat Peter Backhaus (2007) vorgelegt, der die visuelle Mehrsprachigkeit in Tokyo anhand von quantitativen und qualitativen Auswertungen öffentlicher Schriftzeichen untersucht hat. Das Stadtbild Tokyos zeichnet sich durch eine vielfältige Mehrsprachigkeit aus, wie sie vielen urbanen Zentren gemein ist. Im Umkreis von 28 Metro-Stationen sammelte Backhaus insgesamt 11.834 einzelne Schilder, von denen etwa 20 % mehrsprachig waren. Diese wurden in verschiedene Typen klassifiziert und ausgewertet. Die Ergebnisse belegen zum Einen die praktische Funktion des Englischen ebenso wie der Minderheitensprachen Chinesisch und Koreanisch im Stadtbild. Darüber hinaus zeigt die Studie, dass die von Privatpersonen angebrachten Aufschriften (*Bottom-up-Zeichen*) eine wesentlich größere sprachliche Vielfalt aufweisen als die offiziellen Beschilderungen (*Top-down-Zeichen*).

Zusammenfassend lässt sich zum spezifischen Beitrag der Linguistic Landscapes-Forschung zur Soziolinguistik mit Durk Gorter (2013, 191) konstatieren: „The study of linguistic landscape aims to add another view to our knowledge about societal multilingualism by focusing on language choices, hierarchies of languages, contact-phenomena, regulations, and aspects of literacy." Dem Großteil der Studien geht es dabei darum aufzuzeigen, wie die Hierarchisierung von Sprachen, wie Sprachkontakt und -politik ebenso wie individuelle Positionierungsstrategien dazu beitragen, dass der öffentliche Raum sich in Form einer semiotisch wie sozial komplex kodierten kulturellen Praxis entfaltet. Neben diesem „Mainstream" der Linguistic Landscapes-Forschung findet sich jedoch eine große Vielfalt spezialisierter Studien, die von Körpermodifikationen über literarische Stadträume bis hin zu „Geruchslandschaften" eine ganze Bandbreite unterschiedlicher Themen untersuchen.

## Anwendungsbereiche und Typologien

Wie lassen sich nun mit Hilfe von Schildern und Aufschriften Erkenntnisse über sprachliche Landschaften gewinnen? Folgen wir zunächst einigen Beispielen:

- Abb. 1 (o:769791)[2] zeigt ein zweisprachiges Schild in Avignon, auf dem der Straßenname in Französisch (groß, oben) und Provençal (klein, unten) geschrieben steht. Diese Regionalsprache wird zwar in der öffentlichen Beschilderung der Region noch wachgehalten, allein aus der Anordnung und Größe lassen sich aber Hinweise auf die praktische Funktion und das soziale Prestige der beiden Sprachen ableiten. *Wahl und Hierarchisierung spiegeln also den gesellschaftlichen Status von Sprachen.*
- Abb. 2 (o:769792) zeigt eine Eckkneipe in Differdange, Luxemburg, vor der zwei Schilder montiert sind, deren Aufschriften sich nicht inhaltlich, sondern hinsichtlich ihrer Umsetzung orthografischer Normen unterscheiden: „Al Déifferdang" mit korrekter Orthografie und altregionaler Schreibweise des Ortsnamens („-dang") gegenüber „Aal Deifferdeng" mit falscher Schreibung und neu-überregionaler Schreibung des Namens. Damit verweist das Beispiel auf die inhärente Dynamik von Sprachgebrauch und -repräsentation. *Variation und Wandel spiegeln also die Dynamik kultureller Symbolsysteme.*
- Abb. 3 (o:769793) zeigt zweisprachige Beschilderungen auf Korsika, auf denen die offiziellen französischen Ortsnamen übermalt (und nachträglich wieder freigekratzt) wurden. Damit verweist das Beispiel auf die interaktionale Aushandlung von Geltungsansprüchen und Deutungshoheit durch Zeichen in der Öffentlichkeit. *Behauptung und Zurückweisung spiegeln also die praktische Aushandlung gesellschaftlicher Repräsentation.*

- Abb. 4 (o:769794) zeigt die Fassade eines Gebäudes in Luxemburg-Stadt, in dem lange Zeit ein Wäscherei-Betrieb ansässig war. Erkennbar ist hier die Ersetzung (durch Übermalen) der älteren, französischen Aufschrift „Blanchisserie" durch die neuere, deutsche „Wäscherei", was einen Hinweis auf den Wandel soziokultureller Bezugssysteme gibt. *Ersetzung und Verschwinden spiegeln also die historische Bedingtheit von Zeichen.*
- In Abb. 5 (o:769795) sehen wir eine zweisprachige Tafel aus einem Freibad in Luxemburg-Stadt. Auf Französisch steht geschrieben: „Douche obligatoire avant baignade", und auf Deutsch: „Baden auf eigene Gefahr / ohne Haftung der Eigentümer". Obwohl solche Aufschriften in mehrsprachigen Gemeinschaften üblich sind, wirft die Zuweisung der Sprachen zu unterschiedlichen Themen („Hygiene"/frz. vs. „Eigentum"/dt.) dennoch Fragen in Bezug auf die Reproduktion kulturell verankerter Vorurteile auf. *Zuweisung und Zuschreibung spiegeln also die kulturelle Aufladung symbolischer Akteure.*

Zugleich veranschaulichen diese Beispiele, dass sich die Linguistic Landscapes-Forschung nicht allein mit der Struktur und Dynamik semiotischer Räume, sondern mit öffentlichen *Handlungsräumen* beschäftigt. Mit und an Schildern/Aufschriften als symbolischen Akteuren werden Handlungen vollzogen, Zwecke realisiert oder soziale Positionierungen legitimiert.

In Bezug auf das (hier erweiterte) Modell von Robert Cooper (1989) lässt sich die sprachliche Landschaft als Handlungsraum dabei wie folgt aufschlüsseln: *Wer teilt wem was mit – und wer rezipiert es –, zu welchen Zwecken, aus welchen Gründen und mit welchen Mitteln?* Die Ebenen, die unterschieden werden können, sind demnach:

- *Wer?* (z.B. Verwaltungen, Privatpersonen, KünstlerInnen, Firmen)
- *Was?* (z.B. Verbot, Ankündigung, Produktinformation, politische Parole)
- *Für wen?* (z.B. gesamte Bevölkerung, Teile der Bevölkerung, einzelne Personen)
- *Aus welchen Gründen?* (z.B. Ausübung von Ordnungsgewalt, politischer Widerstand, kommerzielles Interesse, privates Anliegen)
- *Zu welchem Zweck?* (z.B. Orientierung, Protest, Werbung, Verkehrssicherheit)
- *Mit welchen Mitteln?* (z.B. Straßenschild, Graffiti, Anzeige, Plakat)

Ausgehend von dieser Handlungsorientierung lassen sich zahlreiche Themenbereiche untersuchen: So kann man über Schilder und Aufschriften die symbolische Strukturierung sprachlicher Landschaften in Bezug auf Orte, Artefakte, AkteurInnen oder Institutionen analysieren. Es lassen sich Aufschlüsse über Aspekte gesellschaftlicher Dynamik gewinnen, etwa zu Migrations- oder Protestbewegungen und soziokultureller Diversität moderner Gesellschaften. Auch können ideologische Rahmungen, also institutionelle (Sprachenpolitik), gesellschaftliche (Ideologien) oder individuelle (Einstellungen) soziopragmatische Deutungsroutinen aufgedeckt werden. Darüber hinaus können kulturelle Einschreibungen thematisiert werden, d.h. individuelle Handlungsmuster, sensorische Modalitäten oder auch Körpermodifikationen. Nicht zuletzt lassen sich digitale Transformationen sozialer Praxis untersuchen, etwa in sozialen Medien, digitalen (sog. „virtuellen") Räumen oder Augmented-Reality-Konzepten.

Bevor im Folgenden diese Themenbereiche an ausgewählten Beispiele veranschaulicht werden, sollen noch die wichtigsten Taxonomien von Zeichen, wie sie in der Literatur verschiedentlich entwickelt wurden, kurz zusammengefasst werden. Man kann hier beispielsweise unterscheiden:

- Auf der Ebene der *Sprachen*: zwischen einsprachigen (*monolingualen*) oder mehrsprachigen (*multilingualen*) Zeichen (Abb. 6 u. 7: o:769796 u. o:769797);
- auf der Ebene des *Status*: zwischen Zeichen, die von offizieller Stelle (*autorisiert*) oder unerlaubt (*transgressiv*) angebracht oder die nachträglich autorisiert (*offizialisiert*) wurden (Abb. 8–10: o:769798, o:769799 u. o:769800);
- auf der Ebene des *Zustands*: zwischen gültigen (*operativen*) Zeichen, ungültigen (*inaktiven*) und solchen Zeichen, die nur noch anhand von Spuren auf ihre frühere Anwesenheit/Funktion verweisen (*ghost signs*) (Abb. 11–13: o:769801, o:769802 u. o:769803);
- auf der Ebene der *Gerichtetheit*: zwischen Zeichen, die institutionell gebunden und normativ sind (*top-down*) und solchen, auf die das nicht zutrifft (*bottom-up*) (Abb. 14 u. 15: o:769804 u. o:769805);
- auf der Ebene der Übersetzung: zwischen Zeichen, die wortgetreu (*homophon*) oder mit Abweichungen (*polyphon*) übersetzt wurden oder solchen, die verschiedene Sprachen mischen (*gemischt*) (Abb. 16–18: o:769806, o:769807 u. o:769808);
- auf der Ebene der *Schichtung*: zwischen Zeichen, die semiotische Komplexität in Bezug auf sprachliche Ressourcen (*sprachlich*), Interaktionen unterschiedlicher AkteurInnen (*dialogisch*), Aushandlungen von Geltungsansprüchen (*konfliktiv*) oder zeitlich bedingte Veränderungen (*historisch*) aufweisen (Abb. 19–22: o:769809, o:769810, o:769811 u. o:769812);

- auf der Ebene der *Hierarchisierung* und *Code-Präferenz:* zwischen Zeichen, die Sprachen bewusst (*explizit*) oder nicht absichtsvoll/zufällig (*implizit*) bzw. durch grafische Hervorhebung (*Präferenz durch Gestaltung*) oder Positionierung (*Präferenz durch Anordnung*) hierarchisieren (Abb. 23–26: o:769813, o:769814, o:769815 u. o:769816).

**Themengebiete in Beispielen**

Nachfolgend soll an ausgewählten Themenbereichen die Vielfalt unterschiedlicher Zugänge zu sprachlichen oder allgemeiner semiotischen Landschaften demonstriert werden.

*Citizen Science mit Lingscape*
*Lingscape* (lingscape.uni.lu) ist ein *Citizen Science*-Projekt mit dem Ziel, sprachliche Landschaften weltweit zu dokumentieren und analysieren. Hierzu werden alle möglichen Arten von Aufschriften im öffentlichen Raum unter Beteiligung interessierter BürgerInnen und externer Forschungsprojekte gesammelt. Im Zentrum des Projekts steht eine kostenlose Forschungs-App. Geleitet wird das an der Universität Luxemburg beheimatete Projekt von Christoph Purschke und Peter Gilles in Zusammenarbeit mit dem Schweizer Softwarestudio iBros.ch (Daniel Wanitsch), das für die App-Entwicklung verantwortlich zeichnet. Mit Hilfe der App sollen am Beispiel öffentlicher Aufschriften unter anderem die Diversität sprachlicher Landschaften und ihre Wahrnehmung durch die NutzerInnen untersucht werden.

Die App verfügt über drei Kernfunktionen:

- Eine *Kartendarstellung* aller bereits hochgeladenen Fotos, zu denen die NutzerInnen auch Detailinformationen wie Standort, vorfindliche Sprachen sowie zusätzliche Kommentare abrufen können (siehe Abb. 27, o:769820);
- eine *Upload-Funktion,* mittels derer NutzerInnen auf einfache Weise geolokalisierte Bilder hochladen, zuschneiden und annotieren können (siehe Abb. 28, o:769821);
- einen *Projektmodus* für Individual- oder Forschungsprojekte, der es erlaubt, mit der App eigene Datensammlungen zu erstellen, verwalten und anzuzeigen (siehe Abb. 29, o:769822).

Dabei verwendet die App ein sehr einfaches Datenschema, um die Nutzung für TeilnehmerInnen möglichst zugänglich und anwenderfreundlich zu gestalten. Zusätzlich werden alle gesammelten Daten auf einer über die Projekt-Webseite frei zugänglichen *Karte mit interaktiven Analyse-Widgets* dargestellt (siehe Abb. 30, o:769823). Alle Daten sind anonym, für die Öffentlichkeit frei verfügbar und können selbständig ausgewertet und weiterverwendet werden.

*Lingscape* wurde im Herbst 2016 veröffentlicht und bisher von mehr als 3600 NutzerInnen heruntergeladen, von denen bereits mehr als 600 mindestens ein Bild hochgeladen haben. Insgesamt wurden bislang ca. 14.500 Bilder gesammelt, unter anderem von mehr als 40 externen Projekten, welche die App selbständig nutzen. Durch die Verbindung von Citizen Science, *Crowdsourcing* und app-basierter Forschung bietet *Lingscape* der Forschung zu sprachlichen Landschaften eine Reihe neuer Perspektiven an:

- *Partizipative Forschung*: Das Projekt sammelt eine Vielzahl individueller Perspektiven auf die sprachliche Landschaft (gegenüber wissenschaftlich bestimmten). Dazu gehört eine freie Themenwahl durch die TeilnehmerInnen anstelle vordefinierter Untersuchungsgegenstände. Man kann aktiv an der Entwicklung, Analyse und Kommunikation des Projekts teilnehmen, nicht nur an der Datensammlung. Damit einher geht eine „geteilte Autorität" (Frisch 1990) zwischen ForscherInnen und BürgerInnen.
- *Lebensweltliche Orientierung*: Das Projekt verfolgt eine direkte Einbettung von Forschungstools in die Alltagspraxis der Teilnehmerinnen (statt experimenteller Simulationen). So wird eine interaktive Forschungsumgebung geschaffen, die sich nach den Interessen und Bedürfnissen der NutzerInnen richtet. Dazu gehört eine enge Zusammenarbeit mit Lehrpersonal aus dem Erziehungsbereich, das den Einsatz der App als digitales Lehrmittel erprobt, um so die Auseinandersetzung von SchülerInnen mit kultureller und sprachlicher Vielfalt zu fördern.
- *Gesellschaftliches Engagement*: Das Projekt strebt eine langfristige Zusammenarbeit mit verschiedenen gesellschaftlichen Gruppen an. Ziel ist es, die Reduktion der komplexen sozialen Praxis auf ein Set analysierbarer Phänomene und Variablen zu vermeiden. Damit kann das Projekt zum Einen Hilfestellung für die Optimierung sozialer Praxis leisten (etwa gegenüber der Politik), zum Anderen trägt es zu einer Neubestimmung des Verhältnisses von Gesellschaft und Wissenschaft bei.
- *Computationelle Analyse*: Im Projekt kommen avancierte Methoden der Datenverarbeitung, -auswertung und -visualisierung zum Einsatz. Dazu gehört die geostatistische Kartierung und interaktive Analyse der gesammelten Daten, aber auch automatisierte Textextraktion und Identifikation von Sprachen. Diese Mittel sol-

len dazu beitragen, geisteswissenschaftliche Fragen mit computationellen Methoden neu zu beantworten.

- *Offene Forschungspraxis*: Das Projekt ermöglicht die freie Verfügbarkeit von Daten, Tools und Ergebnissen und versucht dabei Transparenz in Bezug auf Abläufe wie Projektkommunikation zu gewährleisten. Dies betrifft auch die Offenlegung des Interpretationsprozesses, der akademisches Wissen schafft. Damit einher geht eine Reevaluation und Weiterentwicklung der methodischen und theoretischen Grundlagen wissenschaftlicher Arbeit.

Der mögliche Einsatz als schulisches Lehr- und Lernmittel soll am Ende noch einmal unterstrichen werden: Die App eignet sich ausgezeichnet zur Förderung von Bewusstheit im Umgang mit sprachlicher Vielfalt und ihren gesellschaftlichen Implikationen. Darüber hinaus lassen sich mit ihr zahlreiche praktische Fertigkeiten (*literacy skills*) fördern, etwa in Bezug auf a) Sprache als multimodales Kommunikationsmittel, b) die Rolle technischer Medien in der digitalisierten Alltagswelt, c) wissenschaftliche Arbeitsweisen und die Normativität von Wissen sowie d) die kritische Auseinandersetzung mit den sozialen Strukturen der Praxis.

## Straßenbilder: Mit der *Zeit in* die Vergangenheit

Daten-Journalismus hat in letzter Zeit Einzug in viele Zeitungsredaktionen gehalten. So hat die Wochenzeitung *Die Zeit* 2017 ein Projekt durchgeführt, bei dem alle 450.000 deutschen Straßennamen auf Basis von Daten der freien und kollaborativen Weltkarte *OpenStreetMap* in einer interaktiven Datenbank erfasst und ausgewertet wurden.[3] Die mit dieser Datenbank erstellten Karten zeigen die regionale Verteilung der Straßennamen und ermöglichen so einen vielschichtigen Blick in die Kulturgeschichte des Landes. Sucht man z.B. nach allen Straßen mit dem Wort „Limes" oder „Römer" im Namen, zeichnen sich deutlich die historischen Siedlungsstrukturen der Römerzeit mit dem Limes als Grenze ab. Oder man erhält staatsgeschichtliche Hinweise, indem man die nach Aussiedlergruppen (z.B. „Ostpreußen") benannten Straßen (vorwiegend im Westen) jenen gegenüberstellt, die den Begriff „Einheit" (vorwiegend im Osten) beinhalten, worin sich unterschiedliche Erinnerungskulturen spiegeln.

Weiterhin lassen sich mit der Datenbank Einblicke in die deutsche Dialektgeschichte gewinnen. So zeigt etwa die entsprechende Suchabfrage, dass das Wort „-gässle" mit der regionstypischen Diminutivendung *-le* v.a. im Südwesten verbreitet ist, wohingegen Straßen mit

„-kamp“ (Bezeichnung für einen Siedlungsplatz) v.a. im Nordwesten Verwendung findet, woher das Wort sprachgeschichtlich auch stammt (Mittelniederdeutsch, vermutlich entlehnt von lat. „campus“). Auch gibt die Datenbank Auskunft über natur- und kulturräumliche „Prototypen“, etwa hinsichtlich in Deutschland verbreiteter Baum- und Vogelarten oder in Bezug auf die Wertschätzung von KomponistInnen und DichterInnen. Am Beispiel Hamburg lässt sich mit den Daten zudem die Sozialgeschichte des Landes veranschaulichen, da Straßen hier deutlich seltener nach Frauen als nach Männern benannt sind. Diese Beispiele zeigen, dass die *Zeit*-Datenbank von Straßennamen als ein ergiebiges Werkzeug zur Erforschung der sprachlichen Landschaften am Beispiel Deutschlands dienen kann.

## Haftbefehl: SprecherInnen wissen, was die Sprache ist

Ein anderer Strang der Erforschung sprachlicher und semiotischer Landschaften lässt sich am Beispiel des Rappers Haftbefehl illustrieren. Dabei können Hip-Hop allgemein und Gangsta-Rap insbesondere als instruktive Beispiele für komplexe semiotische Landschaften und soziale Positionierungsstrategien in der Praxis gelten, weil sie den Einsatz bestimmter symbolischer Ressourcen auf häufig klischeehafte Weise maximieren. Stellvertretend soll hier Haftbefehls „Chabos wissen wer der Babo ist“ herangezogen werden, mit der Hook (Lehn- und Fremdwörter sind im Text kursiviert):

> *Chabos* wissen, wer der *Babo* ist
> Hafty *Abi* ist der, der im Lambo und Ferrari sitzt
> Saudi Arabi *money rich*
> Wissen, wer der *Babo* ist
> *Attention*, mach bloß keine *harakets*
> Bevor ich komm' und dir deine Nase brech'
> Wissen, wer der *Babo* ist
> Immer noch derselbe *Chabo, Bitch*
> Den du am Bahnhof triffst,
> Wie er grade Nasen *snifft*
> Wissen wer der *Babo* ist

Aus Sicht der Linguistic Landscapes-Forschung lässt sich dieses Lied als Beispiel für die Entfaltung einer genretypischen semiotischen Landschaft lesen. Der Text und das dazugehörige Video weisen eine Reihe sprachlicher, thematischer und visueller Strategien auf, die dazu beitragen, das Gangster-Image des Künstlers zu entwerfen. Analysieren lassen sich diese Strategien etwa in Bezug auf *sprachliche*

*Stilisierung durch Code-Switching,* auf *thematische Stilisierung durch Szene-Referenzen* oder auf *visuelle Stilisierung durch Szene-Elemente.* Diese Strategien können in drei Grafiken veranschaulicht werden (die Bezug auf den gesamten Text und das Video nehmen).

Hinsichtlich der sprachlichen Stilisierung zeichnet sich der Text durch den Einsatz von Lehn- und Fremdwörtern aus, wie sie für ethnolektale Sprechweisen in Deutschland typisch sind. Diese stammen aus einer Vielzahl unterschiedlicher Sprachen, v.a. aus dem Englischen, Türkischen („Harakets" ‚Faxen') oder Zazaischen („Babo" ‚Chef'), daneben finden sich aber auch Entlehnungen aus dem Französischen, Spanischen, Polnischen oder Rotwelsch („Chabo" ‚Junge') (Abb. 31, o:769825). Deutsch fungiert als Matrixsprache für den Text, die durch den Einsatz vielfältiger sprachlicher Ressourcen (darunter auch eine Dialektvariante aus dem mitteldeutschen Raum) zu einer ethnolektalen und für das Genre typischen Sprechweise erweitert wird. Verstärkt wird dieser Effekt durch die thematische Stilisierung mittels spezifischer Szene-Referenzen (Abb. 32, o:769826): Es werden im Text gezielt thematische Bezüge zum Gangster-Milieu gesetzt, so in Bezug auf soziale (z.B. Familienbindung, Hierarchien, Misogynie), materielle (z.B. Statussymbole, Waffen, Drogen) und pragmatische (Ortsbezüge, Sexualisierung, Rap-Szene) Aspekte. In ähnlicher Weise lässt sich das Musikvideo als visuelle Stilisierung durch den Einsatz typischer Szene-Elemente analysieren (Abb. 33, o:769827): So zeugen Szenerie, Handlung und Kameraführung ebenso wie Accessoires, Körpersprache und Sprechweise der Rapper im Video von dem Versuch, ein szenetypisches Gangster-Image zu transportieren. Dazu gehören auch die Filmzitate aus dem Mafia-Epos *Der Pate,* die auf einem Fernseher im Hintergrund zu sehen sind.

Gemeinsam reproduzieren sprachliche, thematische und visuelle Stilisierung eine semiotische Landschaft, die in vielfältiger Weise Bezüge zur Welt der Kriminalität in großstädtischem Umfeld herstellt und diese mit dem Genre Gangsta-Rap verbindet, um so dem Künstler Haftbefehl ein stimmiges Image zuzuschreiben. Die Beschäftigung mit Hip-Hop bietet also interessante Anknüpfungspunkte für die Erforschung semiotischer Landschaften, vor allem hinsichtlich des Einsatzes symbolischer Ressourcen für soziale und künstlerische Positionierungsstrategien.

## Neue Medien, alte Dialekte

Abschließend soll gezeigt werden, wie Menschen ihre sprachliche Landschaft im Gebrauch sozialer Medien praktisch strukturieren und auf welche sprachlichen Ressourcen sie dabei zurückgreifen. In der Linguistik wird Variation zumeist anhand relativ kleiner, präparierter Datensätze weniger SprecherInnen untersucht. Auch wenn diese Beschränkung häufig methodisch rechtfertigbar ist, steht diese Praxis in einem Spannungsverhältnis zum wachsenden Anteil digitaler und sozialer Medien am Kommunikationsalltag der Menschen. Hier kann die Linguistic Landscapes-Forschung Brücken schaffen, indem sie sich Ansätze aus der Computerlinguistik zunutze macht. Dort gibt es viele Studien, die mit sehr großen Samples von ungesteuertem Sprachmaterial arbeiten, das flächendeckend für ganze Sprachräume erhoben wurde, etwa auf Plattformen wie Twitter. Diese Datenquellen wurden bislang kaum für variationslinguistische Fragestellungen fruchtbar gemacht, zudem wird in vielen Bereichen der Computerlinguistik die soziokulturelle Bedingtheit sprachlicher Variation zumeist unberücksichtigt gelassen. Die Verbindung von computationeller Datenverarbeitung und soziolinguistischer Analyse kann dazu beitragen, ein umfassenderes und lebensnäheres Bild der soziopragmatischen Bedingungen sprachlicher Variation zu zeichnen.

Die Möglichkeit, digitale Methoden als eine neue Erkenntnisquelle in der Linguistik einzusetzen, soll am Beispiel eines Projekts zu regionaler Variation in der Chat-App *Jodel* (jodel.com) vorgestellt werden, das in Zusammenarbeit mit Dirk Hovy (Universität Bocconi, Mailand) entstanden ist und in dem computerlinguistische und soziolinguistische Analyseverfahren kombiniert wurden. Alle Nachrichten in der App sind anonym und standortbasiert (einsehbar in einem Radius von ca. 15 Kilometern), es findet sich ein breites Spektrum an Alltagsthemen, das von einer überwiegend jungen Nutzerbasis in städtischem Umfeld diskutiert wird. Das sprachliche Register ist – unter anderem als Folge der Anonymität – im Vergleich zu anderen sozialen Medien informell und alltagsnah, was sich in vielfältigen Formen sprachlicher Variation zeigt. Ziel des Projekts war es, auf Basis von Daten aus der App Raumstrukturen in Bezug auf lexikalische Variation zu ermitteln und diese mit dialektologischen Raumeinteilungen sowie außersprachlichen Faktoren zu vergleichen.

Grundlage des Projekts bilden 2,3 Millionen Gespräche aus dem gesamten deutschsprachigen Raum (ohne Luxemburg), die im Zeitraum von April bis Juni 2017 aus 123 größeren Städten gesammelt wurden. Das entspricht 16,8 Millionen Nachrichten und 87,8 Millionen Wortformen. Die Daten wurden mit computationellen Methoden (*representation learning* mittels eines neuronalen Netzwerks) modelliert, um so Raumstrukturen auf Basis sprachlicher Ähnlichkeit ohne linguistische Vorannahmen über Zusammenhänge zu ermitteln.

Hierzu wurden Vektorrepräsentationen von Wörtern und Orten in einem 300-dimensionalen Raum erstellt und auf gegenseitige Ähnlichkeiten gerechnet. Durch dieses Verfahren konnten für jeden Ort beispielsweise die Worte ermittelt werden, die diesem im Vektormodell sprachlich am „ähnlichsten" sind. Die Vektoren wurden anschließend in farbkodierte Ähnlichkeitsrelationen (3 Dimensionen, RGB-Farbraum) übersetzt und kartiert. Abb. 34 (o:769828) zeigt das Ergebnis, eine Karte sprachlicher Ähnlichkeit in *Jodel* für 408 Orte (Erhebungsorte und Umland). Die regionale Verteilung sprachlicher Ähnlichkeit weist dabei große Übereinstimmungen mit linguistischen Einteilungen der deutschen Dialekte auf – und das, obwohl der größte Teil der Gespräche auf Hochdeutsch geführt wird (mit Ausnahme der Schweiz, wo schweizerdeutsche Dialekte dominieren). Abb. 35 (o:769829) veranschaulicht diese Zusammenhänge am Beispiel einer Überblendung von *Jodel*-Daten (farbige Punkte, 6-Cluster-Lösung) mit einer Einteilung der deutschen Dialekte nach Peter Wiesinger. Die Sprachverwendung junger Menschen im deutschsprachigen Raum reproduziert also gewissermaßen altdialektale Raumstrukturen, die sich in diesem Zusammenhang als Spiegel der soziokulturellen (d.h. regionalen) Orientierung früherer Generationen von SprecherInnnen verstehen lassen. Dabei verwenden die *Jodel*-NutzerInnen allerdings andere Ressourcen sprachlicher Variation (orthografisch, thematisch, regional-, internet- und fremdsprachlich), die regional (d.h. für die Cluster in Abb. 39) verschieden und charakteristisch als Teil digital-regionaler Stilprofile Verwendung finden.

Damit ermöglicht das Projekt einen neuen, datengestützten Blick auf soziopragmatische Regionalität, der über die Untersuchung dialektaler Variation hinausgeht, dabei aber vergleichbare Raumstrukturen abbildet („Digitale Regiolekte"). Die Verbindung von computationellen und soziolinguistischen Methoden ermöglicht also neue Einblicke in (digitale) sprachliche Landschaften.

## Letzte Dinge

Wie wir gesehen haben, fragt die Linguistic Landscapes-Forschung nach dem komplexen Zusammenhang von Sprache (bzw. Symbolen), Handeln und Gesellschaft. Die Vielfältigkeit ihrer (digitalen) Methoden und Zugänge ermöglicht es, soziolinguistische Fragestellungen auf neue Art und Weise zu beantworten, wie etwa das Beispiel *Jodel* gezeigt hat. Aber auch die Untersuchung von öffentlichen Schildern und Aufschriften mit der App *Lingscape* veranschaulicht das innovative Potential dieses Forschungszweigs.

## Anmerkungen

1 Der Beitrag wurde auf Basis der Präsentation und eines Audiomitschnitts von Christian Zolles zusammengestellt und von Christoph Purschke überarbeitet.
2 Die Abbildungen dieses Beitrags finden sich unter dem angegebenen Link langfristig auf dem *Phaidra*-Repositorium der Universität Wien gespeichert. Sie können aufgerufen werden unter URL: phaidra.univie.ac.at mit direkt anschließender o-Nummer (hier URL: phaidra.univie.ac.at/o:769791).
3 Siehe zu diesem Abschnitt die Datenbank unter URL: www.zeit.de/interactive/strassennamen; die Auswertung unter URL: www.zeit.de/feature/strassenverzeichnis-strassennamen-herkunft-deutschland-infografik [31.5.2018].

## Literatur


Backhaus, Peter (2007): Linguistic Landscapes. A Comparative Study of Urban Multilingualism in Tokyo. Clevedon u.a.: Multilinugal Matters.

Ben-Rafael, Eliezer/Shohamy, Elana/Amara, Muhammad Hasan/Trumper-Hecht, Nira (2006): Linguistic Landscape as symbolic construction of the public space: The case of Israel. In: International Journal of Multilingualism 3, H. 1, S. 7–30.

Cooper, Robert L. (1989): Language Planning and Social Change. Cambridge: Cambridge University Press.

Frisch, Michael (1990): A Shared Authority: Essays on the Craft and Meaning of Oral and Public History. Albany: SUNY Press.

Gorter, Durk (2013): Linguistic Landscapes in a multilingual word. In: Annual Review of Applied Linguistics 33, S. 190–212.

Landry, Rodrigue/Bourhis, Richard Y. (1997): Linguistic Landscape and ethnolinguistic vitality. An empirical study. In: Journal of Language and Social Psychology 16, H. 1, S. 23–49.

Purschke, Christoph (2014): Wort und Totschlag – Zur sozio-symbolischen Bedeutung sprachlicher Divergenz. In: Krefeld, Thomas/Pustka, Elissa (Hg.): Perzeptive Linguistik. Stuttgart (Zeitschrift für Dialektologie und Linguistik, Beih. 157), S. 51–64.

Rosenbaum, Yehudit/Nadel, Elisabeth/Cooper, Robert L./Fishman, Joshua A. (1977): English on Keren Kayemet Street. In: Fishman, Joshua/Cooper, Robert L./Conrad, Andrew (Hg.): The Spread of English. The Sociology of English as an Additional Language. Rowley: Newbury House, S. 179–196.

Scollon, Ron/Scollon, Suzie (2003): Discourses in Place. Language in the Material World. London u.a.: Routledge.

Spolsky, Bernard/Cooper, Robert L. (1991): The Languages of Jerusalem. Oxford u.a.: Clarendon Press.

Tulp, Stella (1978): Reklame en tweetaligheid: Een onderzoek naar de geografische verspreiding van franstalige en nederlandstalige affiches in Brussel. In: Taal en Sociale Integratie, S. 261–288.

Jutta Ransmayr

# Austrian Media Corpus

## Wichtige Grundbegriffe der Korpuslinguistik

Bevor wir uns dem widmen, was das Austrian Media Corpus (AMC) ist und wie man damit wissenschaftlich arbeiten und forschen kann, bedarf es der Klärung einiger Grundbegriffe. Bei sämtlichen Forschungen, die man mit dem AMC als Datengrundlage durchführt, handelt es sich grundsätzlich um ‚korpusbasierte' Untersuchungen, die Hauptanwendungsbereiche liegen in der *Korpuslinguistik*. Wir wollen daher zunächst eine Antwort auf die Frage geben, was Korpuslinguistik eigentlich ist, und nähern uns dieser über die beiden Bestandteile des Kompositums: *Korpus* und *Linguistik*. Während die Bedeutung von *Linguistik*, die im deutschen Sprachraum meist als *Sprachwissenschaft* bezeichnet wird, in unserem Setting als ausreichend bekannt vorausgesetzt werden kann, soll der Begriff des *Korpus* im sprachwissenschaftlichen Sinn expliziert werden. Lemnitzer/Zinsmeister (2015: 13) definieren ein *Korpus* folgendermaßen:

> Ein Korpus ist eine Sammlung schriftlicher oder gesprochener Äußerungen. Die Daten des Korpus sind typischerweise digitalisiert, d.h. auf Rechnern gespeichert und maschinenlesbar. Die Bestandteile des Korpus bestehen aus den Daten selber [also den sog. Primärdaten; Anm. d. Verf.] sowie möglicherweise aus Metadaten, die diese Daten beschreiben, und aus linguistischen Annotationen, die diesen Daten zugeordnet sind.

Um ein Korpus zu erstellen, das von möglichst großem wissenschaftlichen Nutzen ist, bedarf es der sorgfältigen Planung, besonders hinsichtlich der enthaltenen *Primärdaten* (also die gesammelten Texte) und deren *Metadaten*. Als Metadaten bezeichnen wir sämtliche Informationen, die zur Beschreibung der Primärdaten vorliegen, wie etwa Herkunft der Texte, AutorInnen der Texte, Erscheinungsdatum u.v.a. – je mehr Metadaten vorliegen, umso vielschichtiger kann das Korpus ausgewertet werden. Auf die Metadaten soll später im Zusammenhang mit Anwendungsbeispielen des AMC nochmals näher eingegangen werden. Was ist also Korpuslinguistik? Lemnitzer/Zinsmeister (2015: 14–15) bezeichnen damit

> […] die Beschreibung von Äußerungen natürlicher Sprachen, ihrer Elemente und Strukturen, und die darauf aufbauende Theoriebildung auf der Grundlage von Analysen authentischer Texte, die in Korpora zusammengefasst sind. […] Korpusbasierte Sprachbeschreibung kann verschiedenen Zwecken dienen, zum Beispiel dem Fremdsprachenunterricht, der Sprachdokumentation, der Lexikographie oder der maschinellen Sprachverarbeitung bzw. der Computerlinguistik.

Dies bedeutet, dass es um die Beforschung natürlicher Sprachen geht, nicht um formale Sprachen (Programmiersprachen). Vorbedingung ist, dass die Texte in digitaler Form vorliegen. Liegen diese nicht im digitalen Format vor, müssen sie retrodigitalisiert werden. Die Korpuslinguistik ist außerdem sehr stark zweckorientiert – die Ergebnisse der Untersuchungen finden meist direkt Anwendung in der Lexikografie, im Sprachunterricht oder bei sprachlichen Kodifizierungs- und Normfragen – dies soll an späterer Stelle am Beispiel des Austrian Media Corpus deutlich gemacht werden.

Weitere grundlegende Begriffe in der Korpuslinguistik sind *Lemma* (Plural: *Lemmata*), *Lemmatisierung*, *Token* und *Types* sowie *Annotation* bzw. *Tagging*. Ein Lemma bezeichnet „die Grundform einer lexikalischen Einheit und steht stellvertretend für alle Wortformen dieser lexikalischen Einheit" (Lemnitzer/Zinsmeister 2015: 197). Bei der *Lemmatisierung* werden die *Token* analysiert und auf ihre Grundform, das *Lemma*, zurückgeführt (vgl. Lemnitzer/Zinsmeister 2015: 67). *Token* (Pl.) bezeichnet dabei alle *running words* (im Text vorkommende Wortformen) im Korpus sowie alle Satzzeichen. Der folgende Satz enthält demzufolge sechs Token (inklusive Satzschlusszeichen):

| 1 | 2 | 3 | 4 | 5 | 6 |
|---|---|---|---|---|---|
| Der | Jäger | sah | das | Wildschwein | . |

Tab. 1: Beispiel *Token*-Zählung

In einem Korpus können *Token* und *Types* gezählt werden. Bei den sogenannten *Types* handelt es sich um unterschiedliche lexikalische Wortformen, die in einem Text vorkommen. Im folgenden Satz finden wir demzufolge acht verschiedene *Types* (bzw. zehn, wenn die Satzzeichen mitgezählt werden):

| 1 | 2 | 3 | 4 | 5 | 6 | 7 | | | 8 | 9 | 10 |
|---|---|---|---|---|---|---|---|---|---|---|---|
| Der | Jäger | sah | das | Wildschwein | , | aber | das | Wildschwein | lief | weg | . |

Tab. 2: Beispiel *Types*-Zählung

Bei der *Annotation* bzw. beim *Tagging* werden allen im Korpus vorkommenden Wortarten entsprechende ‚Etiketten' zur Ausweisung der Wortart, sogenannte *Tags*, zugeordnet. Zumeist werden dabei morphosyntaktische Informationen annotiert. Im Englischen wird dieser Annotationsschritt auch als *Part-of-Speech Tagging* (*POS-Tagging*) bezeichnet, wobei *Part of Speech* für die Wortarten steht. Neben dem reinen Wortarten-*Tagging* wird zumeist auch die Annotation der Flexionsmorphologie vorgenommen. Dabei wird ein *Token* auf seine Grundform zurückgeführt und morphologisch analysiert, meist nach Kategorien wie Genus, Kasus, Numerus, Person oder Tempus (vgl. Lemnitzer/Zinsmeister 2015: 67f.).

Die Korpuslinguistik wird als wissenschaftliche Disziplin beschrieben, bei der korpusbasierte Sprachbeschreibungen ganz unterschiedlichen Zwecken dienen kann, zum Beispiel „dem Fremdsprachenunterricht, der Sprachdokumentation, der Lexikografie oder der maschinellen Sprachverarbeitung bzw. Computerlinguistik" (Lemnitzer/Zinsmeister 2015: 14f.). Besonders die hier genannte Sprachdokumentation und Lexikografie spielen im Kontext des AMC eine wichtige Rolle, da es – so viel sei schon vorweggenommen – sich vor allem aus Printmedientexten zusammensetzt und für lexikografische Forschungen prädestiniert ist. Die Verwendung von einer printmedialen Korpusgrundlage wird sowohl von VariationslinguistInnen als auch von LexikografInnen als äußerst bedeutsam eingeschätzt. So etwa meint Muhr (1995: 86), ein österreichischer Linguist mit Forschungsschwerpunkt ‚österreichisches Deutsch': „Will man [...] österreichische Sprachmerkmale empirisch beschreiben, wird man sie [...] am ehesten noch in der Sprache der Massenzeitungen [...] finden." Jakob Ebner, der Doyen der österreichischen Lexikografie (*Wie sagt man in Österreich?*/Duden, Österreichisches Wörterbuch), greift methodisch für Belege auf Tageszeitungen zurück, „da sie heutiges österreichisches Deutsch besser dokumentieren als die offensichtlich auf den deutschen Markt ausgerichtete Literatur" (Ebner 2014: 5).

Umso wertvoller ist daher die sprachliche Ressource Austrian Media Corpus, die als immenser Datenpool seit einigen Jahren der Forschungswelt zur Verfügung steht. Im folgenden Kapitel soll gezeigt werden, was das Austrian Media Corpus beinhaltet und welche Möglichkeiten sich u.a. im Rahmen der Sprachdokumentation oder der Lexikografie daraus eröffnet haben.

**Das Austrian Media Corpus (AMC)**

Das AMC wurde von der Autorin dieses Beitrags geplant und ins Leben gerufen. Auf ihre Initiative hin kam 2013 eine groß angelegte Kooperation zwischen der Österreichischen Akademie der Wissenschaften und der Austria Presse Agentur (APA)[1] zustande, wodurch das AMC erstellt werden konnte, das seither in Fortführung der Kooperation laufend erweitert wird. Die Motivation seitens der AMC-Planerin für den Aufbau eines österreichischen Korpus lag in der Tatsache, dass es bisher nicht möglich war, das österreichische Deutsch auf einer fundierten, breiten empirischen Basis weiter zu erforschen. Es erschien unerlässlich, den dazu bis dato existierenden Kodex korpuslinguistisch zu erweitern bzw. zu überprüfen, Lücken in der Kodifizierung zu schließen sowie die weitere Erforschung des österreichischen Deutsch auf allen Ebenen voranzutreiben.

Das AMC[2] ist eine digitale Textsammlung mit einem äußerst umfangreichen Spektrum an ‚journalistischer Prosa' in Form von medialen Texten, geschrieben von zumeist professionellen SchreiberInnen. Die inhaltliche Bandbreite reicht von österreichischen Zeitungen, Zeitschriften und Magazinen über APA-Pressemeldungen bis hin zu Transkripten österreichischer TV- und Radionachrichtentexte. Das Datenmaterial des AMC ist insofern linguistisch einzigartig und außergewöhnlich, da es praktisch die gesamte Medienlandschaft eines Landes (Österreichs) über mehrere Jahrzehnte abdeckt (vgl. Ransmayr/Moerth/Durco 2013; Ransmayr/Mörth/Durco 2017).

Die Austria Presse Agentur (APA) stellt der ÖAW im Rahmen der bereits genannten Kooperation große Teile ihrer digitalen Bestände für sprachwissenschaftliche Forschungen zur Verfügung, wobei die vertraglich vereinbarten Copyright-Bestimmungen gewahrt bleiben müssen. Auf Grund dieser urheberrechtlichen Beschränkungen ist das AMC nur für wissenschaftliche Zwecke und derzeit nur an der Österreichischen Akademie der Wissenschaften zugänglich. Hier kann es allerdings auch von externen GastforscherInnen und Studierenden für Recherchen verwendet werden.

Das Datenmaterial des AMC umfasst (Stand Mai 2018) im Wesentlichen zwei unterschiedlich nutzbare ‚Daten-Pakete': Der erste, ‚ältere' Teil des Datenmaterials umfasst APA-Meldungen von der Mitte der 1950er Jahre bis in die 1980er Jahre. Das ‚jüngere', zweite Datenpaket umfasst Daten im digitalen Ausgangsformat (XML) und reicht von den späten 1980er und frühen 1990er Jahren, als Zeitungen und Zeitschriften sowie die Presseagenturen zunehmend digital zu produzieren begannen, bis zum 31. Dezember 2017 (Stand Mai 2018; der

Bestand wird in regelmäßigen Abständen erweitert). Das AMC beinhaltet daher einerseits hinsichtlich der ‚älteren' Datenbestände aus dem Zeitraum der 1950er bis zu den späten 1980er Jahren (sprach-) historisch interessante Sprachdaten und bildet andererseits durch die fast lückenlose Abdeckung sämtlicher österreichweiter Printmedien der letzten rund zweieinhalb Jahrzehnte einen einzigartigen, partiell exhaustiven Sprachdatenpool. Nutzbar für linguistische Forschung ist jedoch derzeit nur der ‚jüngere' Bestand, d.h. Daten ab den späten 1980er Jahren, da die ‚älteren' Daten derzeit (noch) nur als Scans vorliegen und erst in eine brauchbare Form überführt werden müssen. Besonders für die zweite Hälfte des 20. Jahrhunderts könnten durch diese Daten große Lücken in der Sprachdokumentation des österreichischen Deutsch geschlossen werden.

Der ‚jüngere' AMC-Datenbestand (also die Daten ab den späten 1980er Jahren) ist für linguistische Zwecke aufbereitet worden und wird bereits seit Korpuserstellung laufend für Forschungsarbeiten herangezogen. Mehr dazu im Kapitel „Beispiele für Forschungsmöglichkeiten mit dem AMC".

Neben der großen Anzahl von APA-Meldungen, die sich über einen Zeitraum von mehr als einem halben Jahrhundert erstrecken, finden sich im AMC auch Transkripte österreichischer TV- und Radionachrichtensendungen (ab 2003) sowie OTS-Meldungen der Austria Presse Agentur (ab 1989). Vor allem aber sind sämtliche österreichische überregionale wie regionale Tages- und Wochenzeitungen, alle größeren österreichischen Magazine sowie österreichische Zeitungen und Zeitschriften, die in größeren Abständen erscheinen (insgesamt mehr als 50 verschiedene Zeitungen und Magazine ab 1990) Teil des AMC. Tab. 3 zeigt eine Übersicht der im AMC enthaltenen Printmedien (vgl. Ransmayr/Mörth/Durco 2017: 28f.).

In Summe ergibt dieses Material derzeit (Stand Mai 2018) eine Datenbasis von über 42 Millionen Texten, die rund 10,5 Milliarden Tokens bzw. 7,8 Milliarden *running words* (einzelne Wortformen exklusive Interpunktion und Zahlen) beinhalten. In Österreich selbst ist das AMC die erste und größte Sprachdatenressource ihrer Art, mit deren Hilfe vor allem der schriftliche standardsprachliche Sprachgebrauch in Österreich nun auf fundierter empirischer Basis korpuslinguistisch erforscht werden kann. Was den internationalen Raum betrifft, so können wir das AMC im Vergleich zu anderen großen Korpora unter den größten digitalen Sprachdatensammlungen des deutschen Sprachraums einordnen.

| **Überregionale Tageszeitungen** | **Regionale Tageszeitungen** | **Wochenzeitungen** |
|---|---|---|
| Der Standard | Kärntner Tageszeitung | Falter |
| Die Presse | Neue Vorarlberger Tageszeitung | Die Furche |
| Heute | Niederösterreichische Nachrichten | Sportzeitung |
| Kurier | Oberösterreichische Nachrichten | Burgenländische Volkszeitung |
| Neue Kronen Zeitung | Salzburger Nachrichten | Oberländer Rundschau |
| Kleine Zeitung | Salzburger Volkszeitung | Salzburger Woche |
| Medianet | Tiroler Tageszeitung | Bauernzeitung |
| Neues Volksblatt | Vorarlberger Nachrichten | Kärntner Wirtschaft |
| Österreich | | Solidarität |
| Wiener Zeitung | | |
| Wirtschaftsblatt | | |
| **In anderen Abständen erscheinende Zeitungen** | **Zeitschriften und Magazine (wöchentlich)** | **Zeitschriften und Magazine (monatlich)** |
| Augustin | Format | Academia |
| | News | Arbeit & Wirtschaft |
| | Profil | Datum |
| | TV-Media | Die Wirtschaft |
| | Woman | Echo |
| | E-Media | Gewinn |
| | Der Grazer | Trend |
| | Horizont | Wiener |
| | | Wienerin |
| | | Neuer Kärntner Monat |
| | | Steirer Monat |
| | | Industriemagazin |
| | | Der Konsument |

Tab. 3: Übersicht der im AMC enthaltenen Zeitungen und Zeitschriften

## Aufbereitung des AMC für korpuslinguistische Forschung

Um die großen Datenmengen für sprachwissenschaftliche und lexikografische Zwecke nutzbar zu machen, mussten sie zuerst entsprechend aufbereitet werden. Im Zuge der ersten Aufbereitungsschritte wurden die Daten mithilfe von existierenden *Metadaten* strukturiert und geordnet. Als Ausgangsmaterial zur Erzeugung systematisch wiederverwendbarer Metadaten dienten die im Folgenden gelisteten Kategorien:

1. Quelle (Art und Titel des Textes sowie des Publikationsorgans)
2. Publikationsdatum
3. Region bzw. Erscheinungsort
4. Ressort / Sachbereich

Alle Zeitungen, Zeitschriften und Magazine wurden weiters nach regionalen bzw. überregionalen Kriterien eingeteilt. So wurden etwa APA-Meldungen und die großen Tageszeitungen (Presse, Standard, Krone usw.) der Metadaten-Kategorie „überregional" zugewiesen, sämtliche regional zuordenbare Medien wurden in den vier Regionen „Osten", „Südosten", „Mitte" und „West" zusammengefasst und mit den entsprechenden Metadaten-Informationen versehen. Fachzeitschriften hingegen bekamen als Metadaten-Label „spezifisch". Zur Region „A-Ost" werden dabei die Bundesländer Wien, Niederösterreich und Burgenland zusammengefasst, in die Region „A-Südost" fallen Kärnten und die Steiermark, zur Region „A-Mitte" werden Oberösterreich und Salzburg gezählt. Tirol und Vorarlberg werden zur Region „A-West" zusammengefasst.

Abb. 1 (o:768662)[3] zeigt die Verteilung nach Regionen: Etwas mehr als die Hälfte der Daten sind der Kategorie „überregional" zugeordnet (54 %). Was die Datenbestände aus den einzelnen Regionen betrifft, so ist der Osten Österreichs mit 18 % darin etwas stärker vertreten als die Regionen Südost (11 %), West (9 %) und Mitte (7 %). Fachzeitschriften mit dem Label „spezifisch" machen nur rund 1 % aus.

Was die Metadaten in punkto Ressort-Zuordnung betrifft, so mussten große Teile der benutzten Ressort-Labels erst systematisiert werden, da die Ressort-Bezeichnungen innerhalb der verschiedenen Zeitungen und Magazine je nach Publikationsorgan und jeweiligem „Hausgebrauch" der zeitungsintern verwendeten Codes und Abkürzungen für die verschiedenen Sachbereiche (Politik, Ausland, Sport etc.) stark variierten. Bei dem Systematisierungsprozess wurden die 1000 häufigsten Labels auf 50 reduziert. Abb. 2 (o:768663) zeigt eine Übersicht über die wichtigsten nach dem Systematisierungsschritt im AMC enthaltenen Ressorts: Die Sachbereiche reichen von „Lokales", „Außen-" und „Innenpolitik" über „Sport", „Wirtschaft", „Chronik" und „Kultur" bis hin zu „Titelseite" oder „Fußball" im Speziellen.

Um die Daten für weiterführende linguistische und lexikografische Analysen nutzbar zu machen, wurden diese mit sogenannten

*Taggern* getaggt (TreeTagger[4] und RFTagger[5]), annotiert, d.h. mit morphosyntaktischen Informationen versehen (Wortart, Fall, Genus, Kasus usw.), und lemmatisiert. Um die Daten ForscherInnen zugänglich zu machen, wird eine speziell für linguistische Fragestellungen entwickelte Software verwendet, die *Sketch Engine*[6]. Die *Sketch Engine* ist ein vielseitiges Abfrage-Tool, mit dem nicht nur nach einzelnen Wörtern oder Wortgruppen gesucht werden kann, sondern das durch statistische Methoden z.B. auch nach Kollokationen suchen kann und das Filtern der Suchergebnisse nach Metadaten erlaubt.

### Suchanfragen im AMC mit Hilfe der *Sketch Engine*

Auf den folgenden Screenshots soll die Vorgangsweise bei der Suche im AMC mittels *Sketch Engine* anhand von Anwendungsbeispielen gezeigt werden. Für einfache Suchanfragen (*Simple query*) wird das gesuchte Lemma im Suchfeld eingegeben. Abb. 3 (o:768664) zeigt das Ergebnis der Suche nach „Flüchtling". Wie wir in hier sehen, haben wir insgesamt 670.883 Treffer gefunden. Der gesuchte Begriff „Flüchtling" ist jeweils rot eingefärbt in der Mitte dargestellt, umgeben vom sogenannten KWIC (*keyword in context*), den man von der Anzahl der angezeigten Kontext-Wörter her variieren kann. Die Metadaten geben darüber Auskunft, in welchem Medium und mit welchem Publikationsdatum der Begriff im Korpus gefunden wurde. In unserem Screenshot sind auf Seite 1 (von 33.545 Trefferseiten für den Begriff „Flüchtling") die ersten 20 Treffer angezeigt, allesamt aus der Krone aus dem Jahr 2013, jeweils mit dem genauen Publikationsdatum neben dem Namen des Mediums („Krone"). Ein Klick auf das gesuchte Lemma öffnet den Artikel, aus dem der Treffer stammt, sodass der erweiterte Kontext erschlossen werden kann. Dies ist in Abb. 3 die gelb unterlegte Zeile im Trefferfeld mit dem dazugehörigen Artikel im gelb unterlegten Feld unter den KWICs.

Mit jeder Korpus-Suchanfrage ist eine bestimmte Forschungsfrage bzw. ein Erkenntnisinteresse verbunden. So können wir uns die Suchergebnisse nach verschiedenen Metadaten-Kriterien darstellen lassen, um diese dann entsprechend interpretieren zu können. Wollen wir z.B. mit Hilfe des AMC untersuchen, inwiefern die Häufigkeit des Begriffs „Flüchtling" in den österreichischen Printmedien mit den tatsächlichen zeitgeschichtlichen Ereignissen korreliert, so können wir die Treffer nach zeitlichem Vorkommen im AMC gruppieren, indem wir in der Menüleiste die Funktion *Frequency* und *Text type frequency distribution* nach dem Kriterium *year* wählen.

Abb. 4 (o:768666), in der die Treffer für „Flüchtling" nach Häufigkeit und Jahren geordnet wurden, zeigt, dass das Vorkommen des Begriffs „Flüchtling" ab dem Jahr 2015 – korrelierend mit dem Beginn der „Flüchtlingskrise" im Jahr 2015[7] – dramatisch angestiegen ist. In weitaus geringerem Ausmaß waren „Flüchtlinge" – darauf weisen die AMC-Analysen hin – jedoch auch ab den späten 1980er Jahren bis etwa 1992 medial verstärkt ein Thema, was wiederum mit dem Zeitpunkt des Balkankonflikts[8] korreliert.

Wollen wir unsere Suche erweitern und sämtliche Wörter mit „Flüchtling-" finden, also Flüchtling mit den verschiedenen Kasus-/Numerusendungen sowie alle Komposita mit „Flüchtlings-", so können wir die *Wildcard*-Suche mit Asterisk (*) verwenden (siehe Abb. 5, o:768667). Dies ergibt eine Trefferzahl von mehr als einer Million. Auf Seite 1 der insgesamt 52.701 Trefferseiten sehen wir wiederum das gesuchte Wort rot eingefärbt in der Mitte des KWICS, Quelle und Publikationsdatum auf der linken Seite in Blau. In den Ergebnissen finden wir „Flüchtling" mit verschiedenen Endungen (Flüchtlinge, Flüchtlingen) sowie verschiedenste Komposita (Flüchtlingswerk, Flüchtlingsbetreuung, Flüchtlingsfrage usw.).

Eine weitere Möglichkeit, die die Sketch Engine bietet, ist die Erstellung von sogenannten *Word Clouds* in der Thesaurus-Funktion. Dabei werden diejenigen Begriffe aufgelistet, die die höchste Ähnlichkeit mit dem gesuchten Wort aufweisen, wobei rein statistische Verfahren zur Anwendung kommen: Begriffen wird eine hohe Ähnlichkeit zugewiesen, wenn sie häufig in ähnlichen Kontexten vorkommen. Abb. 6 (o:768668) zeigt die Word Cloud für „Flüchtling": Begriffe, die offenbar im Kontext von „Flüchtling" statistischen Berechnungen zufolge relevant sind, umfassen „Mensch", „Kind", „Land", „Österreich", „Jahr", „Familie" und viele mehr mit unterschiedlich hoher Frequenzzahl.

Was die *Sketch Engine* insbesondere auszeichnet, ist die Möglichkeit, sogenannte *Word Sketches* zu erstellen (daher der Name *Sketch Engine*), also Kollokationsprofile von Begriffen. Um beim Beispiel „Flüchtling" zu bleiben, sehen wir in der nächsten Abbildung (Abb. 7, o:768669) nach grammatikalischen Kategorien geordnet jene Wörter, mit denen „Flüchtling" in den AMC-Texten besonders häufig verwendet wird: Etwa finden wir unter *modifier* eine Reihe an Adjektiven, mit denen „Flüchtling" häufig gebraucht wird (z.B. „minderjährig", „syrisch", „anerkannt"). Der *Word Sketch* zeigt uns auch häufig in Kombination mit „Flüchtling" gebrauchte Präpositionen gefolgt von „Flüchtling*" im Dativ (z.B. gegenüber [Flüchtlingen], von [Flüchtlingen], mit [Flüchtlingen]) oder im Akkusativ (z.B. für [Flüchtlinge], gegen [Flüchtlinge]), oder z.B. auch Substantive, mit denen „Flüchtling" häufig in Kombination gebraucht wird (z.B. Substantiv + „Flüchtling" im Genitiv: Zahl [der Flüchtlinge], Rückkehr [der Flüchtlinge], Unterbringung [der Flüchtlinge]).

## Beispiele für Forschungsmöglichkeiten mit dem AMC

Die Hauptanwendungsgebiete des AMC liegen derzeit v.a. im sprachwissenschaftlichen und lexikografischen Bereich (vgl. dazu Ransmayr/Mörth/Durco 2017: 34f.). Bereits seit 2012 wird das AMC im Rahmen einer Kooperation mit dem *Österreichischen Wörterbuch* (ÖWB)[9] für lexikografische Zwecke eingesetzt. So sind AMC-basierte Wortschatz-Frequenzanalysen in die 43. Auflage des Österreichischen Wörterbuchs eingeflossen, weitere AMC-Analysen werden auch für die nächste Auflage herangezogen. Für die 43. Auflage wurden zum einen alle im ÖWB enthaltenen Lemmata auf ihr Vorkommen im AMC untersucht, was u.a. auch dazu diente, gegebenenfalls ‚Streichungskandidaten' identifizieren zu können. Umgekehrt wurde eine Auswahl an Wörtern im AMC ermittelt, die (noch) nicht im ÖWB enthalten sind und eventuell ‚Neuaufnahmekandidaten' sind.

Auch bei der Neuauflage des Variantenwörterbuchs (VWB) des Deutschen (Ammon/Bickel/Lenz 2016) kam das AMC zum Einsatz. Das VWB dokumentiert die plurizentrische, standardsprachliche Variation des Deutschen mit dem Ziel der möglichst vollständigen Erfassung der regionalen und nationalen lexikalischen Variation innerhalb der Standardvarietäten des Deutschen. Auf Basis des AMC konnte die Österreichische Akademie der Wissenschaften im Rahmen der Kooperation mit dem Institut für Germanistik der Universität Wien die österreichische Datengrundlage, also Korpusdaten für den Sprachraum Österreich liefern. Dabei wurden rund 12.000 Lemmata auf ihr Vorkommen, insbesondere in Hinblick auf die regionale und mediale Verteilung, im AMC untersucht, und so konnte die Neuauflage des VWB aus österreichischer Sicht korpusbasiert und empirisch fundiert unterstützt werden.

Regelmäßig wird das AMC auch für Korpusanalysen für den Rat für deutsche Rechtschreibung[10] herangezogen, mit dem die ÖAW ebenfalls auf Initiative der Autorin dieses Beitrags seit 2012 kooperiert und dem die ÖAW orthografische AMC-Korpusanalysen zur Verfügung stellt. Der Rat für deutsche Rechtschreibung ist ein mehrstaatliches Gremium, bestehend aus den Mitgliedsländern

Deutschland, Österreich, Schweiz, Liechtenstein, Südtirol und Belgien. Der Rat ist die maßgebende Instanz in Fragen der deutschen Rechtschreibung und hat von den einzelnen staatlichen Stellen den Auftrag bekommen, die Rechtschreibung auf der Grundlage des orthografischen Regelwerks im unerlässlichen Umfang weiterzuentwickeln und den Schreibgebrauch hinsichtlich der Orthografie zu beobachten. Für diese Aufgabe der Schreibbeobachtung werden große deutschsprachige Korpora herangezogen: v.a. die Korpora des Instituts für deutsche Sprache (IDS) und seit 2012 auch das AMC. Dadurch können nun auch Daten zum orthografischen Schreibgebrauch aus Österreich in die Diskussion über Maßnahmen und Empfehlungen des Rechtschreibrats einfließen. Dies ist umso wichtiger, als sich die Schreibpräferenzen zwar selten, aber doch fallweise zwischen Österreich und Deutschland bei einzelnen Wörtern unterscheiden. So hat sich etwa die ‚integrierte' deutsche Schreibung „Büfett" in Österreich nie durchgesetzt, wo man generell tendenziell eher zu den fremdsprachlichen Schreibungen tendiert – in diesem Fall zur französischen Schreibung (und Aussprache) „Buffet". Ähnliches gilt für die Schreibung von „Varieté", wo ebenfalls in Österreich die französische Schreibung dominiert. AMC-Analysen haben gezeigt, dass in den österreichischen Medien die integrierte Schreibung „Varietee" den Auswertungen zufolge zwischen 1996 und 2012 eher selten gebraucht wurde. In den deutschen IDS-Korpora konnte hingegen keine so eindeutige Präferenz der französischen Schreibung „Varieté" wie in Österreich festgestellt werden. In den IDS-Korpora liegen die Verwendungsraten der integrierten Schreibung „Varietee" relativ konstant bei 30 bis 40 %, während im AMC die Zahlen nur punktuell rund um das Jahr 2000 einmalig auf 27 % ansteigen, um danach wieder in den unteren einstelligen Bereich zu fallen. Da die im Rat beschlossenen Empfehlungen und Reformen für den gesamten deutschen Sprachraum verbindlich sind, ist es wichtig, dass auch Österreich Daten zur Korpusbeobachtung beisteuern kann.

Aber auch für Studierende steht das AMC für Forschungsarbeiten zur Verfügung. Immer wieder nutzen Studierende das AMC für sprachwissenschaftliche Analysen, z.B. im Rahmen von Diplomarbeiten, Masterarbeiten oder Dissertationen. Am Beispiel von zwei Abschlussarbeiten sollen kurz weitere Forschungsmöglichkeiten mit dem AMC illustriert werden:

Koppensteiner (2015) beschäftigte sich in seiner Diplomarbeit mit dem Vorkommen der 23 im österreichischen EU-Beitragsvortrag im Zusatzprotokoll Nr. 10 ‚geschützten' Austriazismen in den österreichischen Medien. Dazu zählen Begriffe wie „Eierschwammerl", „Erdäpfel", „Faschiertes" oder „Fisolen". Koppensteiner untersuchte in seiner Arbeit „die 23 gemäß Protokoll Nr. 10 Österreich genuin zugeordneten Ausdrücke auf den Achsen Arealität und Zeit in ihrem quantitativen Verhältnis ihren protokollarischen Pendants" (Koppensteiner 2015: 43). Exemplarisch seien hier Koppensteiners Ergebnisse zur Begriffsdoublette „Eierschwammerl/Pfifferlinge" näher ausgeführt.

Koppensteiners Ergebnisse (2015: 49) zeigen, dass zum einen die kategoriale Zuordnung [...] von „Eierschwammerl" zu Lebensmittel eindeutig ausfällt (97 % aller Frequenzen der Stichprobe), „Pfifferlinge" sind deutlich seltener (26 %) der analyserelevanten Kategorie Lebensmittel zuzuordnen. Aus der Stichprobe konnte Koppensteiner ableiten, „dass Pfifferlinge im Lebensmittelkontext tendenziell stärker in westösterreichischen Printmedien gebraucht werden, die Verwendung als Phrase (keinen Pfifferling setzen etc.) durchaus auch in gesamtösterreichischen Medien opportun scheint". Bei der Übersicht über die Frequenztreffer pro Jahr im Zeitverlauf [...] stellte Koppensteiner fest, dass Eierschwammerl (Frequenzsumme Beobachtungszeitraum: 7161 Treffer) gegenüber dem protokollarischen Pendant (351 Treffer) vielfach überwiegt. Koppensteiner weist auch darauf hin, dass dieses Ergebnis sich mit den Arbeiten Wiesingers (2014: 187) deckt, der feststellt, dass „Eierschwammerl" eine eindeutige räumliche Markierung aufweist, da die Diminutivform -erl besonders für Ostösterreich charakteristisch ist.

Koppensteiner (2015: 49f.) geht auch der Frage nach, ob nicht unter Umständen die mediale Auseinandersetzung zum Zeitpunkt des EU-Beitritts Österreichs im Jahr 1994 mit den auffallend hohen Frequenzzahlen von „Eierschwammerl" zu tun haben könnte, also quasi einem Metadiskurs geschuldet sein könnten. Diese Vermutung bestätigt sich in seinen Analysen. Koppensteiner kommt zu dem Schluss, dass in den Jahren nach dem überproportional starken medialen Diskurs über das Protokoll Nr. 10 die Zahlen für Eierschwammerl etwas zurückgehen. Es zeigt sich außerdem, dass „Pfifferlinge" besonders in A-West zulegen. Koppensteiner stellt aber auch eine starke Dominanz der „Eierschwammerl" in A-Gesamt und A-Südost fest, „wo wiederrum Pfifferlinge das Nachsehen haben". Damit, so Koppensteiner, „schreibt sich bei diesem Wortpaar die bereits vermutete Ost-West-Dichotomie fort".

In ihrer Masterarbeit mit dem Titel *„Pfiati sagt leise Servus"* untersucht Konecky (2017) Begriffsdoubletten, bestehend jeweils aus einem

Austriazismus und dem entsprechenden Deutschlandismus (z.B. „Jänner/Januar"). Das Erkenntnisinteresse besteht darin, im AMC zu ermitteln, ob es in den Zeitungen in den österreichischen Regionen im Verlauf der letzten drei Jahrzehnte Verschiebungen bei der Verwendung von für Österreich oder Deutschland typischen Begriffen zu verzeichnen gibt. Die Grundlage dieser Auswahl an Doubletten bildet das FWF-Projekt „Österreichisches Deutsch als Unterrichts- und Bildungssprache",[11] in dem u.a. die Verwendungspräferenzen dieser rund 30 Doubletten unter LehrerInnen und SchülerInnen und die damit verbundene Variantenloyalität untersucht wurden.

Koneckys Ziel war es, den tatsächlichen Gebrauch der einzelnen Begriffe in den österreichischen Printmedien zu erheben. Auch hier sei exemplarisch eines der Ergebnisse berichtet: Untersucht werden sollte die Präferenz von „der Einser" bzw. „die Eins" (im Sinne der Schulnote „Sehr gut") im AMC. Der gängige Kodex für die deutsche Standardsprache führt unterschiedliche Markierungen bzw. unterschiedliche lexikografische bzw. normative Angaben zu „der Einser" bzw. „die Eins" an. Als Referenzkodex für die Ebene der Lexik im Deutschen bieten sich in Österreich das Österreichische Wörterbuch, der Duden und das Variantenwörterbuch an. So eruiert Konecky (2017: 68), dass laut Österreichischem Wörterbuch (42. Auflage) bei Zahlen bis zu 1 Million entweder kein Artikel oder ein männlicher Artikel und die Endung -er hinzugefügt wird. In der 43. Auflage des ÖWB findet sich der Vermerk, dass „die österreichischen Formen der nominalisierten Zahlwörter […] auf -er gebildet" werden (ÖBW 2016: 198). Das Variantenwörterbuch (vgl. Ammon/Bickel/Lenz 2016: 199) führt sehr detaillierte Informationen zur regionalen Verwendung von „der Einser" bzw. „die Eins" an. So findet man im VWB, dass „die Eins" in der Schweiz und Deutschland ohne Südosten gebräuchlich ist und „der Einser" in Österreich und Süddeutschland. Der Rechtschreibduden hingegen führt diesbezüglich ausschließlich das weibliche Geschlecht an („die Eins"), und als einzig mögliche Pluralform „Einsen", ein Hinweis auf eine andere Variante oder ein Synonym fehlt (vgl. URL: www.duden.de/rechtschreibung/eins). Beim Eintrag „Einser" werden die Markierungen „süddeutsch, österreichisch" teilweise „landschaftlich" oder „umgangssprachlich" angeführt (vgl. URL: www.duden.de/rechtschreibung/einser) (zitiert nach Konecky 2017: 68). Würde man nur den Duden als alleiniges Referenzwerk für das Deutsche heranziehen, könnte der Eindruck entstehen, dass „der Einser" nicht zweifelsfrei standardsprachlich ist. Ein Blick in die anderen Referenzwerke – für Österreich hat das ÖWB als amtliches

Wörterbuch verbindlichen Charakter – bringt Klarheit: In Österreich ist „der Einser" standardsprachlich üblich. Die Zahlen aus Koneckys AMC-Analyse bestätigen dies ganz klar: „Der Einser" ist in Österreich in allen Regionen die absolut dominierende standardsprachliche Variante, während die AMC-Frequenzzahlen für „die Eins" äußerst gering sind (Konecky 2017: 70) (siehe Abb. 8, o:768670).

## Zusammenfassung und Ausblick

Das Austrian Media Corpus ist eine neue, österreichische und weltweit einzigartige Sprachressource, die vielfältig für Forschungen einsetzbar ist. Die Möglichkeiten reichen von speziellen sprachwissenschaftlichen Fragestellungen – zum Beispiel wurde in einer Morphologiegruppe der ÖAW zu den Diminutiven auf -erl und -chen im österreichischen Deutsch geforscht – über die Lexikografie bis hin zur Sprachdokumentation. Das AMC bietet sich für eine Vielzahl an sprachwissenschaftliche Fragestellungen an – neben lexikalischen und grammatischen Analysen etwa auch für die Diskursanalyse. Aber auch für historische oder andere Forschungsinteressen kann das AMC eine spannende Datenbasis liefern, sodass mit maßgeschneiderten Suchanfragen ForscherInnen wie Studierende ihre Forschungen mit Hilfe des AMC vorantreiben können.

## Anmerkungen

1 Siehe URL: www.apa.at/Site/index.de.html [25.5.2018].
2 Siehe auch URL: www.oeaw.ac.at/de/acdh/tools/amc-austria-media-corpus [11.5. 2018].
3 Die Abbildungen dieses Beitrags finden sich unter dem angegebenen Link langfristig im *Phaidra*-Repositorium der Universität Wien gespeichert. Sie können aufgerufen werden unter URL: phaidra.univie.ac.at, mit direkt anschließender o-Nummer (hier URL: phaidra.univie.ac.at/o:768662).
4 Siehe URL: www.cis.uni-muenchen.de/~schmid/tools/TreeTagger [25.5.2018].
5 Siehe URL: www.cis.uni-muenchen.de/~schmid/tools/RFTagger/ [25.5.2018].
6 Siehe URL: www.sketchengine.eu/ [11.5.2018].
7 Siehe URL: de.wikipedia.org/wiki/Flüchtlingskrise_in_Europa_ab_2015 [18. 5.2018].
8 Siehe URL: de.wikipedia.org/wiki/Jugoslawienkriege [18.5.2018].
9 Siehe URL: www.oebv.at/lehrwerke/osterreichisches-worterbuch-schulausgabe-43- auflage [26.5.2018].
10 Siehe URL: www.rechtschreibrat.com [26.5.2018].
11 Für weitere Informationen zum Projektdesign, den Forschungsfragen und Ergebnissen siehe URL: oesterreichisches-deutsch.bildungssprache.univie. ac.at [26.5.2018]. Eine Buchpublikation, in der sämtliche Ergebnisse des

Projekts ausführlich dargestellt sind, wird vermutlich im Herbst/Winter 2018 erscheinen (de Cillia, Rudolf/Ransmayr, Jutta: Österreichisches Deutsch macht Schule).

## Literatur


Ammon, Ulrich/Bickel, Hans/Lenz, Alexandra N. (2016): Variantenwörterbuch des Deutschen: Die Standardsprache in Österreich, der Schweiz, Deutschland, Liechtenstein, Luxemburg, Ostbelgien und Südtirol sowie Rumänien, Namibia und Mennonitensiedlungen. Berlin u.a.: de Gruyter.

Ebner, Jakob (2014): Wie sagt man in Österreich? Wörterbuch des österreichischen Deutsch. 4., völlig überarbeitete Auflage. Nachdruck. Berlin: Dudenverlag.

Konecky, Angelika (2017): „Pfiati sagt leise Servus". Diachrone Untersuchung ausgewählter Austriazismen in österreichischen Medien. Wien: Univ. MAarb.

Koppensteiner, Wolfgang (2015): Das österreichische Deutsch im plurizentrischen Kontext: eine korpuslinguistische Untersuchung der österreichischen Presse im Zeitraum von 1986–2013. Wien: Univ.Dipl. URL: otes.univie.ac.at/38404.

Lemnitzer, Lothar/Zinsmeister, Heike (2015): Korpuslinguistik. Eine Einführung. 3. Aufl. Tübingen: Narr Francke Attempto Verlag.

Muhr, Rudolf (1995): Zur Sprachsituation in Österreich und zum Begriff „Standardsprache" in plurizentrischen Sprachen. Sprache und Identität. In: Muhr, Rudolf/Schrodt, Richard/Wiesinger, Peter (Hg): Österreichisches Deutsch. Linguistische, sozialpsychologische und sprachpolitische Aspekte einer nationalen Variante des Deutschen. Wien: Hölder-Pichler-Tempsky, S. 75–109.

Österreichisches Wörterbuch (ÖBW). 43. Auflage, Wien: Österreichischer Bundesverlag.

Ransmayr, Jutta/Moerth, Karlheinz/Durco, Matej (2013): Linguistic variation in the Austrian Media Corpus. Dealing with the challenges of large amounts of data. In: Procedia – Social and Behavioral Sciences 95, S. 111–115.

Ransmayr, Jutta (2014): Neue Forschungsmöglichkeiten zum österreichischen Deutsch mit dem Austrian Media Corpus (AMC). In: Ransmayr, Jutta/Moser-Pacher, Andrea/Fink, Ilona E. (Hg.): Österreichisches Deutsch und Plurizentrik = ide. Informationen zur Deutschdidaktik. Zeitschrift für den Deutschunterricht in Wissenschaft und Schule 38, H. 3, S. 63–68.

Ransmayr, Jutta/Mörth, Karlheinz/Durco, Matej (2017): AMC (Austrian Media Corpus) – Korpusbasierte Forschungen zum österreichischen Deutsch. In: Resch, Claudia/Dressler, Wolfgang U. (2017): Digitale Methoden der Korpusforschung in Österreich. Wien: Verlag der ÖAW , S. 27–38.

Wiesinger, Peter (2014): Das österreichische Deutsch in Gegenwart und Geschichte. 3., aktual. u. neuerl. erw. Aufl. Wien: Lit.

Claudia Resch

# Historische Zeitungen im digitalen Medium

Periodisch erscheinende Printprodukte sind seit mehreren hundert Jahren erfolgreich am Markt. Seit der Jahrtausendwende verfügen nahezu alle großen Zeitungsunternehmen komplementär zu ihren Printprodukten über digital verfügbare Nachrichtenportale. Wie aber kann man Zeitungen vergangener Jahrhunderte ins Netz bringen und der Forschung bestmöglich zugänglich machen? Woran liegt es, dass historische Zeitungen trotz neuer Technologien kaum in verlässlichem Volltext verfügbar sind? Und wie soll man „Nachrichten von gestern" im digitalen Medium darstellen, um sie heutigen Usern zu erschließen?

## Zeitungen und ihr Quellenwert für die Wissenschaft

Erst seit wenigen Jahrzehnten erreichen historische Zeitungen die Aufmerksamkeit der Forschung. Bis dahin galt ihr „Quellenwert" in vielen wissenschaftlichen Disziplinen eher als umstritten. Da sie aktuelle Ereignisse und Wahrnehmungen tagesaktuell und zeitbezogen wiedergaben, erschienen sie Forschenden häufig als vereinnahmt, weshalb man ihren Informationsgehalt und ihre Eignung als objektive Quelle grundsätzlich in Zweifel zog. Die Geringschätzung und Vernachlässigung von Zeitungen führte dazu, dass man kaum auf deren systematische Sammlung und Erschließung achtete und Zeitungsbestände, wenn überhaupt, nur lückenhaft oder punktuell überliefert wurden.

Heute hingegen besteht am Quellenwert historischer Zeitungen kein Zweifel mehr. Viele geisteswissenschaftliche Disziplinen – wie etwa die historische Sprachwissenschaft, die historische Medienwissenschaft, die Kunstgeschichte, die Musikgeschichte, die Sozialgeschichte – wenden sich historischen Zeitungen mit ganz unterschiedlichen Erkenntnisinteressen zu. Um Forschenden die Recherche zu erleichtern, wird inzwischen europaweit[1] und mit neuen Technologien an der digitalen Erschließung von historischen Zeitungsbeständen gearbeitet.

Da die Nachfrage an gut erschlossenen Zeitungsbeständen groß ist, setzen sich sowohl Bibliotheken und Archive als auch Forschungseinrichtungen damit auseinander, wie die Transformation von historischen Zeitungsbeständen im digitalen Medium gelingen könnte.

## *Wiener Zeitung*, vormals *Wien(n)erisches Diarium* – älteste, bestehende Zeitung der Welt

Aufgrund der oben genannten Versäumnisse zählt der Medienhistoriker Wolfgang Duchkowitsch Zeitungsbestände aus dem 17. und 18. Jahrhundert „a priori zu den bibliothekarischen Raritäten" (Duchkowitsch 1980: 56). Einen solch seltenen Bestand stellen die erhaltenen Ausgaben der heutigen *Wiener Zeitung* dar, die erstmals 1703 gedruckt wurde und damit als die älteste noch erscheinende Zeitung der Welt gilt. Sämtliche Jahrgänge haben sich seither vollständig erhalten (vgl. Reisner/Schiemer 2016: 91) und sind als geschlossener Quellenbestand für die Wissenschaft von besonderem Wert.

Die Inhalte der Zeitung lassen sich freilich nicht mit jenen der heutigen tagesaktuellen Presse vergleichen, wohl aber bestand der Anspruch, „alles Denckwürdige" nicht nur aus Wien, sondern „auß der gantzen Welt" zu berichten. Die eingehenden Nachrichten wollte man dem Lesepublikum, wie es in der ersten Ausgabe hieß, „ohne einigen Oratorischen und Poetischen Schminck / auch Vorurtheil / sondern der blossen Wahrheit derer einkommenden Berichten gemäß" näher bringen (vgl. *Wiennerisches Diarium* 1703, Nummer 1, S. 2). Mit dieser Ankündigung verpflichtete sich der erste Herausgeber der Zeitung, Johann Baptist Schönwetter (1671–1741), zu einer wahrheitsgetreuen, sachlich-objektiven Berichterstattung.

Aufgrund ihrer Verfügbarkeit an der Österreichischen Nationalbibliothek und ihrer Bedeutung für die historische Presseforschung war die *Wiener Zeitung*[2], die bis 1780 *Wien(n)erisches Diarium*[3] hieß, unter den ersten Periodika, die für das Projekt „ANNO – AustriaN Newspapers Online"[4] gescannt wurden. Hierfür verwendete man einerseits die bereits vorhandenen Mikrofilme und löste andererseits jene Sammelbände auf, in denen mehrere Zeitungsausgaben zusammengefasst worden waren (siehe Abb. 1, o:768690)[5]. Bereits im März 2012 wurden die ersten sieben Jahrgänge online gestellt, seither werden laufend Ergänzungen vorgenommen, sodass die mehr als 1,3 Millionen Seiten (vgl. Rachinger 2003: 53) der *Wiener Zeitung* als Image-Digitalisate bis auf wenige Ausnahmen zu jeder Tages- und Nachtzeit anmelde- und kostenfrei im ANNO-Portal online abrufbar sind, wodurch nicht nur die Originale geschont werden, sondern natürlich auch BenutzerInnen profitieren.

Laut Angaben der Österreichischen Nationalbibliothek ist die *Wiener Zeitung* „mit Sicherheit die am meisten verwendete Quelle zur jüngeren Geschichte Österreichs“ (Rachinger 2003: 53) und wird im ANNO-Portal intensiv genutzt: Während die Kalenderansicht einen verlässlichen Zugriff auf bestimmte Jahrgänge und Erscheinungstage bietet, besteht seit einiger Zeit die Möglichkeit, den automatisch erstellten Volltext zu durchsuchen. Christa Müller, Leiterin von ANNO, hat die Zugriffe und Anfragen der NutzerInnen kürzlich ausgewertet und festgestellt, dass rund 40 % nach Personen und 30 % nach Orten suchen.[6] Unter den 2016 am häufigsten eingegebenen Begriffen waren Nomen wie „Erdbeben“, „Feuerwehr“, „Fußball“, „Gendarmerie“, „Jude“, „Kaiser“, „Mord“, „Orgel“, „Prostitution“, „Schach“, „Selbstmord“, „Taufe“, „Tramway“, „Zahnarzt“ oder „Zigeuner“.

Ein Warnhinweis der Nationalbibliothek erinnert die Suchenden daran, dass der Volltext auf automatisch OCR (*Optical Character Recognition*) gelesenen Daten basiert, „weshalb es in manchen Texten zu einer sehr hohen Fehlerdichte kommen kann.“[7] Tatsächlich lässt die Qualität des Volltextes – gerade bei älteren, im Frakturdruck gesetzten Zeitungen – zu wünschen übrig (siehe Abb. 2a + 2b; o:768681, o:768682). Die variable Verlässlichkeit der Volltexte kann man in Einzelfällen durch die Verwendung sogenannter „Wildcards“ kompensieren, allerdings können Suchende kaum abschätzen, ob und wieviele potentielle Treffer ihnen dabei entgehen. Damit die *Wiener Zeitung* als Quelle für wissenschaftliche Zwecke noch besser genutzt werden kann, ist es daher unerlässlich, mittelfristig an der Verbesserung der automatisch erstellten Volltexte zu arbeiten.

Im Rahmen eines Projekts[8] der Österreichischen Akademie der Wissenschaften (ÖAW) wird derzeit intensiv daran gearbeitet, mit speziell für die *Wiener Zeitung* adaptierten Verfahren verlässlichere Volltexte zu generieren und diese schrittweise online zur Verfügung zu stellen. Beginnend mit dem 18. Jahrhundert[9], in dem die *Wiener Zeitung* regelmäßig „posttäglich“ – d.h. zweimal pro Woche, nachdem die Post in Wien eingetroffen war – erschien, wurde ein über das ganze Jahrhundert ausgewogenes Korpus von mehreren Hundert Ausgaben erstellt, in welchem die Zeitung in ihrer ganzen Bandbreite und mit all ihren Veränderungen in Umfang, Aufbau und Layout sowie in der Herausgeberschaft, der zeitungssprachlichen Merkmale und natürlich mit all den jeweiligen zeitbezogenen Neuigkeiten,

Nachrichten, Ereignissen, Listen und Inseraten repräsentiert ist. Die Auswahl erfolgte in Zusammenarbeit mit Forschenden zahlreicher geisteswissenschaftlicher Disziplinen und den LeserInnen der *Wiener Zeitung*, wobei alle dazu aufgerufen waren, jene Nummer(n) zu nominieren, die ihnen besonders relevant erschien(en). Dieser „Call for Nominations" wurde sowohl auf der ProjektWebseite als auch über Mailinglisten und in der *Wiener Zeitung* veröffentlicht.

Bei der Auswertung der eingegangenen Nominierungen hat sich gezeigt, wie breit deren Themenspektrum ist: Es reichte von Geburten und Taufen, Geburts- und Namenstagen, Krönungen und Erbhuldigungen bis zu Sterbefällen, Begräbnissen, Hinrichtungen und Katastrophen. Zur Auswahl empfohlen wurden weiters kirchliche und weltliche Feste, Ankündigungen, Eröffnungen und Einweihungen sowie die Besuche prominenter Gäste in der Residenzstadt. Errungenschaften im weitesten Sinn – wie die Erklärung der Menschenrechte oder der Beginn der Luftfahrt – wurden ebenso in die Auswahl einbezogen wie das medienimmanente Thema der Herausgeberschaft.

Die Ergänzungen, die das Projektteam letztlich vorzunehmen hatte, betrafen daher weniger die Vielfalt der angesprochenen Themen, sondern waren darauf ausgerichtet, zeitliche Lücken zu füllen. Vor dem Hintergrund der Entwicklung des *Wien(n)erischen Diariums* (*Wiener Zeitung*) zu einer Zeitung im modernen Verständnis wurde somit versucht, ein Referenzkorpus zu bilden, das die Umbrüche und Wendungen in einer Periode sich verändernder politischer, sozialer, wissenschaftlicher und künstlerischer Bedingungen im 18. Jahrhundert zum Ausdruck bringt. Um das *Wien(n)erische Diarium* als Korpus in einer kontinuierlich chronologischen Jahresabfolge plausibel und lückenlos dokumentieren zu können, wurden die Nominierungen dahingehend komplettiert, dass letztlich jeder Jahrgang, soweit er in ANNO digitalisiert wurde, durch etwa fünf exemplarische Nummern repräsentiert ist, wobei die Ausgaben bis Ende des Jahrhunderts deutlich umfangreicher werden. Die Seitenzahlen steigen von durchschnittlich zehn in der ersten Dekade auf bis zu 40 bedruckten Seiten im letzten Jahrzehnt des 18. Jahrhunderts. Damit wächst auch die Zahl der einzulesenden Zeichen pro Ausgabe von einem Mittelwert von etwa 30.000 auf über 160.000 Zeichen. Diese Steigerung ist nicht nur auf die wachsenden Seitenzahlen zurückzuführen, sondern dadurch verursacht, dass sich die Anzahl der Zeichen pro Seite erhöht, weil der Platz immer besser genutzt und die Seiten dichter bedruckt worden sind.

## Vom gescannten Bild zum maschinenlesbaren Text

Im genannten Projekt werden die gescannten Bilder der ausgewählten Nummern in Tranchen zu jeweils 50 Stück aus ANNO in die Texterkennungsplattform *Transkribus*[10] eingespielt (Abb. 3: Screenshot aus der Plattform *Transkribus* mit Bild- und Textsegmenten, o:768683). Um aus den Image-Digitalisaten einen maschinenlesbaren Text zu generieren, muss zunächst das Layout jeder einzelnen Seite erkannt werden. Das Programm legt innerhalb jedes Bildes Regionen fest, identifiziert bestimmte Elemente wie Separatoren, Ornamente, Überschriften oder Spalten und schlägt eine Lesereihenfolge für die Transkription vor. Wenn diese Vorverarbeitung einigermaßen gelingt, und Seitenvorlagen nicht schief, wellig oder blass gescannt worden sind, bestehen gute Voraussetzungen für das eigentliche Erkennen der Textbereiche.

Erschwerend kommt allerdings hinzu, dass OCR-Programme eigentlich nicht für die in der *Wiener Zeitung* verwendete Fraktur (gebrochene Schrift) geeignet sind: Probleme kommen vor allem dadurch zustande, dass bestimmte Buchstaben im serifenreichen Frakturdruck nur schwer voneinander zu unterscheiden sind, etwa: „s“ und „f“, „x“ und „r“, „t“ oder „k“, „y“ und „n“ ebenso wie „A“ und „U“, „K“ und „R“, „B“ und „V“ oder „G“ und „E“. Ein besonderes Problem bei der Texterkennung stellen die häufig vorkommenden Initialen dar, wodurch die Erfolgsquote abermals sinkt.

Deutlich bessere Ergebnisse lassen sich daher unter Anwendung eines kombinierten Ansatzes von *Optical Character Recognition* (OCR) und *Handwritten Text Recognition* (HTR) erzielen. Dennoch muss der automatisiert erstellte, unkorrigierte Text in mehreren Schritten und unter zeitlichem Aufwand Zeile für Zeile manuell nachbearbeitet und berichtigt werden. Der verbesserte Text erreicht derzeit eine Genauigkeit von 99,7 %, d.h., innerhalb von 1000 Zeichen befinden sich durchschnittlich drei Fehler. Als *gold standard* dienen diese Textdaten wiederum dem Trainieren neuer Texterkennungsmodelle. Ziel ist es, weitere Ausgaben bereits mit einer etwas höheren Genauigkeit und Trefferquote automatisch erkennen zu können. Trotz der Trainingserfolge wird deutlich, dass Zeitungstexte aus dieser Periode – sofern hochwertige und nahezu fehlerfreie Ergebnisse erzielt werden sollen – immer der Überprüfung und einer manuellen Letztkorrektur bedürfen, wobei zu hoffen ist, dass sich der verbleibende Aufwand mit der Zeit noch weiter verringert.

In Folge wäre natürlich auch daran zu denken, alle Nummern des 18. Jahrhunderts vollkommen automatisch zu bearbeiten, da diese bereits deutlich weniger Texterkennungsfehler aufweisen würden als dies bislang der Fall ist. Nach der Bearbeitung dieses Auswahlkorpus wird sich jedenfalls besser abschätzen lassen, in welcher Zeit und mit welchem Aufwand eine (für diese Quelle sicherlich erstrebenswerte) vollständige Volltextdigitalisierung aller Ausgaben der *Wiener Zeitung* denkbar wäre. Was sich bereits jetzt sagen lässt, ist, dass das Trainingsmodell, das mit Hilfe der inzwischen sehr umfangreichen Textdaten der *Wiener Zeitung* erstellt worden ist, auch auf andere (Zeitungs-)Dokumente aus dieser Zeitperiode anwendbar sein wird, etwa auf die *Neue Zürcher Zeitung*, deren erste Ausgabe 1780 erschienen ist. Auf diese Weise trägt auch dieses auf den ersten Blick sehr spezielle Projekt dazu bei, dass weitere in Fraktur gedruckte Texte dieser Zeit in Zukunft verbessert automatisch erkannt werden können.

Wie bei jeder Textedition hat das Projektteam für dieses Vorhaben verbindliche Transkriptionsrichtlinien erarbeitet und festgelegt. Um eine wissenschaftlich fundierte Grundlage für die philologische Deutung und möglichst viele Erkenntnisinteressen zu schaffen, verzichtet man heutzutage auf jegliche normalisierende oder glättende Eingriffe und sucht nach Möglichkeiten, den historischen Sprachstand der Druckvorlage nahezu unverändert wiederzugeben. Bei dieser Art der Textsicherung wird die Typografie des Originals weitgehend beibehalten, d.h. „u" und „v" sowie „i" und „j" bleiben ebenso bestehen wie Kapitälchen oder der Wechsel von Fraktur- und Antiquadruck[11] – lediglich auf eine Differenzierung der beiden Varianten von „s" und „r" (sogenanntes „langes s" und „rundes r") wird verzichtet (Abb. 4: „rundes r" und „langes s" im Wort „verreiset", 1. Ausgabe vom 8. August 1703, Titelblatt, o:768684).

Konsonantische Ligaturen, wie sie etwa bei „tz", „ct", „st" oder „ff" vorkommen, werden im transkribierten Text aufgelöst. Zusammenfügungen mit Mittelstrichschreibung wie „Kreutz=Orden", „Reichs=Raht" oder „Land=Stände" werden mit dem Istgleichzeichen dargestellt, weil es dem damaligen Druckbild am nächsten kommt. Für den Computer und den Menschen unleserliche Textstellen (siehe Abb. 5, Ausgabe vom 5. November 1712, S. 7, o:768685), die z.B. durch Verschmutzung oder abgeschnittene Seitenränder entstehen, werden in der Transkription mit „xxx" gekennzeichnet; unsichere, durch die HerausgeberInnen ergänzte Textstellen werden mit spitzen Klammern markiert.

Das Bemühen um einen qualitativ hochwertigen Volltext, der XML-ifiziert und gemäß internationaler Standards der *Text Encoding*

*Initiative*[12] kodiert wird, steht bei der Erstellung dieses historischen Zeitungskorpus jedenfalls an erster Stelle. Dieser sorgfältig korrigierte maschinenlesbare Text wird zu Ende des Projekts durchsuchbar sein und durch die Beigabe der jeweiligen Scans zu den einzelnen Seiten für künftige User überprüfbar bleiben.

## Vom Mehrwert digital erschlossener Zeitungen

Als Forscherin im Bereich der Digital Humanities wird man häufig gefragt, was denn nun der Wert oder gar „Mehrwert" von digital aufbereiteten und edierten Quellen sei. Abgesehen von der allgemeinen Verfügbarkeit der digitalen Daten rund um die Uhr und der Möglichkeit zur Weiterverarbeitung großer Textmengen gibt die Verfasserin des Beitrags zu bedenken, dass der eigentliche Wert einer Edition immer auch vom intendierten Zielpublikum abhängt. Für ForscherInnen mit individuellen Erkenntnisinteressen können ganz unterschiedliche digitale Angebote von besonderem, subjektivem Wert sein.

So ist eine digitalisierte historische Zeitung zum Beispiel für den Genealogen oder Namenforscher von Bedeutung, wenn er darin einen gesuchten Namen finden kann; für die Sozialhistorikerin, wenn sie Artikel über Kriminalität zusammenstellen kann; für den Buchwissenschaftler, wenn er im Digitalisat Veränderungen des Drucks identifizieren und vergleichen kann; für die Medienhistorikerin, wenn sie nachvollziehen kann, wie sich Titelblattgestaltung oder Artikelstruktur diachron verändern; für den Medizinhistoriker, wenn er in der *Wiener Zeitung* Todesursachen verzeichnet findet; für eine Numismatikerin, wenn sie von der Verleihung von Ehrenmedaillen an bestimmte Personen erfährt; für eine Spezialistin für Personengeschichte, wenn einzelne Datensätze mit externen Normdateien oder anderen Ressourcen verlinkt sind; für den Hydrologen, wenn er auf Berichte über historische Hochwasser stößt; für die Musikwissenschafterin, wenn sie Beschreibungen von Festen mit Musikbegleitung findet; für den *Data scientist*, wenn er Volltexte exportieren und Konkordanztools oder *Text Mining Tools* daran anwenden kann. Und so gibt es eine unendliche Anzahl von Aufgaben- und Fragestellungen, die an das Material herangetragen werden und in digitaler Form verbessert, d.h. ohne Ganzlektüre oder -durchsicht aller Ausgaben beantwortbar sein können.[13]

Und die GermanistInnen? Worin könnte ihr/Ihr besonderes Interesse an der Nutzung der *Wiener Zeitung* in einer digitalen Umgebung bestehen? – Gerade für sie/Sie gibt es eine Vielzahl an noch wenig bearbeiteten Themen und Anwendungsbeispielen[14], die in ihrer Fülle hier weder genannt noch antizipiert werden sollen, aber deren Bearbeitung durch die digitale Verfügbarkeit des Materials in Zukunft gefördert und angeregt werden könnte. Dass sich das Zeitungskorpus über das gesamte 18. Jahrhundert erstrecken wird, lässt es für germanistische Studien, deren Ziel es ist, bestimmte Phänomene diachron zu betrachten und zu beschreiben, als besonders geeignet erscheinen. Aus der Perspektive der historischen Sprachwissenschaft ergibt sich eine ganze Reihe von Fragestellungen – zumal Zeitungen diesbezüglich noch wenig erforscht sind: „Der Beitrag der Zeitungsschreiber zur Entwicklung der deutschen Sprache ist noch kaum gewürdigt und schwer zu überschätzen." (Bauer/Böning 2011: X) Korpusbasiert lässt sich etwa untersuchen, ob und wie sich im 18. Jahrhundert zeitungssprachliche Formulierungsmuster herausbilden, welche anfänglichen Einflüsse (z.B. durch die Verwendung von sondersprachlichem Wortschatz, von typisch kanzleisprachlichen Mustern oder von Titulaturen und Ehrbezeichnungen) allmählich abgebaut werden und wie sich dadurch die Lesbarkeit der Zeitung für ihr breiter werdendes Publikum verändert. Auch für die Entwicklung der Textsorten und deren Erweiterung stellen Zeitungen, die im diachronen Verlauf untersucht werden können, einen noch wenig beachteten Forschungsgegenstand dar, worauf bereits Schuster und Wille (2016: 7) hingewiesen haben. Anhand der gleichmäßig über das 18. Jahrhundert verteilten ausgewählten Nummern lassen sich (etwa am Beispiel von morphologischen und lexikalischen Merkmalen) nicht nur allgemeine sprachliche Entwicklungsprozesse im Verlauf beobachten. Auch vergleichende Studien werden erleichtert und begünstigt, indem man etwa Texte der *Wiener Zeitung* mit jenen des zeitgleich erscheinenden Blattes *Hamburgischer Correspondent* oder jenen der *Neuen Zürcher Zeitung* vergleicht, um korpusbasiert Parallelen und Unterschiede zu identifizieren.

Bei all den Vorhaben bleibt zu bedenken, dass künftige NutzerInnen dieser vielfach auswertbaren Quelle nicht nur aus unterschiedlichen fachlichen Traditionen und Disziplinen kommen, sondern sich der *Wiener Zeitung* auch auf unterschiedliche Weise nähern: Das Nutzungsspektrum reicht von jenen, die am Material und damit vorwiegend an den Image-Digitalisaten interessiert sind, bis zu anderen, welche die Sammlung befragen möchten, um im Text für spezifische Forschungsfragen zu recherchieren. Wiederum andere könnten die Volltexte zur Anwendung computergestützter Verfahren nachnutzen wollen. Abgesehen von diesen inhaltlichen Interessen haben NutzerInnen ein ganz unterschiedliches Vorwissen im Umgang mit digitalen Angeboten – während manche sich erst mit Abfragesprachen vertraut machen müssen, haben andere vielleicht schon Erfahrung im Umgang mit Datenformaten erworben und denken bereits daran, wie sie die Daten exportieren könnten, um sie weiter analysieren, visualisieren und nachnutzen zu können.

### Möglichkeiten der Erschließung – Zugänge in den Text

Sowohl in der konkreten Arbeit an der *Wiener Zeitung* als auch ganz allgemein betrachtet lässt sich feststellen, dass wir bei der digitalen Transformation historischer Zeitungsbestände noch am Anfang stehen. Im Gegensatz zur Darstellung von Büchern im Netz haben Zeitungskollektionen mit zusammengehörigen Dokumenten noch nicht zu ihrer idealen Repräsentationsform gefunden. Im Moment bieten viele Portale (wie z.B. ANNO) neben der bekannten Kalenderansicht als Ausgangspunkt eine grundsätzlich hilfreiche Suchleiste, über die NutzerInnen einen schmalen Zugang zu den verfügbaren Bild- und Textdaten erhalten.

Um an Fundstellen zu gelangen, müssen Fragestellungen allerdings so formuliert sein, dass man sie in diese Suchleiste eingeben kann: reduziert auf einen Begriff, auf zwei Begriffe (Phrasensuche) oder auf zwei Begriffe unter Angabe des jeweiligen Kontextbereichs (Abstandssuche). Werden Suchergebnisse angezeigt, kann man diese bei Bedarf weiter nach Relevanz, Datum und weiteren Parametern filtern. Obwohl sich die Suche verfeinern und sich die (womöglich lange) Ergebnisliste optimieren lässt und in den Ergebnissen navigiert werden kann, sind NutzerInnen in ihren Aktionsmöglichkeiten eingeschränkt. Abgesehen davon braucht es für diese Art der Suchabfrage häufig ein spezifisches Vorwissen sowie Erfahrung mit den damaligen orthografischen Konventionen: Sucht man in der *Wiener Zeitung* etwa nach der heutigen „Augustinerkirche“ in Wien, muss man zunächst wissen, dass diese damals als „Hofkirche“ bezeichnet wurde und variable Schreibweisen wie „Hofkirchen“, „Hof=Kirchen“, „Hof Kirchen“ oder „Hoffkirchen“ aufweisen konnte. Fehlt dieses Fachwissen, kann es passieren, dass sich die Quelle dem Suchenden nur unzureichend erschließt und ihm all die genannten, auf die Augustinerkirche bezogenen Belege vorenthalten bleiben. Es bedarf also einigen Geschicks, die Funktionalitäten der Suchleiste so zu nutzen, dass man die gewünschten Belege tatsächlich auffinden kann, und einiger Skepsis, wenn sich zu einem Suchbegriff nichts oder nur wenig finden lässt. Es könnte durchaus sein, dass dies am eigenen Suchverhalten liegt oder aber an der bereits zuvor erwähnten mangelnden Qualität des Volltextes, aufgrund derer sich gar nicht abschätzen lässt, ob und wie viele Treffer dem Suchenden dadurch entgehen.

In der Praxis haben sich NutzerInnen historischer Portale jedenfalls an die Suchleiste gewöhnt. Die beschriebene Art der Suche wird kaum hinterfragt, mitunter deshalb, weil genau dieses Such- und Browsing-Verhalten auch in anderen Bereichen des World Wide Web (zum Beispiel von Google oder Amazon) angewandt und unterstützt wird. Manche der Funktionen wären sicherlich auch für historische Textdaten hilfreich: etwa, wenn Suchmaschinen aus dem indizierten Volltext historische Varianten vorschlagen (automatische Vervollständigung, früher *Google Suggest*)[15] oder die Schreibung von eingegebenen Begriffen prüfen und korrigieren könnten („Meinten Sie ...?").

Fazit: Im Moment wissen sich BenutzerInnen von großen, digitalisierten Zeitungsbeständen zwar vor einer Fülle von grundsätzlich verfügbaren Bild- und Textdaten, die sich ihnen aber nur mit den beschriebenen Einschränkungen erschließt. Mit Sicherheit sind die Möglichkeiten, weitere Zugänge in das Material zu schaffen, mit der Kalenderansicht und der Suche auf Wortebene allein noch nicht ausgeschöpft. Was aber wären alternative Möglichkeiten der Erschließung? Was erwarten NutzerInnen von einem Portal, das Zugang zu historischen Zeitungen verspricht?

## Im Dialog mit künftigen Usern

Das Beispiel der *Wiener Zeitung* zeigt, dass Benutzeroberflächen nicht nur im Rahmen der technischen Möglichkeiten erdacht und gestaltet werden, sondern immer auch an den künftigen Usern orientiert sein sollen. Erst im Dialog mit ihnen stellt sich heraus, auf welche Kernfunktionalitäten nicht verzichtet werden kann beziehungsweise was wünschenswert wäre. Eine aktuelle Umfrage des Projektteams unter Forschenden, die mit der *Wiener Zeitung* sehr vertraut sind und häufig mit ihr arbeiten, hat etwa ergeben, dass ein verlässlicher Volltext für ihre wissenschaftliche Arbeit von großem Nutzen wäre. Eine zusätzliche Verschlagwortung nach Themengebieten ergibt für den überwiegenden Teil der Forschenden dann Sinn, wenn sie auf Artikelebene erfolgt (siehe Abb. 6, o:768686) – je feiner also die

Klassifikation, desto hilfreicher, zumal man damit Suchanfragen spezifizieren oder Subkorpora zusammenzustellen könnte.

Gerade weil die erfragten Anforderungen und Nutzungsszenarien bei dieser vielseitigen Quelle divergent oder zumindest heterogen sind und die Erwartungen von Seiten der User immer höher, als ein einzelnes Projekt leisten kann, empfiehlt Mitchell Whitelaw, der den Begriff der *generous interfaces* geprägt hat, bei der Konzeption von Benutzeroberflächen „großzügig" und „gebefreudig" zu sein (vgl. Whitelaw 2015). Im Fall der *Wiener Zeitung* könnte dies konkret bedeuten, dass man die erstellten hochwertigen Volltexte zur Weiterverarbeitung und Nachnutzung freigibt – in jenen Textdarstellungsvarianten, Formen und Formaten, die den jeweiligen NutzerInnen am dienlichsten sind. Die Art, wie Forschende die Textdaten erkunden, anreichern, weiterverarbeiten und auswerten, wäre dadurch wenig festgelegt, sondern weitgehend offen.

Im Hinblick auf die digitale Repräsentation und Edition von (historischen) Quellen ganz im Allgemeinen wäre wünschenswert, dass deren HerausgeberInnen ihre Produkte in Zukunft noch stärker an den Bedürfnissen und Erkenntnisinteressen ihrer Zielgruppen (Forschende, Studierende, ein interessiertes Publikum außerhalb der Academia) ausrichten und Benutzeroberflächen nicht als Nebensache oder gar Endprodukt betrachten, sondern von einem Prototyp ausgehen, dessen Entwicklung und Design in Projektplänen ausreichend berücksichtigt sein sollten (vgl. dazu auch Gibbs/Owens: 2012). Gleichzeitig müssten fördernde Institutionen diesen Prozess unterstützen, indem sie jenen, die digitale Produkte erstellen, genügend Zeit und Mittel zugestehen, um die jeweiligen Usergruppen zu identifizieren und deren Bedürfnisse zu erfragen (vgl. Gooding 2018: 180). Idealerweise erfolgt die Entwicklung von Prototypen sogar partizipativ und wird von mehreren Interviews, Diskussionsrunden, Tests und Auswertungen begleitet, denn nur durch eine iterative Anpassung der Technologie an ihre User kann sichergestellt werden, dass neue digitale Angebote auch tatsächlich angenommen und genutzt werden.

Mit Sicherheit wird sich das Nutzungsverhalten in Zukunft noch weiter verändern, denn die digitale Verfügbarkeit von Zeitungsbeständen und Volltexten ermöglicht neue Forschungspraktiken, die erst explizit definiert werden müssen. Jetzt schon ist zu beobachten, dass aus den ehemals in Mikrofilmen und Digitalisaten lesenden ForscherInnen aktive und mitunter anspruchvolle User geworden sind, die das Datenmaterial mit neuen Technologien erkunden, durchsuchen und für individuelle Forschungsaktivitäten (nach-) nutzen wollen. Je konkreter ihre Anliegen formuliert werden, desto besser lässt sich einschätzen, worin die Herausforderungen bei der Digitalisierung historischer Zeitungsbestände in Zukunft liegen: „By understanding the audience for digitised collections, we can better develop a sense of where the major successes lie and what challenges remain ahead of us." (Gooding 2018: 172) Wenn auch nicht alle gewünschten Nutzungsszenarien sofort umgesetzt werden können, so sind wir dann zumindest in der Lage, in der Erschließung Prioritäten zu setzen, Erfolgsindikatoren zu bestimmen und Empfehlungen weiterzugeben, die künftig auch anderen (Zeitungs-)Editionsvorhaben dienlich sein werden.

## Anmerkungen

1 Die Webseite „Europeana Newspapers" (URL: www.europeana-newspapers.eu [15.5. 2018]) ist mit ihren historischen Zeitungsbeständen sicher das umfangreichste Portal. Doch auch an der Gründung spezieller Arbeitsgruppen zur Zeitungserschließung, z.B. im Verband *Digital Humanities im deutschsprachigen Raum* (DHd) oder in der *Text Encoding Initiative* (TEI) und spezifischen Vernetzungstreffen zeigt sich, dass international großes Interesse daran besteht, sich den Herausforderungen historischer Zeitungsbestände zu stellen: Gemeinsam wird an der Entwicklung von Tools und technischen Infrastrukturen gearbeitet sowie an Methoden, Fallstudien und Standards, die für die digitale Aufbereitung historischer Zeitungen gelten sollen.

2 Neben den Festschriften, die von der *Wiener Zeitung* anlässlich des 200-, 250- und 300-jährigen Bestehens selbst verlegt worden sind, liegen mehrere Aufsätze über die Geschichte der Zeitung vor (zuletzt Reisner/Schiemer 2016) sowie eine ältere Dissertation (Berger 1953), doch keine fundierte Monografie.

3 Die Zeitung selbst kündigt in der ersten Ausgabe an, das Lesepublikum der Stadt Wien regelmäßig „mit einem richtigen Wiennerischen Diario oder Tag=Buch" versorgen zu wollen. Vgl. *Wiennerisches Diarium* vom 8. August 1703, S. 2. Auch Zedlers Universallexikon wählt für den Eintrag „Diarium" die Übersetzung „Tagbuch": „Diarium, ein Verzeichniß alles dessen, was täglich vorgehet, ein Tag=Buch. Also werden auch die Wiener= und andere gedruckte Zeitungen genennet." Johann Heinrich Zedlers Grosses vollständiges Universal-Lexicon aller Wissenschafften und Künste 1731–1754. Band 7, Spalte 772. „Wien(n)erisches" Diarium deshalb, weil das zweite „n" im Titel zwar in den ersten Jahren vorhanden war, dann aber aufgrund der bevorzugten Schreibung „Wien" statt vormals „Wienn" als Konsonantendopplung beseitigt wurde.

4 ANNO – AustriaN Newspapers Online. URL: anno.onb.ac.at [15.05.2018].

5 Die Abbildungen dieses Beitrags finden sich unter dem angegebenen Link langfristig auf dem *Phaidra*-Repositorium der Universität Wien gespeichert. Sie können aufgerufen werden unter URL: phaidra.univie.ac.at mit direkt anschließender o-Nummer (hier URL: phaidra.univie.ac.at/o:768690).

6 Diese aktuellen Zahlen hat Christa Müller in einem Vortrag mit dem Titel „Die Wiener Zeitung im digitalen Lesesaal ANNO. Statistische Informationen zu Bestand und Nutzung" am 24. April 2018 präsentiert.

7 Vgl. den Warnhinweis unter der Rubrik „Suchhilfe", URL: anno.onb.ac.at/suchhilfe.htm [15.5.2018].

8 „Das Wien(n)erische Diarium: Digitaler Datenschatz für die geisteswissenschaftlichen Disziplinen" (GD2016/16) ist eines von zwölf geförderten Projekten, das die ÖAW im Rahmen der Ausschreibung „go!digital2.0" fördert. Das Projekt wird mit einer Laufzeit von zwei Jahren am Austrian Centre for Digital Humanities durchgeführt, wobei die Erstellung der Volltextversionen und die Anreicherung der Daten in Kooperation mit dem Institut für kunst- und musikhistorische Forschungen und der Gruppe Digitalisierung und Elektronische Archivierung am Institut für Germanistik bzw. dem Forschungszentrum Digital Humanities an der Universität Innsbruck erfolgt. Details zum Projekt finden sich unter folgender URL: www.oeaw.ac.at/de/acdh/projects/wiennerisches-diarium-digital [15.5.2018].

9 Das Gründungsjahrhundert ist vor allem deshalb interessant, weil sich in dieser Periode die damals übliche Berichterstattung zu einem Journalismus im heutigen Sinn entwickelt und es zu einer Profilierung und Ausdifferenzierung der einzelnen Textsorten kommt.

10 Vgl. URL: transkribus.eu/Transkribus [15.5.2018].

11 In der *Wiener Zeitung* wurden prinzipiell zwei deutlich voneinander unterscheidbare Schrifttypen verwendet: die im deutschen Sprachraum damals gebräuchliche Fraktur (gebrochene Schrift) und – wenn auch in einem viel geringeren Anteil – die Antiquaschrift. Damit entsprach die Zeitung dem bekannten Druckbild, in dem französische oder lateinische Fremdwörter in Antiqualettern gesetzt wurden. Beispiele wären etwa Nomen wie „*Officier*", „*Comoedie*" oder „*Blessur*", wobei in Komposita auch typografische Kombinationen auftreten, in welchen das bestimmende Erstglied in Antiqua und das Rechtsglied in Fraktur gedruckt wurde (z.B. „*Extraordinari*-Abgesandter"). Auch typografische Mischungen innerhalb eines Wortes waren zu dieser Zeit üblich. Sie treten besonders häufig bei Verben mit lateinischem oder französischem Stamm auf, der durch Antiquadruck gekennzeichnet wird; die deutsche Flexionsendung wurde hingegen in Fraktur beigefügt: vgl. „*marchi*ren", „*rebelli*ret" oder „*massac*rirt". Die Belege stammen aus der Ausgabe 148 vom 31. Dezember 1704.

12 Vgl. Text Encoding Initiative, URL: www.tei-c.org/index.xml [15.5.2018].

13 Obwohl die digitale Erschließung des Materials eine Vielzahl von Erkenntnisinteressen befördert, bleibt selbstverständlich eine ganze Reihe von Fragen zur Zeitungsforschung offen, die bislang auch mit klassischen Methoden nur unzureichend beforscht worden sind und sich ebenso wenig durch eine Aufbereitung in digitaler Form beantworten lassen. Beispiele hierfür wären Fragen wie: Von wem wurde die *Wiener Zeitung* rezipiert? In welcher Auflagenzahl wurde die Zeitung gedruckt und verkauft? Unter welchen Bedingungen sind die Zeitungstexte entstanden?

14 GermanistInnen werden im *Wien(n)erischen Diarium* bzw. in der *Wiener Zeitung* in vielerlei Hinsicht fündig: Konkrete Anknüpfungspunkte und Untersuchungsgegenstände wären beispielsweise die in der Zeitung genannten Aufführungen von Theaterstücken oder die Inserate, durch die sich nach-

vollziehen lässt, welche Bücher und Schriften in Wien am Markt waren und wann, wie und zu welchem Preis sie beworben wurden.

15 Im Projekt ABaC:us – Austrian Baroque Corpus der ÖAW ist diese Autovervollständigungsfunktion bei der Suche bereits integriert, vgl. URL: acdh.oeaw.ac.at/abacus/corpus.html [15.5.2018].

## Literatur


ANNO – AustriaN Newspapers Online. URL: anno.onb.ac.at [15.5.2018].

Bauer, Volker/Böning, Holger (Hg.) (2011): Die Entstehung des Zeitungswesens im 17. Jahrhundert: Ein neues Medium und seine Folgen für das Kommunikationssystem der Frühen Neuzeit. Bremen: edition lumière.

Berger, Martha (1953): „Wiennerisches Diarium“ 1703–1780. Ein Beitrag zur Entwicklung des Verhältnisses zwischen Staat und Presse. Wien: Univ.Diss.

Duchkowitsch, Wolfgang (1980): Zeitung und Bibliothek. Der Stand der Erschließung österreichischer Zeitungen des 17. und 18. Jahrhunderts und Vorstellungen für den Soll-Zustand. In: Mazal, Otto/Irblich Eva (Hg.): Das historische und wertvolle Buchgut in der Bibliotheksverwaltung. Wien: VÖB, S. 55–61.

Europeana Newspapers. URL: www.europeana-newspapers.eu [15.5.2018].

Gibbs, Fred/Owens, Trevor (2012): Building better Digital Humanities tools: Toward broader audiences and user-centered designs. In: Digital Humanities Quarterly, H. 6, 2, URL: www.digitalhumanities.org/dhq/vol/6/2/000136/000136.html [15.5.2015].

Gooding, Paul (2017): Historic Newspapers in the Digital Age. „Search All About It!“ London/New York: Routledge.

Rachinger, Johanna (2003): „Alles Denckwürdige, so von Tag zu Tag …“ In: 300 Jahre Wiener Zeitung. Eine Festschrift mit einem Begleitteil zur Ausstellung „Zeiten auf Seiten“ in der Österreichischen Nationalbibliothek. Wien: Wiener Zeitung GmbH, S. 53.

Reisner, Andrea/Schiemer, Alfred (2016): Das Wien(n)erische Diarium und die Entstehung der periodischen Presse. In: Karmasin, Matthias/Oggolder, Christian (Hg.): Österreichische Mediengeschichte. Bd. 1: Von den frühen Drucken zur Ausdifferenzierung des Mediensystems (1500 bis 1918). Wiesbaden: Springer, S. 87–112.

Schuster, Britt-Marie/Wille, Manuel (2016): Von der Kanzlei- zur Bürgersprache? Textsortengeschichtliche Betrachtungen zur „Staats- und Gelehrten Zeitung des Hamburgischen unpartheyischen Correspondenten“ im 18. Jahrhundert. In: Bellingradt, Daniel/Böning, Holger/Merziger, Patrick/Stöber, Rudolf (Hg.): Jahrbuch für Kommunikationsgeschichte 17, S. 7–29.

Whitelaw, Mitchell (2015): Generous interfaces for digital cultural collections. In: Digital Humanities Quarterly 9, H. 1, URL: www.digitalhumanities.org/dhq/vol/9/1/000205/000205.html [15.5.2018].

# Bildung und Wissensvermittlung

Susanne Blumesberger

# Bibliotheken und Digitalität am Beispiel der Universitätsbibliothek Wien

*Bibliotheken müssen ihr Geschäftsmodell radikal ändern. Wer das nicht tut, der wird in den nächsten 20 Jahren verschwinden.*[1]
Rafael Ball

Die Dienstleistungseinheit Bibliotheks- und Archivwesen an der Universität Wien hat folgende Aufgaben:

- die Beschaffung, Erschließung und Bereitstellung aller für Forschung, Lehre und Studium erforderlichen Informationsträger unter Beachtung weitgehender Kontinuität und Vollständigkeit
- die Bereitstellung der Bestände für die Universitätsangehörigen und für die wissenschaftlich interessierte Öffentlichkeit
- die Vermittlung von Information unter Nutzung weltweiter Datennetze (z.B. Internet) und Datenbanken einschließlich der Dokumentenlieferung
- die Vermittlung von Informationskompetenz
- die Pflege und Erschließung des wertvollen historischen Buchguts
- die Mitarbeit an Gemeinschaftsunternehmen des österreichischen und internationalen wissenschaftlichen Informationswesens
- die Kooperation und Koordination mit den anderen wissenschaftlichen Bibliotheken Österreichs und des übrigen Europas.[2]

In den letzten Jahren gab es einen unübersehbaren Wandel in den wissenschaftlichen Bibliotheken, vor allem forschungsunterstützende Services betreffend. Zur Unterstützung des wissenschaftlichen Personals stellt die Universitätsbibliothek (UB) Wien eine Reihe von zum Teil selbst mitentwickelten Diensten zur Verfügung. Dazu zählen Repositorien, ein Hochchulschriftenserver, ein Open Access Office, eine Abteilung, die sich mit Bibliometrie beschäftigt, den Dienst E-book on Demand, zahlreiche Projekte, z.B. „Bildungsmedien.tv“[3], diverse EU-Projekte, ein Forschungsdokumentationsservice,

Forschungsdatenmanagement, ein DOI-Vergabeservice und ein Beratungsservice für Datenmanagementpläne. Einige dieser Dienste sollen in Folge kurz vorgestellt werden.

Nicht zu vergessen bei der Forschungsunterstützung sind jedoch alle klassischen Dienste, die die UB seit jeher zur Verfügung stellt und die am Anfang jeder Forschung stehen, nämlich jene Instrumente, die die Recherche nach Literatur, nach analogen und digitalen Quellen erst möglich machen, die Kataloge.

## Recherche

*Die Mediensuchmaschine* u:search

Auf der Webseite der UB Wien findet man unter dem Menüpunkt „Recherche" die Mediensuchmaschine *u:search* (URL: usearch.univie.ac.at), ein Discoverysystem, das nicht nur gedruckte und elektronische Bücher, Zeitschriften und Medien, die tatsächlich an der UB Wien vorhanden sind, verzeichnet, sondern auch jene Materialien, die beispielsweise über Repositorien, den Hochschulschriftenserver, Datenbanken bzw. diverse Verlage angeboten werden. Der große Vorteil dieser Suchmaschine ist die Fülle an Angeboten zu bestimmten Themen. Der Nachteil ist, dass nicht alles verzeichnet ist, einige ältere Werke der UB konnten beispielsweise aus Ressourcengründen (noch) nicht erfasst werden. Um *u:search* effektiv einsetzen zu können, sollte man sich Suchstrategien überlegen, denn die Eingabe des Begriffs „Digital Humanities" führt zum Beispiel zu über 37.000 Treffern. Um *u:search* sinnvoll verwenden zu können, empfiehlt es sich daher, die diversen Filterungsmöglichkeiten zu nutzen. So kann man beispielsweise zwischen physisch oder elektronisch vorhandenen Quellen wählen, nur in Peer-reviewed-Journals oder gezielt im Hochschulschriftenserver recherchieren. Ebenso ist eine Einschränkung der Suche auf einzelne Fachbereichsbibliotheken möglich. Hilfreich ist auch die Vorauswahl bestimmter Medien, wie Bücher, Rezensionen, audiovisuelle Medien, e-Journals, Konferenzschriften usw. Zu jedem eingegebenen Suchbegriff werden auch Institutionen und Personen vorgeschlagen, die der weiteren spezifischen Suche dienen. Darüber hinaus kann auch der Zeitraum eingegrenzt, die Sprache ausgewählt und eine professionelle Suche über diverse Klassifikationssysteme gestartet werden. Auch Vorschläge für neue Suchen und Hinweise auf verwandte Themen fehlen nicht. Die Suchergebnisse lassen sich nach Relevanz, Erscheinungsjahr, Bekanntheitsgrad, AutorInnen und Titel reihen.

*Historische Kataloge*
Die Suchmaschine u:search bietet zwar eine bequeme und rasche Recherche diverser Bibliotheksbestände und lizensierter Materialien an, aber es sind nicht alle Werke, vor allem ältere historische Werke verzeichnet. Deshalb ist es wichtig, bei einer Quellensuche auch die alten Kataloge der Bibliothek[4] zu berücksichtigen. Dabei handelt es sich um eingescannte Bandkataloge, die teilweise in Fraktur geschrieben sind, und um eingescannte Katalogkarten, die durchblättert werden können. Aufgrund des Alters der Einträge kann es vorkommen, dass sich einzelne Werke aufgrund eines (kriegsbedingten) Verlustes nicht mehr im Bestand der Bibliothek befinden.

Vor Nutzung der alten Kataloge empfiehlt es sich außerdem, die diversen Benützungshinweise und Suchhilfen in Anspruch zu nehmen. Am Infopult stehen auch MitarbeiterInnen der UB Wien für Fragen zur Verfügung. Die Bestellung eines Werks aus dem Altbestand kann übrigens auch online erfolgen (URL: www.univie.ac.at/bibliothekssystem/altbestand).

*E-Books on Demand (EOD)*
EOD (URL: bibliothek.univie.ac.at/eod.html) erlaubt den BenützerInnen eine Digitalisierung jedes Buches aus dem Bestand der Universitätsbibliothek in Auftrag zu geben, das urheberrechtsfrei ist (70 Jahre nach dem Tod des Verfassers bzw. der Verfasserin) und dessen Zustand eine Digitalisierung ermöglicht. Digitalisiert werden ausschließlich komplette Medieneinheiten (Bände) – *from cover to cover*. Das gewünschte Buch wird sorgfältig mit hoher Auflösung gescannt. Auf Wunsch kann bei Büchern, die vor 1801 erschienen sind, OCR (ein Verfahren zur automatischen Texterkennung) mitbestellt werden, bei Büchern mit einem Erscheinungsjahr nach 1801 erfolgt dies automatisch. Die gescannten Einzelheiten werden zu einer einzigen Datei im PDF-Format zusammengeführt. Ein Button in den Katalogen bzw. in *u:search* verweist auf dieses Service. Eine gemeinsame Suchmaschine (URL: search.books2ebooks.eu) erlaubt die Recherche nach allen bestellbaren Beständen der EOD-Netzwerkpartner. Nach einer Sperrfrist werden die digitalisierten Bücher der UB Wien im Repositorium *Phaidra* weltweit frei zugänglich zur Verfügung gestellt[5]. Diese sind auch über *u:search* abrufbar.[6]

*Datenbanken und E-Ressourcen*
Für eine umfassende Recherche ist das Durchsuchen diverser Datenbanken (URL: metalib.univie.ac.at) unerlässlich. Dabei kann nach

Titel, nach Thema, Fachgebiet, Stichwort usw. gesucht werden. Zu beachten ist, dass nicht alle Datenbanken automatisch frei verfügbar sind, sondern für UB-NutzerInnen lizensiert werden. Deshalb empfiehlt sich vor dem Start der Recherche eine Anmeldung mittels *u:account*.

Im Bereich E-Ressourcen (URL: bibliothek.univie.ac.at/eressourcen.html) findet man auch die Elektronische Zeitschriftenbibliothek (EZB) (URL: rzblx1.uni-regensburg.de/ezeit), die alle an der UB Wien verfügbaren Online-Zeitschriftensysteme enthält. Die EZB wurde 1997 im Rahmen eines Projekts von der Universitätsbibliothek Regensburg, in Kooperation mit der Bibliothek der Technischen Universität München, gegründet, um den BibliotheksnutzerInnen elektronische Zeitschriften übersichtlich präsentieren zu können und gleichzeitig den teilnehmenden Bibliotheken die Verwaltung ihrer wissenschaftlichen E-Journale zu erleichtern. Derzeit nutzen 628 Einrichtungen die EZB. Damit können stets aktuelle Informationen über die Zugänglichkeit der Zeitschriften geliefert werden und die umfangreiche Sammlung von frei zugänglichen Zeitschriften ständig weiter ausgebaut werden. Auch die Funktionalitäten werden ständig erweitert. Derzeit umfasst die EZB 94.817 Titel, davon 19.970 reine Online-Zeitschriften, zu allen Fachgebieten. Zusätzlich sind 118.541 Zeitschriften von Aggregatoren verzeichnet. 60.538 Fachzeitschriften sind im Volltext frei zugänglich. Die Anwenderbibliotheken bieten ihren Benutzern außerdem den Zugriff auf die Volltexte der von ihnen abonnierten E-Journals. Ein Ampelsystem zeigt auf einen Blick, ob die Zeitschrift zugänglich ist oder nicht. Grün bedeutetet dass der Volltext der Zeitschrift frei zugänglich ist. Gelb heißt, dass die Zeitschrift an der Teilnehmerbibliothek lizenziert und für die BenutzerInnen dieser Bibliothek im Volltext zugänglich ist. Ein gelber und ein roter Punkt zeigen, dass die von der Zeitschrift an der Teilnehmerbibliothek ein Teil der erschienenen Jahrgänge im Volltext lizenziert ist. Rot bedeutet, die Zeitschrift ist nicht abonniert und daher nicht im Volltext nutzbar, wobei in der Regel Inhaltsverzeichnisse und oft auch Abstracts kostenlos verfügbar sind. Bei Zeitschriften, die zusätzlich zur Ampel auch ein Eurosymbol tragen, können Einzelartikel über *pay-per-view* kostenpflichtig abgerufen werden. Die UB Wien bietet zum Thema E-Ressourcen zahlreiche Tutorials und Schulungen an (URL: bibliothek.univie.ac.at/recherche-tutorials.html).

*Der Hochschulschriftenserver*

Der Hochschulschriftenserver E-Thesis (othes.univie.ac.at) enthält Metadaten und Volltexte von seit 1965 an der Universität Wien approbierten Diplomarbeiten, Masterarbeiten und Dissertationen. Seit 2008, seit der verpflichtenden Einreichung von Abschlussarbeiten in elektronischer Form, werden diese, sofern sie nicht durch die UrheberInnen gesperrt sind, über den Hochschulschriftenserver zur Verfügung gestellt. Damit wird einerseits der Forschungsoutput weltweit sichtbar und durch permanente Adressen zitierbar, andererseits steht eine Fülle an Quellen Forschenden und Studierenden frei zugänglich rund um die Uhr zur Verfügung. Zahlreiche Suchmöglichkeiten, unter anderem eine Volltextsuche, die Suche nach AutorInnen und BetreuerInnen, nach Stichworten, Themen, Typen der Hochschulschrift, Abstracts, Fakultäten usw. machen den Hochschulschriftenserver zu einem wertvollen Pool an Wissen. Sämtliche Hochschulschriften sind auch über *u:search* auffindbar.

## Open Access

Laut der Budapest Open Access Initiative (BOAI) bedeutet Open Access:

> dass diese Literatur kostenfrei und öffentlich im Internet zugänglich sein sollte, sodass Interessierte die Volltexte lesen, herunterladen, kopieren, verteilen, drucken, in ihnen suchen, auf sie verweisen und sie auch sonst auf jede denkbare legale Weise benutzen können, ohne finanzielle, gesetzliche oder technische Barrieren jenseits von denen, die mit dem Internetzugang selbst verbunden sind. In allen Fragen des Wiederabdrucks und der Verteilung und in allen Fragen des Copyright überhaupt sollte die einzige Einschränkung darin bestehen, den jeweiligen Autorinnen und Autoren Kontrolle über ihre Arbeit zu belassen und deren Recht zu sichern, dass ihre Arbeit angemessen anerkannt und zitiert wird.[7]

Open Access, Open Science, Open Data sind Begriffe, die in den letzten Jahren immer größere Bedeutung gewonnen haben. Als Gründe für Open Access werden unter anderem angegeben:

- freier Zugang zu öffentlich finanzierten Forschungsergebnissen
- erhöhte Sichtbarkeit und Zitierhäufigkeit von Dokumenten
- schneller, kostenloser Zugang zu wissenschaftlicher Information
- gute Auffindbarkeit über Suchmaschinen und Nachweisdienste
- Partizipation an den Vorteilen digitaler Dokumente
- Förderung der internationalen und interdisziplinären Zusammenarbeit

- Förderung der Forschungseffizienz
- Verbleib der Verwertungsrechte bei der Autorin/beim Autor
- langfristige Verfügbarkeit der Dokumente
- Vorteile in vernetzten, IT-gestützten Arbeitsumgebungen
- Prioritätssicherung[8]

Grundsätzlich unterscheidet man bei Open Access zwischen zwei Strategien: dem goldenen und dem grünen Weg. Der goldene Weg bezeichnet die Erstveröffentlichung wissenschaftlicher Werke als Artikel in Open-Access-Zeitschriften, als Open-Access-Monografie oder als Beitrag in einem Open Access erscheinenden Sammelwerk oder Konferenzband. Diese Texte werden qualitätsgeprüft, meist in Form eines Peer Review oder Editorial Review. Mit dem Verlag wird in der Regel ein Publikationsvertrag geschlossen, der bestimmt, welche Nutzungsrechte die AutorInnen der Zeitschrift bzw. dem Verlag einräumen und welche Nutzungsbedingungen für die entgeltfrei zugänglichen Dokumente gelten sollen. Ein solcher Vertrag wird oftmals durch eine Open-Access-Publikationslizenz ergänzt.

Der grüne Weg (*self archiving*) bezeichnet die zusätzliche Veröffentlichung von in einem Verlag oder einer Zeitschrift erschienenen Dokumente auf Open-Access-Dokumentenservern (oder Repositorien). Teils wird darunter auch die Zugänglichmachung solcher Werke auf der Webseite der Autorin/des Autors verstanden. Diese kann zeitgleich mit oder nachträglich zur Publikation der Inhalte im Verlag erfolgen und ist möglich für Preprints und Postprints wissenschaftlicher Artikel, aber auch andere Dokumentarten wie z.B. Monografien, Forschungsberichte, Konferenzproceedings[9].

Bei der Selbstarchivierung unterscheidet man drei Möglichkeiten: (1) auf institutionellen Repositorien (wie beispielsweise *Phaidra* an der Universität Wien), (2) auf disziplinären Repositorien und (3) auf der eigenen Homepage. Dies wird jedoch nicht empfohlen, da keine langfristige Sicherung der Publikationen erfolgt, keine permanenten Identifier vergeben werden und auch die Sichtbarkeit nicht so hoch ist, wie bei der Archivierung in Repositorien.

Open Access war früher fast ausschließlich bei Publikationen ein Thema. Seit einiger Zeit verlangen Fördergeber, dass auch die so genannten Forschungsdaten öffentlich verfügbar gemacht werden – wo dies aus ethischen und rechtlichen Gründen möglich ist.

> Forschungsdaten bezeichnen (digitale) Daten, die je nach Fachkontext Gegenstand eines Forschungsprozesses sind, während eines Forschungsprozesses entstehen oder sein Ergebnis sind. Forschungsdaten werden unter Anwendung verschiedener Methoden – abhängig von der Forschungsfrage –

erzeugt, z.B. durch Quellenforschungen, Experimente, Messungen, Beschreibungen, Erhebungen oder Befragungen. Daraus ergibt sich ein disziplin- und projektspezifisches Verständnis von Forschungsdaten mit divergierenden Anforderungen für die Aufbereitung und Verwaltung. Da Forschungsdaten notwendig sind, um die darauf aufbauenden Forschungsergebnisse verifizieren zu können, ist deren Erhalt ein anerkannter Bestandteil der guten wissenschaftlichen Praxis.[10]

Welche Daten als „Forschungsdaten" bezeichnet werden, hängt sehr oft von der Fachdisziplin ab. In den Geisteswissenschaften zählen dazu Texte, Bilder, Bücher aber auch multimediale Objekte und bibliografische Angaben.

Im Sinne der European Open Science Cloud Declaration[11] heißt es:

> European science must be grounded in a common culture of data stewardship, so that research data is recognised as a significant output of research and is appropriately curated throughout and after the period conducting the research. Only a considerable cultural change will enable long-term reuse for science and for innovation of data created by research activities: no disciplines, institutions or countries must be left behind.

In den *Panton Principles. Principles for Open Data in Science* wird erklärt, was Open Access bei Forschungsdaten meint: Open Access zu Daten bedeutet, diese Daten so umstandslos wie möglich für LeserInnen und andere ForscherInnen nutzbar zu machen. Der offene Zugang zu Forschungsdaten wird oft damit begründet, dass er die Überprüfbarkeit und Reproduzierbarkeit der in Texten ausformulierten wissenschaftlichen Ergebnisse erlaube.[12]

In letzter Zeit wird auch oft von FAIR-Data gesprochen. Dahinter stecken folgende Forderungen: Daten sollen auffindbar (*findable*) und zugänglich (*accesible*) sein, sich mit unterschiedlicher Software und Tools nutzen lassen (*interoperable*) sowie nachnutzbar (*reusable*) sein.[13] Diese Forderungen können nur erfüllt werden, wenn u. a. bestimmte Vorgaben eingehalten werden:

- Die Daten müssen einen permanenten Identifier haben.
- Sie sind mit ausführlichen mehrsprachigen Metadaten, also Beschreibungen der Daten versehen.
- Sie sind im Internet gut auffindbar.
- Die Metadaten basieren auf Standards und sind auch dann noch zugänglich, wenn die Daten selbst nicht mehr erreichbar sind.
- In den Metadaten wird auf offene Thesauri verwiesen.
- Die Daten sind mit einer offenen Lizenz versehen.[14]

Neben dem Repositorium *Phaidra* steht MitarbeiterInnen und Studierenden an der Universität Wien auch *u:scholar* (URL: uscholar.

univie.ac.at) zu Verfügung, ein institutionelles Repositorium, das der Sammlung und Präsentation der hier erzielten Forschungsergebnisse dient. Dazu gehören Zeitschriftenartikel und Monografien ebenso wie Kongressbeiträge und Working Papers. Sämtliche über *u:scholar* hochgeladenen Objekte werden in *Phaidra* archiviert. Betreut wird *u:-scholar* vom Open Access Office der Universität Wien (URL: openaccess.univie.ac.at), das auch Publikationsberatung anbietet und den Open-Access-Publikationsfonds verwaltet.

Die Abteilung „Bibliometrie und Publikationsstrategien" (URL: bibliothek.univie.ac.at/bibliometrie) unterstützt sowohl die WissenschafterInnen an der Universität Wien, wird aber auch vom Rektorat und der Qualitätssicherung bei der Einschätzung von Forschungsleistung hinzugezogen. Bibliometrie ist die Disziplin zur Messung der wissenschaftlichen Leistung einer Person, einer Institution oder einer geografischen Einheit. Sie kann auch zur Bewertung einer Sammlung ausgewählter Artikel oder einer gesamten Zeitschrift herangezogen werden. Dabei werden quantitative Methoden durch Zählung und Analyse verschiedener Aspekte angewendet. Die Einschätzung von Forschungsleistung sollte idealerweise durch die Kombination von qualitativen und quantitativen Methoden erfolgen. Erstere basieren vor allem auf Peer Review, das heißt auf der Begutachtung der Forschungsleistung durch unabhängige ExpertInnen. Letztere verwenden spezifische Parameter oder Indikatoren basierend auf objektiv messbaren Elementen der wissenschaftlichen Veröffentlichungen.[15] Bibliometrische Analysen sind nur quantitative „Annäherungen", sagen aber nichts Endgültiges über die Qualität der Forschung oder deren wissenschaftlichen Output aus.[16]

## Repositorien

„Repositorien sind an Universitäten oder Forschungseinrichtungen betriebene Dokumentenserver, auf denen wissenschaftliche Materialien archiviert und weltweit entgeltfrei zugänglich gemacht werden."[17] Eine andere Definition lautet: „Ein Repositorium kann als eine spezielle Form des Archivs betrachtet werden. Daher werden Repositorien auch als Infrastruktur für die sogenannte Langzeitarchivierung verwendet."[18]

In den letzten Jahren wurden zahlreiche Repositorien an österreichischen Institutionen aufgebaut. Viele von ihnen werden genutzt, um Hochschulschriften oder den wissenschaftlichen Output zugänglich zu machen. Sie können aber einige weitere Funktionen übernehmen, unter anderem dienen sie der Archivierung von digitalen Objekten, der Auffindbarkeit von Forschungsoutputs, der Zitierbarkeit von Publikationen, der Sichtbarkeit von Forschung und der Vernetzung von ForscherInnen.

Man unterscheidet fachspezifische Repositorien und institutionelle Repositorien. *Phaidra* zählt zur letzten Gruppe. Es wird seit 2008 allen MitarbeiterInnen und allen Studierenden angeboten und darüber hinaus bei Bedarf auch externen NutzerInnen. Wichtig ist vor dem Hochladen zu bedenken, dass die Objekte nicht mehr gelöscht werden können, es kann nur die Sichtbarkeit eingeschränkt werden. Es muss unbedingt beachtet werden, dass man die Rechte haben muss das Objekt archivieren zu dürfen.

*Phaidra*, das von der UB Wien zusammen mit dem Zentralen Informatikdienst der Universität Wien betrieben wird, zeichnet sich u.a. durch folgende Eigenschaften aus:

- offener und freier Zugang (alle MitarbeiterInnen und alle Studierende der Universität Wien können *Phaidra* aktiv nutzen)
- persistente Zitierbarkeit (handle-Link automatisch für alle Objekte, URN für Bücher, DOI auf Anfrage)
- differenziertes Zugriffskonzept
- Die Daten können lizenziert werden.
- verlässliche Langzeitverfügbarkeit
- auf Dublin Core und LOM basierende Metadatenschemata
- Alle Formate sind zulässig (bevorzugt werden empfohlene Formate).
- Open Access Objekte von *Phaidra* können im Internet gefunden und aufgerufen werden.
- Die Metadaten sämtlicher *Phaidra* Objekte sind öffentlich verfügbar.
- Sämtliche Objekte können in *Phaidra* auf unterschiedliche Weise miteinander verknüpft werden.
- Die Metadaten können in mehreren Sprachen beschrieben werden.
- Projekte werden hinsichtlich eines Datenmanagementplans unterstützt.
- Visualisierung der Daten auf unterschiedliche Weisen möglich (z.B. Bookviewer für Bücher)

Inzwischen wird *Phaidra* nicht mehr nur an der Universität Wien verwendet, sondern auch an unterschiedlichen anderen Universitäten und Institutionen im In- und Ausland (URL: www.phaidra.org/community/phaidra-partners). Im Sinne der Forschungsunterstützung berät die Abteilung Phaidra Forschende und Lehrende an der Universität Wien in bestmöglicher Weise in Bezug auf Archivierung, Datenmanagement, Forschungs- bzw. Lehrdaten und Sammlungen.

**Forschungsdatenmanagement**

Darunter fallen sämtliche Maßnahmen, die sicherstellen, dass digitale Forschungsdaten langfristig nutzbar sind. Die unterschiedlichen Anforderungen der verschiedenen Fachdisziplinen erfordern eine individuelle Beratung der Forschenden bzw. der Projekte. Da die Fördergeber zunehmend Einfluss auf den Umgang bzw. die langfristige Zurverfügungstellung von Daten nehmen, die innerhalb eines drittmittelgeförderten Forschungsprojektes entstanden sind, sind Universitäten immer stärker gefordert, diese Services anzubieten. Neben dem Forschungsservice sind hier meistens die Bibliotheken und die IT-Einrichtungen angesprochen. Ein Instrument, das WissenschafterInnen oft aufgrund der Vorgaben der Fördergeber benötigen, sind Datenmanagementpläne.

*Datenmanagementpläne*
Unter einem Datenmanagementplan versteht man Leitlinien, die den ForscherInnen im Rahmen eines Projekts helfen sollen, adäquat mit Daten umzugehen und eine Nachnutzung zu ermöglichen. Durch gezielte Fragen werden Überlegungen zu Verantwortlichkeiten, zum Umgang mit finanziellen und personellen Ressourcen, zu rechtlichen Fragen, Fragen zu Metadaten und Formaten usw. angeregt und mehr Klarheit im Umgang mit Daten gewonnen.

Ziel ist, dass Daten langfristig auffindbar, verständlich und nachnutzbar gemacht werden. Die sorgfältige Planung eines Projekts bringt eine Reihe von Vorteilen mit sich: Kostentransparenz von Beginn an sowie einen optimalen Einsatz von Know-how, Infrastruktur und Dienstleistungen. DMP fördern darüber hinaus das Verständnis für die eigenen Arbeitsprozesse bei der Durchführung von Projekten.

Datenmanagementpläne sind also:
- ein strukturierter Leitfaden (Dokument oder Online-Tool), der den gesamten Lebenszyklus von Daten[19] abdeckt
- ein „lebendes" Dokument (soll während des Projekts immer wieder angepasst und aktualisiert werden)
- ein Instrument für effizientes Datenmanagement (nicht das Datenmanagement selbst!)
- eine Sammlung von Fragen zu bestimmten Bereichen: geeignete

Formate, Standards, Dokumentationen, Speicherung, Archivierung und ggf. über Rechtsberatung oder technische Hilfeleistungen (ev. finanzieller Impact)[20]

*Nachhaltige Softwareentwicklung*
Um mit Forschungsdaten adäquat umgehen zu können, müssen die passenden Strukturen aufgebaut werden. Datenmanagementpläne werden aufgrund von Rückmeldungen der Forschenden und Vorgaben der Fördergeber bzw. der EU-Richtlinien ständig weiter entwickelt und angepasst, aber auch die technischen Strukturen müssen erweitert und optimiert werden. Das Kooperationsnetzwerk zwischen ZID und UB Wien *code4research* (URL: datamanagement.univie.ac.at/rdm/netzwerk-nachhaltige-softwareentwicklung) beschäftigt sich mit dem Thema „nachhaltige Softwareentwicklung". In Forschungsprojekten wird oft Software entwickelt, die nicht nur für die Datengenerierung, sondern auch für die Darstellung der Daten eingesetzt wird. Im Fall der Darstellung und Repräsentation der Daten ist es notwendig, die Software auch nach Ende des Forschungsprojekts und somit auch nach Ende der Finanzierung weiter zu betreiben. Eingebunden sind hier ForscherInnen aus unterschiedlichen Disziplinen, EDV-BetreuerInnen, VertreterInnen der UB Wien und EntscheidungsträgerInnen der unterschiedlichen Fakultäten. Gemeinsam werden vor allem folgende Fragen diskutiert: (1) Wie kommen Forschungsprojekte zu qualifizierten SoftwareentwicklerInnen, die rasch ein Verständnis für die Daten und für die Forschungsfrage aufbauen können? (2) Wie kann die entwickelte Software zentral betrieben werden? (3) Wie können von Grund auf Daten und Software getrennt gehalten werden, sodass es auch nach einem möglichen Verlust der Software möglich ist, die Daten weiterhin verfügbar zu machen?

*Permanente Identifier*
Wie bereits oben erwähnt, ist es wichtig, dass Forschungsdaten zitierbar bleiben. An der UB Wien wird seit einiger Zeit ein DOI Service (doi-service.univie.ac.at) betrieben. Ein DOI wird für jedes Dokument nur einmal festgelegt und bleibt (ähnlich wie eine ISBN) dauerhaft mit ihm verbunden. Mit Hilfe eines DOI-Resolvers kann das Dokument unabhängig von der tatsächlichen Server-Adresse jederzeit wieder aufgefunden werden. Der DOI führt immer zur *Landing Page* des Objektes, d.h. zu den Informationen über das Objekt (Metadaten), nicht zum Objekt selbst. Für *Phaidra, u:scholar* und für

Online-Zeitschriften kann ein DOI beantragt werden und zwar vor oder nach dem Hochladen. Die Vorabvergabe hat den Vorteil, dass die DOI bereits im PDF eingebettet ist.

*Metadatenmanagement*
Wichtig für den nachhaltigen Wert von Forschungsdaten sind die Metadaten, also jene Informationen, die die Objekte beschreiben. Metadaten erfüllen wichtige Aufgaben:

- Sie geben zusätzliche Hinweise, zum Beispiel auf weiterführende Informationen durch eingebettete Links.
- Sie unterstützen die Zugänglichkeit von Objekten.
- Sie garantieren rechtliche Sicherheit.
- Sie erleichtern die Nachnutzung der Objekte, in dem sie den Kontext mehrsprachig beschreiben.
- Sie gelten nicht als eigenes Werk und sind deshalb frei nutzbar.
- Sie ermöglichen eine optimale Visualisierung der Objekte und
- den Austausch mit anderen Systemen.

Wie oben bereits erwähnt, sind gut aufbereitete Metadaten auch für die FAIR-Principles ausschlaggebend. In manchen Fachdisziplinen können Metadaten auch die eigentlichen Forschungsdaten sein. In jedem Fall sind Metadaten mehr als nur Beschreibungen, deshalb ist es wichtig, dass Metadaten vor dem Upload in das Repository optimal vorbereitet und ständig gepflegt werden. Datenmanagementpläne helfen dabei, den Umgang mit Metadaten vorzubereiten (URL: datamanagement.univie.ac.at/rdm/metadaten).

## Conclusio

Zusammenfassend lässt sich festhalten, dass für Bibliotheken im Umgang mit digitalen Medien zahlreiche neue Handlungsfelder entstanden sind, dass hier Expertise aufgebaut und ständig weiterentwickelt werden muss, um eine zeitgemäße und effektive Forschungsunterstützung anbieten zu können. Wichtig dabei ist die enge Zusammenarbeit mit den IT-Services, mit den forschungsunterstützenden Services und vor allem mit den Forschenden selbst. Nur so können die Bibliotheken sicher sein, die richtigen Tools optimal und angepasst anzubieten.

## Anmerkungen

1 Michael Furger: Bibliotheken: Weg damit! NZZ am Sonntag [Gespräch mit Rafael Ball], 7.2.2016, URL: nzzas.nzz.ch/hintergrund/bibliotheken-und-buecher-weg-damit-meint-rafael-ball-ld.147683 [11.5.2018, gilt auch für die folgenden Links].

2 Vgl. URL: bibliothek.univie.ac.at/ueber_uns.html.

3 Bildungsmedien.tv bringt Filme für den Unterricht per Streaming in Österreichs Schulen und Erwachsenenbildungseinrichtungen, siehe bibliothek.univie.ac.at/bildungsmedientv.html.

4 Es sind dies: Nominalkatalog bis 1931, Nominalkatalog 1932–1988, Schlagwortkatalog bis 1931, Schlagwortkatalog 1932–1971, Schlagwortkatalog 1972–1989, siehe dazu URL: bibliothek.univie.ac.at/bibliothekskataloge.html.

5 Die bisher gescannten Werke sind unter phaidra.univie.ac.at/o:3523 abrufbar.

6 Das älteste Buch der UB Wien, Gaius Plinius Secundus: Historia naturalis: libri XXXVII. restituit Venetis, Spira Ioannes 1469, ist unter phaidra.univie.ac.at/o:19958 einsehbar.

7 URL: open-access.net/AT-DE/informationen-zu-open-access.

8 URL: open-access.net/AT-DE/informationen-zu-open-access/gruende-und-vorbehalte.

9 URL: open-access.net/AT-DE/informationen-zu-open-access/open-access-strategien.

10 URL: www.forschungsdaten.org/index.php/Forschungsdaten

11 URL: ec.europa.eu/research/openscience/pdf/eosc_declaration.pdf#view=fit&pagemode=none

12 Panton Principles. Principles for Open Data in Science, URL: pantonprinciples.org

13 URL: www.force11.org/group/fairgroup/fairprinciples.

14 Zu Lizenzen siehe auch URL: datamanagement.univie.ac.at/rdm/juristisches/lizenzmodelle.

15 URL: bibliothek.univie.ac.at/bibliometrie/uber_bibliometrie.html.

16 URL: bibliothek.univie.ac.at/bibliometrie/benefits_limits.html.

17 URL: open-access.net/AT-DE/informationen-zu-open-access/repositorien.

18 URL: www.forschungsdaten.info/themen/bewahren-und-nachnutzen/repositorien.

19 Siehe dazu URL: www.forschungsdaten.info/themen/planen-und-strukturieren/datenlebenszyklus.

20 Ein Bespiel für ein Template: URL: phaidra.univie.ac.at/o:407954.

Ingo Börner, Susanne Kopf

# Wikipedia Studies: sprach- und literaturwissenschaftliche Zugänge zu Wikipedia

## Einleitung

Die freie Enzyklopädie Wikipedia wurde 2001 gegründet und gehört mittlerweile zu den bedeutendsten und meistbesuchten Webseiten weltweit. Trotz der enormen Reichweite gerät die Enzyklopädie dennoch selten in den Fokus sprach- und literaturwissenschaftlicher Untersuchungen (einige wenige Ausnahme sind: Page 2014; Kopf/Nichele in Vorbereitung; Kopf in Vorbereitung; Myers 2010; Gredel 2017; Hube et al. 2017). Das Ziel der Webseite ist die Schaffung einer Online-Enzyklopädie, die kollaborativ und nicht von ausgewiesenen ExpertInnen erstellt wird (Wikipedia 2016). Jede Person, die über Internetzugang verfügt, kann die bereitgestellten Informationen nutzen, aber auch aktiv an der Erstellung von Beiträgen mitwirken (Wikipedia 2016). Um diesen kollaborativen Schreibprozess zu erleichtern und vor allem nachvollziehbar zu machen, stellt die Wikipedia einige Tools und Subseiten bereit, die sich überdies für diverse Studien von linguistischen sowie literaturwissenschaftlichen Fragestellungen nutzen lassen.

Dieser Beitrag versucht die Möglichkeiten der Arbeit mit Wikipedia-Daten für Sprach- und Literaturwissenschaften aufzuzeigen. Zunächst wird dazu ein Überblick über die Struktur der Wikipedia gegeben. Der Fokus liegt dabei insbesondere auf den weniger bekannten Aspekten und Möglichkeiten der Webseite, wie etwa der Versionsgeschichte. Darauf folgt eine kurze Diskussion der gesellschaftlichen Relevanz der Wikipedia mit Hinblick auf die Autor- und Leserschaft, die dabei auch die potentielle soziale Funktion der Wikipedia-Diskussionsseiten beleuchtet. Praktische Ansätze zum Umgang mit Wikipedia-Daten und Analyseansätze im Rahmen der Digital Humanities schließen den Beitrag ab.

## Struktur der Wikipedia – die ‚Front Stage' und die ‚Back Stage'

Wie Susan Herring bereits 2013 feststellte, kann Erving Goffmans Konzept von *back stage* und *front stage* herangezogen werden, um die Struktur der Wikipedia zu beschreiben (Herring 2013: 15; Goffman 1959). Das bedeutet, dass neben dem enzyklopädischen Eintrag – dem Artikel – noch weitere nicht primär publikumsorientierte Seiten existieren, die der Weiterentwicklung der Wikipedia dienen oder die Entstehung eines Artikels nachvollziehen lassen.

*Die ‚Front Stage' – der enzyklopädische Artikel*

Die Eigenschaften und das Format von Wikipedia-Artikeln ist gemeinhin bekannt, daher wird hier nur ein kurzer Überblick gegeben. Das Ziel der Webseite, eine Enzyklopädie zu bieten, spiegelt sich in den Artikeln wider, welche zu diversen Themen einen neutralen Standpunkt (*Neutral Point of View*, NPOV) vertreten sollen, also „eine Thematik so zu präsentieren, dass sowohl deren Gegner als auch deren Befürworter die Darstellung tolerieren können […]. [D]as Ziel [soll] darin bestehen, eine für alle *rational denkenden* Beteiligten tolerable Beschreibung zu formulieren" [Hervorhebung im Original] (Wikipedia 2018).

Der enzyklopädische Eintrag setzt sich aus Überschrift, Einleitung, Inhaltsverzeichnis, Textkörper und Quellenangaben zusammen. Darüber hinaus kann ein Wikipedia-Artikel nebst zahlreicher Hyperlinks zu anderen Wikipedia-Artikeln und den Quellen auch Bilder und Multimediainhalte, wie etwa Videos, enthalten. Von besonderem Interesse sind die Infoboxen, die je nach Gebiet Eckdaten zu einem Thema in tabellarischer Form bereithalten, beispielsweise werden bei Artikeln zu Ländern Flagge, Hymne, Einwohneranzahl etc. in der Infobox angeführt. Prinzipiell können alle SeitenbesucherInnen einen Wikipedia-Artikel edieren,[1] neue Erkenntnisse ergänzen und somit zur Weiterentwicklung des Artikels beitragen.

*Die ‚Back Stage' – Diskussionsseiten und Versionsgeschichte*

Jeder Artikel wird von einer Diskussionsseite begleitet, die Wikipedia-EditorInnen eine Plattform zum Austausch über den Bearbeitungsprozess aber auch zur Diskussion von kontroversiellen Themen zum Artikelgegenstand bietet. Diese Diskussionen sind in einem de facto *thread*-System organisiert (Wikipedia 2018; Black et al. 2011: 625f.)[2]. Ein/e WikipedianerIn, der/die eine Diskussion beginnen möchte, eröffnet mit einer Überschrift einen Thread, postet sein/ihr Anliegen und versieht das Posting mit Signatur und Zeitmarke.

Andere WikipedianerInnen können auf dieses Posting antworten, indem sie die Seite bearbeiten und ihren Beitrag ebenfalls signieren und mit Zeitmarke versehen.

Diese dialogischen Diskussionsseiten sind von zentraler Wichtigkeit für den kollaborativen und konsensorientierten Erstellungsprozess der Enzyklopädie (Grundprinzipien, Wikipedia 2018), da eben nur durch Überzeugungsarbeit und konstruktive Diskussion Konsens über die Inhalte, die in einem Artikel repräsentiert werden sollen, erreicht werden kann. Beschließt ein/e WikipedianerIn ohne Zustimmung der anderen BearbeiterInnen eines Beitrags eine kontroversielle Änderung vorzunehmen, so ist es wahrscheinlich, dass der Eingriff rückgängig gemacht wird (*revert*) oder – im schlimmsten Fall – die/der WikipedianerIn von weiteren Bearbeitung ausgeschlossen wird. Darüber hinaus gibt es natürlich noch eine Vielzahl weiterer Verhaltens-, aber auch inhaltlichen Regeln, die den kollaborativen Schreibprozess leiten und unterstützen. Diese Konventionen müssen von prospektiven WikipedianerInnen erlernt werden.

Neben Artikel- und Diskussionsseite verdient die *Versionsgeschichte* als ein weiterer wichtiger Aspekt der Goffman'schen *back stage* Aufmerksamkeit. Aufgrund der Tatsache, dass Wikipedia kollaborativ generiert wird und die Artikel stetig weiterentwickelt werden, legt die Software Mediawiki, auf der die Wikipedia basiert, automatisch eine Versionsgeschichte an. Dies hat zur Folge, dass jeder Bearbeitungszustand nachträglich verfügbar und eindeutig referenzierbar ist. Die Versionsgeschichte erlaubt es in diachroner Perspektive die Artikelentstehung im Detail nachzuvollziehen.

## Gesellschaftliche Relevanz der Wikipedia

*LeserInnenschaft*

Wikipedia rangiert kontinuierlich unter den Top 6 der weltweit am häufigsten aufgerufenen Webseiten, wobei bei derartigen Erhebungen in der Regel nicht zwischen den verschiedenen Sprachversionen unterschieden wird (Alexa 2016). Generell ist die englische Wikipedia das meistbesuchte Subprojekt mit ca. 97 Milliarden Zugriffen im Jahr 2015. Die deutsche Variante generiert dagegen nur ca. 13 Milliarden Seitenaufrufe (Anderson/Hitlin/Atkinson 2016). Eine Studie der Wikimedia Foundation gibt Aufschluss über die Zielgruppe der Online-Enzyklopädie: Der/die durchschnittliche LeserIn ist 36 Jahre alt und stammt aus Europa oder den USA. Global gesehen sind es also ökonomisch besser entwickelte Regionen, in denen die Wikipedia vor allem rezipiert wird und demnach auch größeren Einfluss als Nachschlagewerk ausüben kann (Wikimedia Foundation 2011a).

Als Informationsquelle genießt Wikipedia bemerkenswert großes Vertrauen unter ihren NutzerInnen, wie internationale Vergleichsstudien belegen. Das britische Meinungsforschungsinstitut YouGov hat beispielsweise herausgefunden, dass in die Wikipedia mehr Vertrauen als in traditionelle Nachrichtenmedien gesetzt wird. Allerdings erreicht die *Encyclopædia Britannica* noch immer bessere Werte – konkret vertrauen 83 % der UmfrageteilnehmerInnen auf die Verlässlichkeit der *Encyclopædia Britannica* und vergleichsweise nur 67 % der Wikipedia (Jordan 2014). Weitere Studien bestätigen diesen Befund (z.B. Flanagin/Metzger 2011: 367f.). In einer Metastudie schließen Okoli et al., dass Wikipedia zwar oft als erste Informationsquelle konsultiert wird und dabei der Webseite prinzipiell Vertrauen als Quelle für allgemeines Überblickswissen geschenkt wird, dass aber LeserInnen durchaus mit Vorbehalten an die Webseite herantreten (2014: 2391).

*Wikipedia Diskussionsseiten als Öffentlichkeit*

Habermas definiert Öffentlichkeit als „ein Netzwerk für die Kommunikation von Inhalten und Stellungnahmen, also von Meinungen" (Habermas 1992: 436). Habermas' metaphorisches Netzwerk hat zentrale Bedeutung für die Funktionsfähigkeit und Gewährleistung von Demokratie, da hierdurch Meinungsaustausch öffentlich und frei möglich ist und in einem Aushandlungsprozess unter anderem Entscheidungen sowie EntscheidungsträgerInnen durch die Regierten legitimiert werden. Gerade in Zeiten transnationaler Kooperation stellt sich somit die Frage, ob ein solches Netzwerk auf einer übernationalen Ebene existiert (vgl. Bärenreuter et al. 2009; European University Institute 2011; Fossum/Schlesinger 2008; Koopmans/Statham 2010: 1; Priority 7 Citizens and Governance 2007; Warleigh 2003).

Jürgen Habermas betonte die Wichtigkeit einer übergeordneten und holistischen Öffentlichkeit. Fraser ergänzte Habermas' Verständnis nicht zuletzt aufgrund der Tatsache, dass wir in einer Welt systemischer Ungleichheit leben und somit Zugang zu dieser Öffentlichkeit nicht gleichermaßen gegeben ist. Frasers postmoderne Konzeption der Öffentlichkeit erlaubt unter anderem das Bestehen vieler paralleler Öffentlichkeiten, die in ihrer Gesamtheit genommen der gesamten Bevölkerung zugänglich sein sollten. Fraser gibt jedoch durchaus zu bedenken, dass diese verschiedenen öffentlichen Sphären unterschiedlichen Einflussgrad auf politisches Handeln und Entscheidungen der Gesellschaft haben können (Fraser 1995).

In diesem Kontext ist Eriksens Typologie der ‚starken' (*strong*) und ‚allgemeinen' (*general*) Öffentlichkeit erwähnenswert – bei beiden Formen ist die Trennung der Öffentlichkeit von der Institution, die diskutiert und/oder legitimiert werden soll, zentral. Die ‚starke' Öffentlichkeit dient der Meinungsbildung, aber auch der Aushandlung konkreter politischer Handlungsweisen. Im Gegensatz dazu unterstützen ‚allgemeine' Öffentlichkeiten lediglich die Meinungsbildung und Ausformung von Haltungen (Eriksen 2005: 345ff.).

Wikipedia-Diskussionsseiten können als ‚allgemeine' Öffentlichkeit verstanden werden – diese Seiten sind prinzipiell öffentlich zugänglich und laden zum Mitdiskutieren ein, natürlich mit der wichtigen Einschränkung, dass Internetzugang sowie eine gewisse technische Kompetenz bestehen. Darüber hinaus muss der/die Beitragende vor rechtlichen Konsequenzen geschützt sein, d.h. freie Meinungsäußerung muss vom Staat, in dem sich die Person aufhält, respektiert und geschützt werden. Dazu ist Habermas' Ideal des rationalen Diskurses zu erwähnen – Wikipedia operiert konsensorientiert, und erfolgreiches Bearbeiten ohne Rücksicht und Absprache mit anderen WikipedianerInnen ist kaum möglich. Auf der Diskussionsseite muss Überzeugungsarbeit geleistet werden – angestrebte Bearbeitungen und bestimmte Sichtweisen müssen argumentiert, belegt und begründet werden, laut Wikipedia-Regelwerk sogar in höflicher Form (Wikipedia 2018). In diesen Punkten unterscheidet sich Wikipedia maßgeblich von anderen öffentlich zugänglichen Plattformen wie z.B. Twitter – während Tweets eine Reihe von voneinander unabhängigen Meinungsäußerungen sein können, müssen WikipedianerInnen doch versuchen, ihre GesprächspartnerInnen zu überzeugen. Es ist also mindestens eine gegenseitige diskursive Bezugnahme der Gesprächsbeiträge aufeinander erforderlich (*responsive uptake*).

Zusammenfassend ist Meinungsaustausch und -bildung auf Wikipedia-Diskussionsseiten durchaus möglich, daher können diese Seiten, sofern sie nicht Wikipedia selbst zum Diskussionsgegenstand haben, als transnationale allgemeine Öffentlichkeit verstanden werden, ihr Einfluss auf eine generelle gesellschaftliche Meinungsbildung ist jedoch beschränkt.

## Möglichkeiten zu Arbeit mit Wikipedia-Daten

### *Zugriffsstatistik und Versionsgeschichte*

Die freie Zugänglichkeit zu den Daten auf Wikipedia ermöglicht den analytischen Zugriff mit unterschiedlichen Werkzeugen, die im

Rahmen der technologisch orientierten *Wikipedia Studies* entwickelt wurden. Diese Tools sind teilweise in die Oberfläche von Wikipedia integriert. Neben den bereits angesprochenen Diskussionsseiten und der Versionsgeschichte sind auch die Zugriffstatistiken über die Oberfläche von Wikipedia zugänglich. In der deutschsprachigen Wikipedia findet sich am Ende jeder Seite ein Link mit der Beschriftung „Abrufstatistik". Dieser führt die/den NutzerIn zu einem externen Tool, das eine Analyse der Seitenzugriffe ermöglicht.

Bei der aufgerufenen „Pageviews Analysis" handelt es sich um ein Set unterschiedlicher Instrumente. Neben den Zugriffszahlen auf eine Einzelseite („Pageviews"), können die Zugriffstatistiken für unterschiedliche Sprachversionen („Langviews"), die meistaufgerufenen Seiten pro Monat („Topviews") sowie die Gesamtzugriffe auf die Sprachversionen der Wikipedia („Siteviews") ausgegebenen werden. Mit dem Tool „Massviews" ist ein Vergleich mehrere Seiten nach unterschiedlichen Kategorien, beispielsweise der Artikelkategorien oder der Zugriffe auf verlinkte Seiten, möglich; darüber hinaus können die Aufrufe der Weiterleitungen („Weiterleitungsaufrufe") und die Zugriffe auf die NutzerInnen-Seite („Userviews") angezeigt werden. Auch die Aufrufe von Medieninhalten („Mediaviews") können angezeigt und analysiert werden. Das Werkzeug ermöglicht ein Filtern nach unterschiedlichen Kriterien, so lassen sich etwa die Seitenaufrufe für einen bestimmten Zeitraum anzeigen. Das Tool ermöglich neben der Ausgabe der Werte auch eine grafische Darstellung als Balkendiagramm. Zugriffstatistiken sind über die „Pageview Analysis" rückwirkend bis Juli 2015 verfügbar und lassen sich sowohl online analysieren, als auch für eine tiefergehende Untersuchung in unterschiedlichen Formaten (.csv und .json) herunterladen.

Für die praktische Arbeit mit Wikipedia-Daten sind insbesondere die Ansichten „Pageviews" und „Topviews" von Relevanz, da mit ihnen ein diachroner Blick auf das Interesse für gewisse Themen möglich wird und Themenkonjunkturen dargestellt werden können. Eine Untersuchung der Zugriffszahlen erlaubt Rückschlüsse auf die Relevanz eines Artikels in der Wikipedia. Es lassen sich daran weitere Fragen anschließen: Welche Inhalte interessieren die Leserschaft auf Wikipedia? Wann werden diese Seiten besonders häufig aufgerufen? In der Regel nimmt nämlich die Zahl der Seitenaufrufe in Abhängigkeit von gesellschaftlichen, politischen und medialen Ereignissen stark zu oder ab.

Denkbar sind zumindest zwei Untersuchungszugänge über die Zugriffsstatistiken: Ausgehend von der Einzelseite zu einem Thema lässt sich ein Überblick darüber gewinnen, zu welchem Zeitpunkt gesteigertes Interesse für das Thema bestanden hat. Beispielsweise verzeichnete die Artikelseite zum *Brexit* in der englischen Wikipedia am Tag nach der Wahl von Donald Trump besonders hohe Zugriffswerte. Diese Korrelation von politischen und gesellschaftlichen Ereignissen und der daraus resultierende Informationsbedarf, der über die Lektüre von Wikipedia gestillt wird, wären eine eigene Studie wert. Darüber hinaus ist aber auch ein Zugang denkbar, der sich an den besonders häufig aufgerufenen Seiten orientiert, und von dort ausgehend Fragen formuliert, weshalb eben diese Themen zu einem gewissen Zeitpunkt Konjunktur haben.

Eine nähere Betrachtung der Seiten mit den höchsten Zugriffszahlen ermöglicht beispielweise eine Untersuchung der Frage, ob Literatur überhaupt, und wenn ja, zu welchen Zeitpunkten, ein Thema ist, zu dem verstärkt nachgeschlagen wird; anders gefragt: Stößt Literatur auf Wikipedia überhaupt auf ein Interesse der NutzerInnen? Schaffen es literarische Themen unter die Top 1000? Derartige Fragestellungen lassen sich insbesondere dann gut untersuchen, wenn mit den heruntergeladenen Daten der „Topviews" gearbeitet wird. Die Schwierigkeit besteht allerdings darin, dass sich über das Tool zwar die Zugriffszahlen auf einzelne Seiten (man erfährt den Seitentitel), nicht aber darüberhinausgehend Themen (etwa die Kategorisierungen einer Seite) untersuchen lassen.

Erforderlich ist somit die Kombination der Zugriffsstatistiken mit anderen Datenquellen, die beispielsweise eine Klassifizierung der Artikelseiten ermöglichen. Das Community-Projekt DBpedia (wiki.dbpedia.org) hält hierfür ein umfängliches Datenset zu den Seitenkategorien bereit, mit dem sich die über „Topviews" ermittelten Seiten in Beziehung setzen lassen. Über eine Kombination der Datenquellen können nun beispielsweise jene Artikelseiten zu SchriftstellerInnen identifiziert werden, die es unter die Top-1000 Seiten eines Monats schaffen.

Die Ergebnisse sind wenig überraschend: Es handelt sich dabei um eine Mischung einerseits aus AutorInnen aus der Domäne der Populärliteratur, zum anderen aber auch um VertreterInnen eines klassischen Kanons. Darüber hinaus finden sich einige Überraschungen: So rangiert beispielsweise der Comiczeichner Erich Ohser im März 2018 unter den Top-1000-Seiten, nämlich auf dem 32. Platz mit 201.899 Seitenzugriffen. In den übrigen zugänglichen Monaten weist die Seite von Erich Ohser keine derart hohen Zugriffswerte auf. Eine genauere Ansicht des betreffenden Monats zeigt ferner, dass sich die

Zugriffe beinahe vollständig auf einen einzigen Tag, nämlich den Geburtstag des Autors am 18. März konzentrieren.[3] Erklärbar sind die Zugriffszahlen nun damit, dass Google Erich Ohser zu seinem 115. Geburtstag ein *Google Doodle* widmete, das auf die Wikipedia-Seite des Autors verlinkte.[4] Das Beispiel zeigt, wie populäre Seiten, etwa die Suchmaschine Google, den NutzerInnenstrom zu lenken vermögen und hohes Interesse für einzelne Themen generieren können.

Neben den Zugriffen kann auch die Entstehung eines Artikels unter Zuhilfenahme von Tools analysiert werden. Wikipedia-Artikel entstehen in einem kollaborativen Schreibprozess, dennoch lassen sich die einzelnen Bearbeitungsschritte stets einer/m konkreten NutzerIn zuordnen. Die Versionsgeschichte ist zwar direkt über die Artikelseite zugänglich und somit in Wikipedia recherchierbar, es sind aber auch externe Tools verfügbar, die tiefergehende Einsichten in die Artikelgenese möglich machen.

So lässt sich die Versionsgeschichte eines Beitrags mit dem Programmpaket (*Suite*) xtools (xtools.wmflabs.org) analysieren. Die App stellt umfangreiche Informationen zur Artikelentstehung bereit. Unter anderem ist es möglich herauszufinden, welche NutzerInnen quantitativ in Bytes und in der Anzahl der Bearbeitungen in welchem Umfang zu einem Artikel beigetragen haben. Die vorgenommenen Änderungen eingeloggter NutzerInnen können anonymen Edits gegenübergestellt werden. Darüber hinaus sind all jene Bearbeitungen ausgewiesen, die automatisch von einem Computerprogramm (*Bot*) vorgenommen wurden. Eine weitere Möglichkeit besteht darin, die durchschnittliche Anzahl an Bearbeitungen durch eine/n NutzerIn ermitteln zu lassen. Die übersichtliche grafische Darstellung der Entwicklung des Umfangs eines Artikels ermöglicht es, jene Phasen in der Artikelentstehung zu identifizieren, in denen besonders aktiv an einem Beitrag gearbeitet wurde. Oftmals ist es lohnend, diese Zeiträume auch in anderen Tools zu betrachten und beispielsweise die zum Artikel angeschlossenen Diskussionen ergänzend zu analysieren.

*Corpus-Assisted Discourse Studies*

Im Folgenden wird die korpusgestützte Untersuchung der Daten im Sinne der *Corpus-Assisted-Discourse-Studies* (CADS) (vgl. Partington 2010) näher erläutert. Dieser Ansatz verbindet quantitative und qualitative Elemente der Korpusanalyse, d.h. das gesamte Datenmaterial wird einbezogen, allerdings nicht auf Kosten eines tiefgehenden Verständnisses darüber, was in der Diskussionsseite auf welche Art und Weise ausverhandelt wird (vgl. Partington 2010: 89; McEnery/Wilson

2001: 76). Ein CADS-Ansatz ist besonders fruchtbar bei Fragestellungen, die über die reine Zählung von sprachlichen Phänomenen hinausgehen. Unter anderem erfordert die Frage nach der diskursiven Repräsentation von *Brexit* auf der Diskussionsseite der englischen Wikipedia einen methodischen Ansatz, der ein Verständnis des Großen und Ganzen, also des gesamten Diskussionsmaterials, sowie ein Verständnis der Diskussionen im Detail ermöglicht.

Traditionelle quantitative Analysewerkzeuge wie Frequenzliste und Kollokationsanalyse (siehe folgender Absatz) bieten einen guten Einstieg in das Datenmaterial (vgl. Baker 2006: 47). Eine Frequenzliste ist eine Reihung der Wörter (eigentlich ‚Tokens', also durch Leerzeichen voneinander getrennte Zeichenkombinationen) nach der Häufigkeit ihres Vorkommens im Datenmaterial. Wenig überraschend rangiert *Brexit*[5] dabei unter den Top 15.

Eine Kollokationsanalyse zielt darauf ab, Tokens zu identifizieren, die statistisch-signifikant häufig gemeinsam auftreten (Kookkurrenz), d.h. eine Berechnung der Wahrscheinlichkeit, dass gewisse Tokens in unmittelbarer Nähe zueinander im Korpus vorkommen[6]. Für diese Berechnung kann der/die ForscherIn auswählen, inwieweit der Ko-text links oder rechts vom zu untersuchenden Begriff miteinbezogen wird. Wenn z. B. nur prämodifizierende Adjektive, die mit *Brexit* kollokieren, gesucht werden, kann der/die ForscherIn die Kollokationsberechnung so einstellen, dass nur der linksstehende Ko-text des Tokens miteinbezogen wird.

Für die gegebene Kollokationsberechnung wird der ‚t-score' mit einem Schwellenwert von 2.0 herangezogen, da diese Form der Kollokationsberechnung die geringe Korpusgröße berücksichtigt (vgl. Stubbs 1995: 34). Im gegebenen *Brexit*-Korpus kollokiert *Brexit* unter anderem mit *effect* und *effects*. Da die durch quantitative Berechnungen ermöglichte Beobachtung, dass *Brexit* mit *effect* und *effects* gehäuft vorkommt, zwar Aufschluss darüber gibt, dass die WikipedianerInnen offenbar diesen Aspekt von *Brexit* als besonders diskussionswürdig empfinden, so erlaubt es eine reine Auflistung der Kollokationen jedoch nicht, festzustellen, welche Verbindung die Wikipedia-AutorInnen zwischen den häufig gemeinsam auftretenden Tokens konstruieren. Somit ist eine tiefergehende qualitative Betrachtung dieser Kookkurrenzen nötig, um ein tatsächliches Verständnis der Diskussionen der Wikipedia-Community zu entwickeln.

Dafür eignet sich die Konkordanz-Betrachtung, welche ebenfalls durch die Korpus-Software ermöglichet wird. Diese bedeutet, dass Begriffe oder eben die Kookkurrenz von Begriffen eingebettet im

Ko-text betrachtet werden (siehe Abb. 1, o:768671)[7]. Dabei kann der/die ForscherIn Zeile für Zeile das Diskussionsmaterial analysieren; bei Bedarf kann eine Alphabetisierung links oder rechts vom ‚Node' (d.h. des zu betrachtenden Tokens) vorgenommen werden, um die Erkennung von Verwendungsmustern zu erleichtern. Im Kontext der Untersuchung zu *Brexit* mit *effect* und *effects* zeigte sich ein Diskussionsfokus auf negative *Brexit*-Effekte auf die Wirtschaft des Vereinigten Königreichs. Darüber hinaus diskutierten die involvierten WikipedianerInnen die Ungewissheit der zu erwartenden Effekte und – interessanterweise –, dass diese Ungewissheit alleine schon negative wirtschaftliche Konsequenzen nach sich ziehen würde (vgl. Kopf in Vorbereitung).

Schließlich sind noch zwei abschließende Punkte erwähnenswert. Erstens ist es wichtig zu bedenken, dass Konkordanzzeilen an sich noch keine Analyse darstellen bzw. produzieren (vgl. Mautner 2016: 158). Dieser Punkt weist darauf hin, dass die Korpusbetrachtung eines Datensatzes diesen nur in anders angeordneter Form widerspiegelt – in einer Form, die Muster und gewisse Charakteristika des Datensatzes erkennen lässt, aber in sich noch keine Analyse der Daten darstellt. Um diesem Umstand Rechnung zu tragen, ist es ratsam, weitere linguistische Analysemittel einzusetzen. Daher sollten in der qualitativen Konkordanzbetrachtung je nach Fragestellung und Forschungsziel weitere qualitative sprach- und textanalytische Methoden zur Anwendung kommen, wie beispielsweise eine Argumentationsanalyse (van Eemeren and Houtlosser 2000; Reisigl/Wodak 2001; Toulmin 2003) und Verfahren der *Social Actor Representation* basierend auf Hallidays systemisch-funktionaler Grammatik (van Leeuwen 1996; van Leeuwen 2008; Halliday/Matthiessen 2014). Zweitens ist es erwähnenswert, dass ein Korpus aufgrund seiner Größe meist nicht vollständig, d.h. die Berücksichtigung einer jeden einzelnen Konkordanzzeile, untersucht werden kann. Die korpusgestützte Datenanalyse sollte aber bis zu jenem Punkt durchgeführt und ergänzt werden, an dem eine gewisse Sättigung eintritt, also keine neuen Einsichten zum Forschungsgegenstand gefunden werden.

*Linkanalyse*

Eine Analyse der Versionsgeschichte zeigt oftmals, dass eine Erweiterung eines Artikels nicht zuletzt über die Aufnahme von neuen Verlinkungen erfolgt. Links sind auf Wikipedia insofern relevant, als es einem/r NutzerIn hierdurch möglich wird, weitere thematisch ähnliche Artikel aufzufinden. Auf den Tutorial-Seiten wird die Bedeutung der

Verlinkung betont: „Beim Schreiben eines Beitrags empfiehlt es sich, ihn so sachgerecht wie möglich mit anderen Artikeln zu verlinken." Jedoch wird vor dem Anlegen zu vieler Links gewarnt: „Zu viele Links lenken von den wichtigen Links ab [...], da zu viel Aufmerksamkeit auf Unwichtiges gelenkt wird." Laut Regelwerk sollen allgemein bekannte Begriffe und Jahreszahlen nicht verlinkt werden; die Verlinkung von Personennamen wird aber ausdrücklich empfohlen.[8]

Die einfache Möglichkeit zu verlinken führt dazu, dass Wikipedia-Artikel untereinander ein Netz von thematisch bedingten Verknüpfungen aufspannen. Artikelseiten, die Informationen enthalten, die für viele weitere Artikel wichtig sind und die als besonders verständnisfördernd angesehen werden, weisen eine große Zahl an eingehenden Links auf. Diese Anzahl an Links von anderen auf eine Seite, die so genannten *in-links*, kann somit als ein Maß für die Bedeutung bzw. für die Relevanz eines Artikels gelten (vgl. Hube et al. 2017). Je mehr eingehende Links ein Artikel aufweist, desto bedeutsamer ist das darin behandelte Thema.

Anders verhält es sich bei den so genannten *out-links*, also Verlinkungen auf eine andere Seite. Durch das Setzen eines *out-links* wird die verlinkte Seite der ursprünglichen Artikelseite als thematisch zugehörig eingestuft.

Diese allgemeinen Überlegungen zur Beschreibung von Verlinkungen als Maße für Relevanz und Zugehörigkeit lassen sich nun exemplarisch auf die Artikelseite zur ‚Österreichischen Literatur' übertragen. Hier lässt sich argumentieren, dass eine Sichtung der *out-links* über den Verlauf der Entstehung des Artikels Rückschlüsse auf den Aushandlungsprozess eines Kanons der österreichischen Literatur auf Wikipedia zulässt. Welche AutorInnenseiten werden ausgehend vom Artikel „Österreichische Literatur" verlinkt und damit auf eine Weise als besonders relevant für die österreichische Literatur eingestuft? Wie konsensfähig sind eingebrachte Verlinkungen über die Versionsgeschichte?

Eine Analyse der ‚Verlinkungsgeschichte' eines Artikels ist mit denen im vorangehenden Abschnitt beschrieben Tools nicht ohne weiteres möglich. Mit *xTools*, dem Tool zur Analyse der Versionsgeschichte, lässt sich zwar die Artikelgenese im Ganzen übersichtlich darstellen und quantitativ auswerten, auf die in den Versionen gesetzten Verlinkungen gibt es aber keinen Zugriff.

Für die im Folgenden beschriebene Analyse wurden die Verlinkungen der Seite „Österreichische Literatur" ausgewertet. Dazu wurde die Versionsgeschichte mittels der Spezialseite (Spezial:

Exportieren) im Mediawiki-Exportformat[9] heruntergeladen. Das Exportformat stellt weitreichende Informationen zur Artikelgenese als XML-Datei bereit und gibt etwa Aufschluss darüber, welcher User zu welchem Zeitpunkt welche Änderungen an dem Artikel vorgenommen hat. Aus dem XML-Export lässt sich der Zustand des Artikels zu jedem Schritt der Versionsgeschichte extrahieren, wobei der eigentliche Artikeltext als Wikitext enthalten ist. Die Verlinkungen sind darin der Syntax von Wikitext folgend als Wikilinks und nicht etwa als eigene XML-Elemente enthalten: Sie werden in doppelte eckige Klammern eingeschlossen.

Für eine Auswertung der Entwicklung der Verlinkungen über den Verlauf der Versionsgeschichte wurden nun die Wikitext-Links per Suchen-und-Ersetzen-Operation mit einem regulären Ausdruck in XML-Elemente überführt und anschließend ausgezählt. Insgesamt 303.983 Links enthält der Export der Seite vom 21. Mai 2018, die sich auf 1269 eindeutige Werte zurückführen lassen. Nach einer manuellen Bereinigung von orthografischen Varianten bleiben 1077 Datensätze erhalten.

Eine manuelle und dadurch verlässliche Klassifizierung der *outlinks* der Wikipedia-Seite zur österreichischen Literatur ergab nun folgendes Bild (vgl. Abb. 2: Manuelle Klassifizierung, o:768672): Beim Großteil (27,9 %) der verlinkten Artikel handelt es sich um Links auf AutorInnen; die weiteren Anteile entfallen auf nicht eindeutig Klassifizierbares (10,1 %), Wikipedia-typische Links (z.B. auf Kategorie-Seiten, zu anderen Sprachversionen 8,6 %), Orte (8 %), andere Personen, wie HerrscherInnen und PolitikerInnen (8,2 %), Epochen (6,6 %), literarische Werke (6,2 %), Gattungen (5,5 %) und einige weitere Kategorien (Literaturpreise, Periodika, Kulturinstitutionen, literaturtheoretische Begriffe etc.), die jeweils weit unter 5 % ausmachen.[10] Es zeigt sich also, dass der bei weitem größte Anteil der Links auf Artikelseiten von SchriftstellerInnen verweist und diese somit für österreichische Literatur als relevant bzw. zugehörig markiert.

Die Entwicklung der Linkanzahl über den Verlauf der Artikelgenese zeigt Abb. 3 (o:769785). Auffällig ist der rapide Anstieg an Verlinkungen von 127 auf 779 mit der Artikel-Version 14094644 vom 26. Februar 2006. Die Zunahme an Links verläuft parallel zu einer weitreichenden Umarbeitung des Artikels, in deren Folge eine große Zahl an AutorInnen hinzugefügt wurde, aber auch weitreichende – nicht regelkonforme – Verlinkungen von Jahreszahlen vorgenommen wurden. Die Anzahl an Links wurde erst wieder mit der Version 41994607 vom 3. Februar 2008 erheblich reduziert, wobei vor allem

Jahreszahlen entlinkt wurden. Die Linkanzahl bleibt dann bis zur aktuellen Version mit etwa 570 Links stabil. Ausgehend von diesem Beitrag ließe sich nun der Kanon der österreichischen Literatur auf Wikipedia erschließen.

## Conclusio

Die Wikipedia bietet ein bemerkenswertes Datenrepositorium für sowohl linguistische als auch literaturwissenschaftliche Studien. Die verschiedenen Facetten und Ebenen der Wikipedia, sowie die Tatsache, dass es verschiedenen Sprachversionen gibt, ermöglicht eine Vielzahl an möglichen Fragestellungen, begünstigt durch eine Vielzahl an Tools, die von einer sehr aktiven Community bereitgestellt werden. Nicht zuletzt aufgrund der sozialen Relevanz der Wikipedia – durch die Leserschaft und die mögliche Funktion der Diskussionsseiten – ist weitere intensive Beschäftigung mit der Webseite aus verschiedenen Forschungsperspcktiven durchaus lohnend.

## Anmerkungen

1 Ausgenommen sind gesperrte Artikel oder aufgrund von wiederholtem Regelverstoß blockierte NutzerInnen
2 Es sind nur de facto *threads*, da in einem tatsächlichen thread-System Beiträge nicht nachträglich verändert werden können. In der Wikipedia ist dies möglich, allerdings wird stark davon abgeraten.
3 Vgl. URL: tools.wmflabs.org/pageviews/?project=de.wikipedia.org&platform=all-access&agent=user&start=2018-03-01&end=2018-03-31&pages=Erich_Ohser [25.5.2018].
4 Vgl. URL: google.com/doodles/erich-ohsers-115th-birthday [25.5.2018].
5 Das Korpus-Programm behandelt das gesamte Sprachmaterial als kleingeschrieben, um alle Vorkommnisse von *Brexit* miteinzukalkulieren.
6 Überlegungen zu Korpusgröße und analytische Zielsetzungen bedingen die Wahl der Berechnungsmethode von Kollokationen, sowie Breite (*span*) des Ko-textes und Signifikanz-Schwellenwert.
7 Die Abbildungen dieses Beitrags finden sich unter dem angegebenen Link langfristig auf dem *Phaidra*-Repositorium der Universität Wien gespeichert. Sie können aufgerufen werden unter URL: phaidra.univie.ac.at mit direkt anschließender o-Nummer (hier URL: phaidra.univie.ac.at/o:768671).
8 Vgl. URL: de.wikipedia.org/wiki/Wikipedia:Verlinken [25.5.2018].
9 Vgl. URL: mediawiki.org/wiki/Help:Export#Export_format [25.5.2018].
10 Die extrahierten Links sind in dem auf github.com/ingoboerner/litatwiki bereitgestellten und über einen SPARQL-Endpoint zugänglichen Datenset im Detail recherchierbar.

## Literatur

Alexa (2016): The top 500 sites on the web, URL: www.alexa.com/topsites [20.3. 2016].

Anderson, Monica/Hitlin, Paul/Atkinson, Michelle (2016): Wikipedia at 15: Millions of readers in scores of languages, URL: www.pewresearch.org/fact-tank/2016/01/14/wikipedia-at-15 [7.3.2016].

Anthony, Laurence (2015): AntConc (Version 3.5.7) [Computer Software]. Tokyo: Waseda University, URL: www.laurenceanthony.net/software.

Baker, Paul (2006): Using Corpora in Discourse Analysis. London/New York: Continuum.

Bärenreuter, Christoph/Brüll, Cornelia/Mokre, Monika/Wahl-Jorgensen, Karin (2009): Eurosphere Working Paper Series. An Overview of Research on the European Public Sphere, URL: econpapers.repec.org/paper/erpewpxxx/p0027.htm [7.3.2018].

Black, Laura/Welser, Howard/Cosley, Dan/DeGroot, Jocelyn (2011): Self-governance through group discussion in Wikipedia: Measuring deliberation in online groups. In: Small Group Research 42, H. 5, S. 595–634.

Eriksen, Eric (2005): An emerging European public Sphere. In: European Journal of Social Theory 8, H. 3, S. 341–363.

European University Institute (2011): EMEDIATE: Media and ethics of a European public sphere from the Treaty of Rome to the „War on Terror", URL: www.eui.eu/DepartmentsAndCentres/RobertSchumanCentre/Research/ArchivedProjects/Emediate/Index.aspx [10.3.2015].

Fossum, John/Schlesinger, Philip (2008): The European Union and the Public Sphere: A Communicative Space in the Making? London/New York: Routledge.

Fraser, Nancy (1995): Politics, culture, and the public sphere: Toward a postmodern conception. In: Nicholson, Linda/Seidman, Steven (Hg.): Social Postmodernism: Beyond Identity Politics. Cambridge/New York: Cambridge University Press, S. 287–312.

Goffman, Erving (1959): The Presentation of Self in Everyday Life. Garden City/New York: Anchor Books.

Gredel, Eva (2017): Digital discourse analysis and Wikipedia: Bridging the gap between Foucauldian discourse analysis and digital conversation analysis. In: Journal of Pragmatics 115, S. 99–114.

Habermas, Jürgen (1992): Faktizität und Geltung: Beiträge zur Diskurstheorie des Rechts und des demokratischen Rechtsstaats. Frankfurt a. M.: Suhrkamp.

Halliday, Michael A.K./Matthiessen, Christian (2014): Halliday's Introduction to Functional Grammar. Abingdon/New York: Routledge.

Herring, Susan (2013): Discourse in web 2.0: Familiar, reconfigured and emergent. In: Tannen, Deborah/Trester, Anna M. (Hg.): Discourse 2.0: Language and New Media. Washington, D.C.: Georgetown University Press, S. 1–25.

Hube, Christoph/Fischer, Frank/Jäschke, Robert/Lauer, Gerhard/Rosendahl Thomsen, Mads (2017): World Literature according to Wikipedia: Introduction to a DBpedia-based Framework. URL: www.arxiv.org/abs/1701.00991 [30.5.2018].

Jordan, William (2014): British people trust Wikipedia more than the news, URL: yougov.co.uk/news/2014/08/09/more-british-people-trust-wikipedia-trust-news [11.1.2016].

Kittur, Aniket/Kraut, Robert (2008): Harnessing the wisdom of crowds in Wikipedia: Quality through coordination. In: Proceedings Of The ACM 2008 Conference On Computer Supported Cooperative Work – CSCW '08, S. 37–46.

Koopmans, Ruud/Statham, Paul (Hg.) (2010): Communication, society and politics. The making of a European public sphere: Media discourse and political contention. Cambridge: Cambridge University Press.

Kopf, Susanne (in Vorbereitung): Debating the European Union Transnationally: Wikipedians' Construction of the EU on a Wikipedia Talk Page (2001–2015). Lancaster: Univ.PhD Thesis.

Kopf, Susanne/Nichele, Elena (in Vorbereitung): Es-tu Charlie? Doing politics on Wikipedia. In: Kranert, Michael/Horan, Geraldine (Hg.): Doing Politics. Discursivity, Performativity and Mediation in Political Discourse. Amsterdam John Benjamins.

Mautner, Gerlinde (2016): Checks and balances: How corpus linguistics can contribute to CDA. In: Wodak, Ruth/Meyer, Michael (Hg.): Methods of critical Discourse Studies. London/Thousand Oaks, CA: Sage Publications, S. 155–180.

McEnery, Tony/Wilson, Andrew (2001): Corpus Linguistics: An Introduction. 2. Aufl. Edinburgh: Edinburgh University Press.

Myers, Greg (2010): The Discourse of Blogs and Wikis. London/New York: Continuum.

Okoli, Chitu/Mehdi, Mohamad/Mesgari, Mostafa/Nielsen, Fin/Lanamäki, Arto (2014): Wikipedia in the eyes of its beholders: A systematic review of scholarly research on Wikipedia readers and readership. In: Journal of the Association for Information Science and Technology 65, H. 12, S. 2381–2403, DOI: doi.org/10.1002/asi.23162.

Page, Ruth (2014): Counter narratives and controversial Crimes: The Wikipedia article for the 'Murder of Meredith Kercher'. In: Language and Literature 23, H. 1, S. 61–76.

Partington, Alan (2010): Modern Diachronic Corpus-Assisted Discourse Studies (MD-CADS) on UK Newspapers: An overview of the project. In Corpora 5, H. 2, S. 83–108.

Priority 7 Citizens and Governance (2007): Final report: Media and ethics of a European public sphere from the Treaty of Rome to the 'War on Terror'.

Reisigl, Martin/Wodak Ruth (2001): Discourse and Discrimination: Rhetorics of Racism and Antisemitism. London/New York: Routledge.

Stubbs, Michael (1995): Collocations and semantic profiles: on the cause of the trouble with quantitative studies. In: Functions of Language 2, H. 1, S. 23–55.

Toulmin, Stephen E. (2003): The Uses of Argument. Cambridge/New York: Cambridge University Press.

van Dijk, Ziko (2010): User space. Wikipedia: Wie Sie zur freien Enzyklopädie beitragen. München: Open Source Press.

van Eemeren, Frans/Houtlosser, Peter (2000): Rhetorical analysis within a pragma-dialectical framework: The case of RJ Reynolds. In: Argumentation 14, H. 3, S. 293–305.

van Leeuwen, Theo (1996): The representation of social actors. In: Caldas-Coulthard, Carmen R./Coulthard, Malcom (Hg.): Readings in Critical Discourse Analysis. London/New York: Routledge, S. 32–70.

Warleigh, Alex (2003): Democracy and the European Union: Theory, Practice and Reform. London: Sage Publications.
Wikimedia Foundation (2011a): Research:Wikipedia readership survey 2011/results, URL: meta.wikimedia.org/wiki/Research:Wikipedia_Readership_Survey_2011/Results [10.10.2017].
Wikimedia Foundation (2011b): Wikipedia editors study: Results from the editor survey, April 2011.
Wikipedia (2016): Wikipedia:About, URL: en.wikipedia.org/wiki/Wikipedia:About [11.10.2016].
Wikipedia (2018): Wikipedia:Grundprinzipien, URL: de.wikipedia.org/wiki/Wikipedia:Grundprinzipien; Statistik, URL: de.wikipedia.org/wiki/Spezial:Statistik; Founding Principles, URL: en.wikipedia.org/wiki/Wikipedia:Principles [26.5.2018].

Alessandro Barberi, Christian Swertz und Barbara Zuliani

# „Schule 4.0" und medialer Habitus

## Einleitung

Unter dem Begriff „Schule 4.0" wurde am 23. Jänner 2017 eine Digitalisierungsstrategie des österreichischen Bildungsministeriums präsentiert (BMB 2017), die vier Maßnahmen nennt: *Erstens* die Einführung des Unterrichtsfachs „Digitale Grundbildung" in Form einer verbindlichen Übung, die in der Volksschule beginnt und in der Sekundarstufe 1 angeboten werden muss, ohne dass dafür eigene Unterrichtsstunden vorgeschrieben sind, aber durchaus vorgesehen werden können. *Zweitens* sollen Lehrpersonen digital kompetent aus- und weitergebildet werden. *Drittens* soll die Infrastruktur und IT-Ausstattung an Österreichs Schulen ausgebaut werden. *Viertens* sollen Lehrpersonen Zugang zu kostenlosen Lehr- und Lerntools bekommen („Eduthek"). Dieses Konzept, das von der SPÖ-Ministerin Hammerschmidt und dem ÖVP- Staatsekretär Mahrer entwickelt wurde, ist nach dem Regierungswechsel am 18. Dezember 2017, bei dem die ÖVP-SPÖ-Regierung durch eine ÖVP-FPÖ-Regierung abgelöst wurde, bisher nicht verändert worden. Insbesondere wurde der Lehrplan zur noch in der letzten Legislaturperiode vom Nationalrat als Gegenstand beschlossenen verbindlichen Übung Digitale Grundbildung für die Sekundarstufe I, der gleichermaßen für alle Schulformen gilt, am 19. April 2018 veröffentlicht.

Der Lehrplan verbindet in Anlehnung an die medienpädagogisch fundierte Studie von Schweiger (2012) zur Einrichtung von „Digitaler Grundbildung" als Unterrichtsfach und das Dagstuhl-Dreieck Lernziele aus dem Bereich der Fachdidaktik Informatik (Digitale Bildung) und der Fachdidaktik Medien (Medienkompetenz), die sowohl als Querschnittmaterie als auch mit medienpädagogischen Inhalten aus der technologischen, der gesellschaftlich-kulturellen und der anwendungsbezogenen Perspektive begriffen werden. Der Lehrplan greift zunächst die Fachdidaktik Informatik im Sinne der vierten Schlüsselkompetenz der von der Europäischen Union (2006) empfohlenen und definierten Schlüsselqualifikation auf. „Digital" wird allerdings von der Kommission in einer erheblichen Verkürzung der

Fachdidaktik fast ausschließlich anwendungsorientiert gefasst (Europäische Union 2006). Dabei rückt die Bedienung von sogenannter Standardsoftware in den Mittelpunkt. Dem folgt auch weitgehend das „DigiKomp"-Konzept, das bis heute als allerdings unverbindliche Orientierung für Schulen in Österreich zur Verfügung steht.

Das Digikomp-Konzept wurde auch als Grundlage für den Lehrplan „Digitale Grundbildung" verwendet – nicht zuletzt, weil für dessen Entwurf nur knapp drei Wochen zur Verfügung standen. In dieser Zeit war es aber möglich, das enge Verständnis basierend auf einer Reflexion mit Hilfe der pädagogischen Diskussion um Ausbildung und Bildung (Humboldt 2002) und insbesondere des von Blankertz (1968) stark gemachten Gedankens, dass Allgemeine Bildung nur durch die Berufliche Bildung zu erreichen ist, erheblich zu erweitern. Mit dem aus Sicht der relationalen Medienpädagogik naheliegenden Ansatz, dass Allgemeine Bildung und Berufliche Bildung relationiert zu denken sind, war es möglich, die enge Anwendungsorientierung um einem medienpädagogisch fundierten Medienkompetenzbegriff (Baacke 1999; Hugger 2008; Kurtz/Pfadenhauer 2010; Pietraß 2012) zu ergänzen, der zuletzt im Rahmen der Debatten zur Medienbildung (Schorb 2008) diskutiert worden ist.

Durch den Umstand, dass Medienkompetenzvermittlung in der relationalen Medienpädagogik auch politische Handlungsfähigkeit umfasst und entsprechende Ziele in den Lehrplan aufgenommen wurden (so heißt es z. B. im Lehrplan: „Schülerinnen und Schüler können die gesellschaftliche Entwicklung durch die Teilnahme am öffentlichen Diskurs mitgestalten"), wurde im Zuge des Beratungsprozesses Politische Bildung als dritter Kernbereich des Lehrplans ergänzt.

Damit ist es gelungen, Medien, die Gegenstand verschiedener Wissenschaften sind, deren Erkenntnisse im Blick auf Lernziele der Fachdidaktik Medien in der Medienpädagogik pädagogisch reflektiert werden, zum Thema für den schulischen Unterricht zu machen. Entgegen des gelegentlich als problematisch monierten Parallelismus der „Schule 4.0" zur „Industrie 4.0" wurden damit (medien)pädagogische Konzepte im Lehrplan implementiert. Wohin gehen wir also mit der „Schule 4.0" und der „Digitalen (Grund-)Bildung", wenn wir Kompetenz, Bildung und Medien diskutieren (Missomelius 2015)?

Das hängt nun vor allem von der Frage ab, wie es gelingt, die Ziele des Lehrplans mit Inhalten zu füllen und dabei vor allem die bisher wenig berücksichtigten Inhalte aus dem Bereich der Medienkompetenz in die Schulen zu transportieren. Das kann nicht auf dem Wege der Verordnung eines Lehrplans gelöst werden, wohl aber durch die Produktion von Unterrichtsmaterial. Dazu werden im Folgenden die Begriffe der Kompetenz, der Bildung und der Medien diskutiert und auf das Konzept des „Medialen Habitus" (Biermann 2009; Kommer 2013) bezogen.

## Ordnung – ein (pädagogisches) Bedürfnis des Menschen

*Kompetenz*

Der aus der Linguistik (Chomsky 1981), der Soziologie (Bourdieu 2005) und Sprachphilosophie (Habermas 1971) in die Medienpädagogik übertragene Kompetenzbegriff (Baacke 1996) kann aus dem Lateinischen mit „zusammentreffen" oder „zu etwas fähig sein" übersetzt werden. Womit sollen SchülerInnen zusammentreffen und wozu sollen sie fähig sein? Krautz kritisiert den Kompetenzbegriff als neoliberalen Ordnungsbegriff, indem er von einer Schule spricht, in der der *homo oeconomicus* wirtschaftsorientiert ausgebildet und nur mehr am wirtschaftlichen „Output" im Sinne kapitalistischer Verwertung unter Vernachlässigung pädagogischer Orientierungen gemessen wird (Krautz 2013a). Genau ein solcher Output rückt bei Weinert (2001) in den Mittelpunkt, der Kompetenz vor allem als Fähigkeit und Fertigkeit, Probleme zu lösen, definiert. Nicht berücksichtigt wird in diesem Verständnis die Kompetenz, Probleme zu setzen. Es geht immer darum, gegebene Probleme zu lösen. Ob diese nun durch Kapitalinteressen, göttlichen Willen oder politische Interessen gegeben sind, ist einerlei – das Ziel dieses Kompetenzbegriffs ist immer, persönliche Interessen einer als nicht gestaltbar verstandenen Systemrationalität unterzuordnen.

In den Strömungen der Medienpädagogik, die sich als pädagogische verstehen, wird der Kompetenzbegriff dagegen im Kontext des Bildungsbegriffs verortet und etwa bei Baacke im Rückgriff auf einen breit verstandenen Metakommunikationsbegriff als Medienkritik, Medienkunde, Mediennutzung und Mediengestaltung bestimmt. Dieser Kompetenzbegriff wird als Ordnungsbegriff zwischen Emanzipation und Kreativität gedacht (Baacke 1999). In diesem Sinne hat jüngst auch Horst Niesyto eine gesellschafts- und kapitalismuskritische Medienpädagogik gefordert (Niesyto 2017). Dabei kann auf eine Überlegung von Heydorn (1972) verwiesen werden, der darauf hingewiesen hat, dass eine Informationsgesellschaft die Menschen nicht an die Akzeptanz von Kontroll- und Überwachungstechnologie gewöhnen kann, ohne ihnen zugleich die Mittel zur Emanzipation an die Hand zu geben, und auf das Konzept der „Bildungslist" (Swertz 2017) verwiesen werden.

Einen Eingriffspunkt bietet der Umstand, dass funktionale Kompetenzen inhalts- und medienneutral gedacht werden. Krautz (2012) sieht den neoliberal konnotierten Kompetenzbegriff daher als einen „Containerbegriff", der von der pädagogischen Aufgabe (Bildungsprozess) der Institution Schule ablenkt. Dem zu kurz greifenden und damit Orientierungskönnen verhindernden Verständnis von Krautz wird aus medienpädagogischer Sicht ein Kompetenzbegriff gegenüber gestellt, mit dem Lernen als aktiver, interpersonaler und kreativer Prozess verstanden wird (Schmoelz 2017) und der in Form des „didaktischen Dreiecks" zwischen Lehrenden, Inhalt und Lernenden in der Unterrichtswissenschaft verankert ist (Cohn 1997). Mit dem Kompetenzbegriff einer „handlungsorientierten Medienpädagogik", der mit der Bourdieu'schen „Praxeologie" gesellschaftskritisch bestimmt wird (Niesyto 2006; Schorb 2008) und in diesem Sinne mit Chomsky treffender als „Medienperformanz" zu bezeichnen ist (Trültzsch-Wijnen 2017), geht es demokratiepolitisch um Mitsprache. Das entspricht im Sinne des Verständnisses der relationalen Medienpädagogik (Meder 2006) der Fähigkeit zum medienkritischen Denken, zum reflektierten Medienumgang und zur subversiven, d.h. kreativen und politischen Mediennutzung. Auf welchen Bildungsbegriff kann ein so verstandener Begriff der Medienperfomanz bezogen werden?

*Bildung*

Kreative Bildungsprozesse sind in die Strukturen der Lebenswelt (Schütz/Luckmann 1975) von Menschen als AkteurInnen eingelagert und beginnen schon mit der Inkorporation sozialer Strukturen in der frühkindlichen Habituierungsphase (Meder 2013). Dabei ist Kompetenz medienpädagogisch betrachtet auf die *Performanzen* jener Menschen bezogen, die ein Kind in ihre Gesellschaft bzw. Kultur aufnehmen, einführen und d. i. „initiieren" (Trültzsch-Wijnen 2016). Dem gegenüber stehen die auf eigene Kompetenzen beruhenden Performanzen der Kinder. Fasst man dabei das Zeichenhafte als Primärmedium, kann jeder Bildungsprozess als medial bzw. mediatisiert begriffen werden.

*Medien*

Wenn Kompetenz als Performanz handlungsorientiert bzw. praxeologisch bestimmt wird, in den konkreten lebensweltlichen Bildungsprozessen von AkteurInnen (SchülerInnen und LehrerInnen) sozialempirisch erfasst und analysiert werden kann und Medien als die Relationen von physikalischem Zeichenträger, Zeichen und Subjekt verstanden werden (Swertz 2008), stellt sich die Frage nach der Medialität im Spannungsfeld von Kompetenz und Bildung.

Dabei kann in der Geschichte der Medienpädagogik gezeigt werden, dass die Medienpädagogik schon bei Baacke (1974; 1995), vor allem aber mit der breiten Rezeption von Medientheorien (Barberi/Schmoelz 2017) und der damit verbundenen Reflexion der medialen Produktionsbedingungen von Wissensgesellschaften ein Archiv zur Verfügung stellt, um auch gegenwärtig die Rolle digitaler Medien (z.B. Ozobots, Smartwatches, Autos, Kühlschränke etc.) zwischen Unterrichtspraxis und wissenschaftlicher Reflexion zu erfassen (Barberi 2017). Dabei hat sich seit der Antike das relationale Verhältnis von medialen Trägern und den vermittelten Informationswerten (bzw. zeichenhaften Lehr- und Lerninhalten) im Grunde nicht geändert. Seit den Steintafeln über die Gutenberggalaxis und die industriellen Revolutionen der letzten beiden Jahrhunderte hat durchgängig die „Materialität der Kommunikation" (Gumbrecht/Pfeiffer 1995) der medialen Nutzung (Konsumtion) und Gestaltung (Produktion) gedient und ist so auch seit jeher Teil didaktischer Szenarien gewesen. Speichern (Konsumieren), Verarbeiten (Produzieren) und Übertragen (Distribuieren) können mithin als mediale Grundoperationen jeder Gesellschaft bzw. Kultur begriffen werden.

Insofern bestehen das Spezifikum und die Legitimität der Medienpädagogik und der Medienbildung in dieser expliziten Analyse der Medialität pädagogischer Situationen in der Absicht der Medienkompetenzvermittlung. Mit dem Medienkompetenzbegriff und dem mitgedachten Mediendidaktikbegriff geht es darum, unter den digitalen Produktionsbedingungen der Gegenwart eine „Schule 4.0" zu konzipieren und zu realisieren, die darauf setzt, demokratisch handlungskompetente StaatsbürgerInnen zu bilden, die sich der Medien im Blick auf das Schöne bedienen können. Die Transformation dieser theoretisch begründeten Handlungsorientierung in die pädagogische Praxis kollidiert allerdings mitunter mit dem medialen Geschmack der LehrerInnen und SchülerInnen.

## Medialer Habitus

Swertz (2004), Biermann (2009), Mutsch (2012), Kommer (2013), Meder (2013) und Swertz (et al. 2014) haben in der Fluchtlinie der Medienkompetenztheorie (Baacke 1973; Baacke 1997) und der Bildungssoziologie (Bourdieu 1966) mit der Theorie des „Medialen Habitus" (Barberi/Swertz 2013) gezeigt, dass es einen Zusammenhang zwischen Bildung, Herkunft und der Verortung im sozialen Raum gibt (Bourdieu 1985), der durch den medialen Geschmack realisiert wird. Dabei wird unter anderem danach gefragt, welche Bedeutung dieser Bezugsrahmen im didaktischen Feld der Schule im Zusammenhang mit der Implementierung digitaler Medien hat. So ist etwa die Korrelation von Medienkompetenz und symbolischem Kapital im Sinne Bourdieus evident.

Mit dem Habitusmodell des sozialen Raums von Bourdieu (Krais/Gebauer 2002), das der Soziologe u.a. in seinem Werk *Die feinen Unterschiede* (1987) im Sinne einer „Reflexiven Anthropologie" (Bourdieu/Wacquant 2006) dargelegt hat, wird die ökonomische, soziale, kulturelle und schlussendlich *symbolische* Kapitalstruktur der Menschen in der Gesellschaft kultursoziologisch und praxeologisch hinterfragt (Bourdieu 1983; Niesyto 2006b). Dabei wird deutlich, dass der soziale und mediale Raum, in den ein Mensch hineingeboren wird und in dem er aufwächst, der Wahrscheinlichkeit nach eine große Rolle für sein weiteres Leben und seine soziale Flugbahn spielt (Eribon 2016: passim). Dies gilt nicht nur für sprachliche Kompetenz als symbolisches Kapital, sondern auch und vor allem für Medienkompetenz, die angesichts von Programmiersprachen ihrerseits eine (Super-)Zeichenkompetenz darstellt (Meder 2004).

Dabei nimmt die Ordnung der Gesellschaft durch habitusbedingte sozioökonomische und -kulturelle Grenzen, die durch Distinktionen markiert werden, eine wesentliche Rolle in Bourdieus Überlegungen ein. Dabei spielen die Diskurse des einzelnen Individuums, die in eine symbolische Ökonomie der Gruppe eingebunden sind, eine wichtige Rolle (Bourdieu 2005). Im Zentrum von Bourdieus Überlegungen stehen daher am Begriff der Klasse (Bourdieu 1985) orientierte Fragen nach den Formen, den Ursachen und der generationenübergreifenden Dauer der Eigentums-, Macht- und Ungleichheitsstrukturen in einem gegebenen Gesellschaftskörper und vor allem im Bildungssystem (Bourdieu 1988). Davon ausgehend, dass ein/e AkteurIn einem sozioökonomischen und -kulturellen Wirk- und Bedingungsgefüge, einem (Produktions)Feld, ausgesetzt ist, versteht Bourdieu den Habitus als eine in sich strukturierende und strukturierte Struktur: „In den Dispositionen des Habitus ist somit die gesamte Struktur des Systems der Existenzbedingungen angelegt, so wie diese sich in der Erfahrung einer besonderen sozialen Lage mit einer bestimmten Position innerhalb dieser Struktur niederschlägt." (Bourdieu 2013: 279)

Die habitusspezifischen Ausprägungen beziehen sich nach Bourdieu z.B. auf die Möglichkeit des gesellschaftlichen Aufstiegs in einer gegebenen Gesellschaft bzw. Kultur. So wird sich jemand aus einer bildungsfernen sozialen Schicht in der „gehobenen" und „gebildeten" Gesellschaft eher unwohl fühlen – und umgekehrt. Bourdieu beschreibt diese Ausstattung von Sozialisationskontexten mit der Teilung des Marxschen Kapitalbegriffs in ökonomisches, kulturelles, soziales und (die anderen Kapitalsorten synthetisierendes) symbolisches Kapital. Dabei geht er davon aus, dass die verschiedenen Kapitalformen nur sehr schwer von einer gesellschaftlichen Klasse – genauso wie von einer Schulklasse (Privatschule versus öffentliche Schule) – in die andere übertragen werden können.

Die Untersuchung der Ausprägungen hin nach individuellen, habitusspezifischen Formierungen der Wahrnehmung stellen ein zentrales Merkmal des Habitusansatzes dar. Der Habitus wird mit den jeweiligen Handlungsschemata verbunden gedacht. Daher ist laut Kommer (2013) auch der mediale Habitus eine Charakteristik von „inkorporierten, strukturierten und zugleich strukturierenden" Schemata, welche sich oft unhinterfragt und nicht reflexiv auf Handlungen von Personen auswirken. Swertz beschreibt dies als das Verhältnis von (passivem) „Eindruck" und (aktivem) „Ausdruck" (Swertz 2011) – wobei Letzteres insofern über Bourdieu hinausgeht, als der Ausdruck nicht nur von Strukturen, sondern von einem Subjekt ausgeht, das Strukturen herstellt, wenn es z.B. spricht (was Sprache nicht kann). In diesem Zusammenhang konnte auch theoretisch gezeigt werden, dass Bourdieus Bildungssoziologie durchgängig als Medientheorie des „Medialen Habitus" bezeichnet werden kann, da er u.a. Diskurse, AkteurInnen, Technologien und Institutionen als Medien begriffen hat (Barberi 2013; Barberi 2014).

Biermann und Kommer sind ganz in diesem Sinne mit ihren Forschungen sozialempirisch der Frage nach dem medialen Habitus von angehenden Lehrpersonen nachgegangen (Kommer 2006; Biermann 2009; Kommer 2010; Kommer/Biermann 2012). In ihren Arbeiten gingen sie vor allem zwei zentralen Fragen nach:

1. Findet sich bei Lehrpersonen ein medialer Habitus, welcher der Vermittlung von Medienkompetenz und Medienbildung förderlich ist? Oder führen die habitualisierten und im Sinne der Bourdieu'schen *Illusio* nicht reflektierten Dispositionen, Zuschreibungen etc. eher zu einer Vermeidung entsprechender Unterrichtsinhalte und Formen – und damit zu einer Zementierung der sozialen, ökonomischen und medialen (Eigentums-)Verhältnisse?

2. Treffen in der gesellschaftlichen Institution Schule möglicherweise im Dualismus von LehrerInnen und SchülerInnen Habitusformen aufeinander, die kaum aneinander anschlussfähig sind (solange dieser „Clash of Habitus“ [Kommer 2013] nicht reflexiv wird und beide Seiten in ihrer *Illusio* gefangen bleiben) und somit jegliche Medienbildung geradezu unmöglich machen?

Dabei konnten die ProbandInnen in den Studien von Biermann und Kommer in drei Kategorien eingeteilt werden: jene, die aus einem bildungsnahen Elternhaus kommen und als „ambivalente“ und „überforderte Bürgerliche“ beschrieben werden, jene, die vor allem Unterhaltungsmedien in ihrem Alltag verwenden und nutzen und als „hedonistische Pragmatiker“ begriffen werden und jene, die von zu Hause den Umgang mit neuen Medien kennen gelernt haben, ein hohes Maß an Medienkompetenz aufweisen und als „kompetente Medienaffine“ beschrieben werden. Kommer (2010) sieht vor allem bei der ersten Gruppe (den „ambivalenten“ und „überforderten“ Bürgerlichen) das medienspezifische Problem der unreflektierten Orientierung am „guten Buch“ und der Ausprägung einer ablehnenden Haltung gegenüber digitalen Medien (Kommer 2010).

Interessant ist hier der Blick auf das spätere Berufsfeld der Lehramtsstudierenden, mithin der Blick auf den/die medialen Habitus der LehrerInnen in der Institution Schule. Welche Auswirkungen hat diese ablehnende Einstellung der angehenden LehrerInnen nun auf das professionelle Handeln im Schulleben? Kommer argumentiert hier erneut im Rekurs auf Bourdieus Konzept der *Illusio*, die in der Wahrnehmung der AkteurInnen einen „blinden Fleck“ darstellt, der zu unreflektierten Handlungen und damit zur Neigung führt, den eigenen Geschmack als einzig legitimen Geschmack zu empfinden. Sie messen der Verwendung digitaler Medien – durchaus im Sinne einer Bewahrpädagogik 4.0 – keinen „Bildungswert“ zu. Diese Gruppe der ambivalenten Bürgerlichen empfindet digitaler Medien als „Verführer“ denen sie „sich ausgeliefert fühlen“. Daher ist zu vermuten, dass LehrerInnen, die in ihrer Kindheit das Lesen eines „guten Buches“ als positiven Wert, aber eine ablehnende Codierung bei der Nutzung audiovisueller oder digitaler Medien erfahren haben, im Unterricht wenig bis gar keine Medien einsetzen (Kommer 2013).

Dieses Ergebnis bestätigte auch Biermann (2009), der die Medienbiografie, die Mediennutzung und die Einstellung zum Einsatz digitaler Medien im Unterricht von Studierenden an vier pädagogischen Hochschulen in einer triangulierenden Studie untersucht hat. Kommer und Biermann haben auf Grund ihrer Studien für den

Terminus des „medialen Habitus“ folgende an Bourdieu angelehnte Definition gefunden:

> Unter medialem Habitus verstehen wir ein System von dauerhaften medienbezogenen Dispositionen, die als Erzeugungs- und Ordnungsgrundlagen für mediale Praktiken und auf Medien und den Medienumgang bezogene Vorstellungen und Zuschreibungen fungieren und die im Verlauf der von der Verortung im sozialen Raum und der strukturellen Koppelung an die mediale und soziale Umwelt geprägten Ontogenese erworben werden. (Kommer/Biermann 2012: 90)

Diese Definition führt Kommer zu folgender Überlegung: „Wenn ich habituell bedingt bestimmte Formen der digitalen Kommunikation nicht wahrnehme, kann ich beispielsweise auch den (möglichen) Bildungswert [...] nicht sehen.“ (Kommer 2013)

Den Wert digitaler Medien nicht als ökonomischen Wert, sondern als pädagogischen Wert, als „Bildungswert“ zu begreifen, kann die Digitalisierungsstrategie „Schule 4.0“ um einen neuen Zugang im Bereich der Medienbildung in der Bildungsinstitution Schule (bis hin zur Hochschule) ergänzen. Denn Bourdieu (2013) sieht die objektive Beziehung zu einem medialen Objekt und dessen *Gebrauch* als ein zentrales Moment, durch das die Wahrnehmungs-, Bewertungs- und Handlungsschemata der Akteure erst sichtbar werden bzw. die „objektive Nützlichkeit im praktischen Gebrauch“ überhaupt erst konstituiert wird (Bourdieu 2013: 173). Dementsprechend beschreibt Kommer (2013) im Kontext der Medienbildung zusammenfassend die Gefahr, dass der „eigene Geschmack“ als „richtig“ empfunden wird und man diesem unreflektiert folgt. Wenn digitale Medien und der Einsatz digitaler Medien im Unterrichtsgeschehen zum „legitimen Geschmack“ zählen – ähnlich wie Kreide und Tafel, die im Sinne eines Werkzeugs medientheoretisch unreflektiert im Unterricht von Lehrpersonen eingesetzt werden –, dann würde wohl der kultursoziologische Befund aus Sicht des medialen Habitus Kommers, Biermanns, Bourdieus u.v.m. im Feld der Schule anders aussehen.

Angesichts dieser deutschsprachigen Debatten sei darauf verwiesen, dass auch Didier Eribon in direkter Nachfolge zu Bourdieu jüngst in Frankreich mit allem Nachdruck an den hochgradig selektiven Charakter des Bildungssystems erinnert hat. Denn Eribon kann

> nicht anders, als im Schulsystem, wie es vor unser aller Augen funktioniert, eine Höllenmaschine zu sehen, die, wenn auch vielleicht nicht ausdrücklich mit diesem Ziel programmiert, faktisch dafür sorgt, dass Kinder aus armen Schichten abgewertet werden, dass ungleiche Berufschancen und beschränkte soziale Zugangsmöglichkeiten fortbestehen, dass eine bestimmte Form der

> Klassenherrschaft intakt bleibt und weiterhin als legitim gilt. Ein Krieg ist im Gange gegen die Beherrschten, und die Schule ist einer ihrer Schauplätze. Die Lehrer tun gewiss ihr Bestes. Aber der Macht der sozialen Ordnung, die ihre Wirkung auf verborgene und zugleich offensichtliche Weise entfaltet und die sich gegen alles und jeden durchzusetzen vermag, haben sie nichts, oder nur sehr wenig, entgegenzusetzen. (Eribon 2016: 113)

Eine Einschätzung, die allerdings insofern irritiert, als dass die soziale Ordnung nach Eribon durch Schule erzeugt wird und zugleich Schule erzeugt. Damit besteht die Möglichkeit des Einsatzes einer Bildungslist, d. h. in einer listigen und vielleicht sogar lustigen Ordnung mit der von Eribon beschriebenen bestehenden Ordnung zu spielen – ohne die List damit dem Bestehenden entgegensetzen zu wollen, denn es ist gerade die bestehende Ordnung fortsetzende Konstruktion des Gegensatzes, die Handlungen nicht amüsant, sondern ausweglos erscheinen lässt.

## Worauf kommt es medienpädagogisch in der Schule an?

Nun kann die Zukunft nicht ausweglos sein, sondern entzieht sich notwendig dem Zugriff und bietet, sobald in die Gegenwart transformiert, immer wieder eine neue Zukunft. Dadurch entzieht sich Zukunft jedem Versuch der Kalkulation, sei es in Form des Kredits, der ein zukünftig einzulösendes Versprechen in der Gegenwart ist, sei es in Form der kybernetisch motivierten Wahrscheinlichkeitsrechnung, die nichts anderes als eine Hochrechnung des Bestehenden ist. Damit ist das kreative und ästhetische Spiel mit Medien, Mediatisierungen und dem eigenen medialen Habitus im Sinne einer utopologischen Medienpädagogik in den Mittelpunkt des pädagogischen Handelns gerückt. Wenn davon ausgegangen werden kann, dass in der Institution Schule Sachen geklärt und SchülerInnen im Sinne der Aufklärung gestärkt werden sollen (Hentig 1986), dann ist unter Bildung – in diesem Sinn auch der „Digitalen Grundbildung" – das Erkennen, Verstehen von zu lernenden medienpädagogischen Inhalten zu verstehen, die es verantwortungsbewusst, reflektiert und sorgsam zu nutzen gilt.

## Literatur


Baacke, Dieter (1973): Kommunikation und Kompetenz: Grundlegung einer Didaktik der Kommunikation und ihrer Medien. Weinheim/München: Juventa.

Baacke, Dieter (Hg.) (1974): Kritische Medientheorie. Konzepte und Kommentare. Weinheim/München: Juventa.

Baacke, Dieter (1995): Medientheorie als Geschichtstheorie. In: McLuhan, Marshall: The Global Village. Der Weg der Mediengesellschaft in das 21 Jahrhundert. Paderborn: Junferman, S. 9–14.

Baacke, Dieter (1996): Medienkompetenz als Netzwerk. Reichweite und Fokussierung eines Begriffs, der Konjunktur hat. In: medien praktisch 2/96, S. 4–10.

Baacke, Dieter (1997): Medienpädagogik. Tübingen: Niemeyer.

Baacke, Dieter (1999): Medienkompetenz als zentrales Operationsfeld von Projekten. In: Baacke, Dieter/Kornblum, Susanne/Lauffer, Jürgen/Mikos, Lothar/Thiele, Günter A. (Hg.): Handbuch Medien: Medienkompetenz. Modelle und Projekte. Bonn: Bundeszentrale für politische Bildung, S. 31–35.

Barberi, Alessandro (2013): Von Medien, Übertragungen und Automaten. Pierre Bourdieus Bildungssoziologie als praxeologische Medientheorie. Teil 1. In: MEDIENIMPULSE 4/2013, URL: www.medienimpulse.at/articles/view/605 [20.3.2017].

Barberi, Alessandro (2014): Von Fotografien, Televisionen und symbolischen Maschinen. Pierre Bourdieus Bildungssoziologie als praxeologische Medientheorie. Teil 2. In: MEDIENIMPULSE 1/2014, URL: www.medienimpulse.at/articles/view/629 [20.3.2017].

Barberi, Alessandro (2017): Von Kompetenz, Medien und Medienkompetenz. Dieter Baackes interdisziplinäre Diskursbegründung der Medienpädagogik als Subdisziplin einer sozialwissenschaftlich orientierten Kommunikationswissenschaft. In: Trültzsch-Wijnen, Christine W. (Hg.): Medienpädagogik. Eine Standortbestimmung. Baden-Baden: Nomos (Medienpädagogik 1), S. 143–162.

Barberi, Alessandro/Schmölz, Alexander (2017): Artikel Medientheorien. In: Schorb, Bernd et al. (Hg.): Grundbegriffe Medienpädagogik. München: kopaed, S. 312–319.

Barberi, Alessandro/Swertz, Christian (Hg.) (2013): MEDIENIMPULSE 4/2013, URL: www.medienimpulse.at/ausgaben/4-2013-medialer-habitus [20.3.2017].

Biermann, Ralph (2009): Der mediale Habitus von Lehramtsstudierenden. Eine quantitative Studie zum Medienhandeln angehender Lehrpersonen. Wiesbaden: Springer VS.

Blankertz, Herwig (1968): Zum Begriff des Berufs in unserer Zeit. In: ders. (Hg.): Arbeitslehre in der Hauptschule. Essen: Neue Deutsche Schule Verlagsges. (neue pädagogische bemühungen 29), S. 23–41.

BMB – Bildungsministerium (2017): Digitalisierungsstrategie „Schule 4.0". URL www.bmb.gv.at/ministerium/vp/2017/20170123.html [20.3.2017].

Bourdieu, Pierre (1983): Ökonomisches Kapital, kulturelles Kapital, soziales Kapital. In: Kreckel, Reinhard (Hg.): Soziale Ungleichheiten. Göttingen: Schwartz, S. 183–198.

Bourdieu, Pierre (1985): Sozialer Raum und Klassen/Leçon sur la leçon, Frankfurt a. M.: Suhrkamp.

Bourdieu, Pierre (1987): Die feinen Unterschiede. Kritik der gesellschaftlichen Urteilskraft. Frankfurt a. M.: Suhrkamp.

Bourdieu, Pierre (1988): Homo Academicus. Frankfurt a. M.: Suhrkamp.
Bourdieu, Pierre (2005): Was heißt sprechen? Zur Ökonomie des sprachlichen Tausches. Wien: Braumüller.
Bourdieu, Pierre/Wacquant, Loïc J. D. (2006): Reflexive Anthropologie, Frankfurt a. M.: Suhrkamp.
Chomsky, Noam (1981): Regeln und Repräsentationen. Frankfurt a. M.: Suhrkamp.
Cohn, Ruth/Terfurth, Christina (1997): Lebendiges Lehren und Lernen. TZI macht Schule. Stuttgart: Klett-Cotta.
Duden, Wortbedeutung: „Schule", URL: www.duden.de/rechtschreibung/Schule [20.3.2017].
Eribon, Didier (2016): Rückkehr nach Reims. Berlin: Suhrkamp.
Europäische Union (2006): Amtsblatt der Europäischen Union – Empfehlungen des europäischen Parlaments und des Rates vom 18. Dezember 2006 zu Schlüsselkompetenzen für lebensbegleitendes Lernen, URL: eur-lex.europa.eu/legal-content/DE/TXT/HTML/?uri=CELEX:32006H0962&from=DE [20.3.2017].
Gumbrecht, Hans Ulrich/Pfeiffer, K. Ludwig (1995): Materialität der Kommunikation. Frankfurt a. M.: Suhrkamp.
Habermas, Jürgen (1971): Vorbereitende Bemerkungen zu einer Theorie der kommunikativen Kompetenz, in: Habermas, Jürgen/Luhmann, Niklas: Theorie der Gesellschaft oder Sozialtechnologie. Frankfurt a. M.: Surhkamp, S. 101–142.
Hentig, Hartmut von (1986): Die Menschen stärken, die Sachen klären: Ein Plädoyer für die Wiederherstellung der Aufklärung. Dietzingen: Reclam.
Heydorn, Heinz-Joachim (1972): Zu einer Neufassung des Bildungsbegriffs. Frankfurt a. M.: Suhrkamp.
Hugger, Kai-Uwe (2008): Medienkompetenz. In: Sander, Uwe/von Gross, Friederike/Hugger, Kai-Uwe (Hg.): Handbuch Medienpädagogik. Wiesbaden: VS Verlag für Sozialwissenschaften, S. 93–98.
Humboldt, Wilhelm von (2002): Schriften zur Politik und zum Bildungswesen (= Wilhelm von Humboldt, Werke, Teil 4). 6. Aufl. Darmstadt: Wissenschaftliche Buchgesellschaft.
Kommer, Sven (2006): Zum medialen Habitus von Lehramtsstudierenden. Oder: Warum der Medieneinsatz in der Schule so eine ›schwere Geburt‹ ist. In: Treibel, Anette/Maier, Maja S./Kommer, Sven/Welzel, Manuela (Hg.): Gender medienkompetent. Medienbildung in einer heterogenen Gesellschaft. Wiesbaden: VS Verlag für Sozialwissenschaften, S. 165–178.
Kommer, Sven (2010): Kompetenter Medienumgang? Eine qualitative Untersuchung zum medialen Habitus und zur Medienkompetenz von SchülerInnen und Lehramtsstudierenden. Leverkusen: Leske + Budrich.
Kommer, Sven (2013): Das Konzept des „Medialen Habitus". Ausgehend von Bourdieus Habitustheorie Varianten des Medienumgangs analysieren. In: Medienimpulse 4/2013, URL: www.medienimpulse.at/articles/view/602?navi=1 [20.3.2017).
Kommer, Sven/Biermann, Ralph (2012): Der mediale Habitus von (angehenden) LehrerInnen. Medienbezogene Dispositionen und Medienhandeln von Lehramtsstudierenden. In: Schulz-Zander, Renate et al. (Hg.): Jahrbuch Medienpädagogik 9. Wiesbaden: VS Verlag für Sozialwissenschaften, S. 81–108.

Krais, Beate/Gebauer, Gunter (2002): Habitus. Bielefeld: Transcript.
Krautz, Jochen (2012): Ökonomismus in der Bildung: Menschenbilder, Reformstrategien, Akteure, URL: iv-familie.at/lofi/sites/default/files/krautz_oekonomismus_bildung-2013.pdf [20.3.2017].
Krautz, Jochen (2013a): (Sich) bilden oder funktionieren. In welche Richtung sind wir unterwegs? (Vortragstranskript), URL: www.iv-familie.at/lofi/sites/default/files/DrKrautzVortrag18102013.pdf [20.3.2017].
Krautz, Jochen (2013b): Ökonomismus in der Bildung: Menschenbilder, Reformstrategien, Akteure, URL: www.iv-familie.at/lofi/sites/default/files/krautz_oekonomismus_bildung-2013.pdf [20.3.2017].
Kuhn, Thomas S. (1996): Die Struktur wissenschaftlicher Revolutionen. Frankfurt a. M.: Suhrkamp.
Kurtz, Thomas/Pfadenhauer, Michaela (Hg.) (2010): Soziologie der Kompetenz. Wiesbaden: VS Verlag für Sozialwissenschaften.
Meder, Norbert (2004): Der Sprachspieler. Würzburg: Königshausen & Neumann.
Meder, Norbert (2006): Web-Didaktik. Eine neue Didaktik webbasierten Lernens. Bielefeld: Bertelsmann.
Meder, Norbert (2013): Habitus – auch medialer Habitus – aus pädagogischer Perspektive. In: Medienimpulse 4/2013, URL: www.medienimpulse.at/articles/view/599 [20.3.2017].
Missomelius, Petra (2015): Media Education, quo vadis? In: Medienimpulse 2/2015, URL: www.medienimpulse.at/articles/view/797 [20.3.2017].
Mutsch, Ursula (2012): Der mediale Habitus von Volksschulkindern und ihren Lehrerinnen und Lehrern. Eine empirische Studie zur Genese schulischer Medienkultur als Aushandlungsprozess habituellen Medienhandelns. Wien: Univ.Diss.
Niesyto, Horst (2006a): Medienpädagogische Forschung auf der Grundlage handlungsorientierter Medienarbeit. In: medien + erziehung 50, H. 5, S. 29–37.
Niesyto, Horst (2006b): Jugend, Medien und symbolischer Selbstausdruck. In: MedienPädagogik 8, S. 1–4. URL: www.ph-ludwigsburg.de/fileadmin/subsites/1b-mpxx-t-01/user_files/Online-Magazin/Ausgabe8/Niesyto8.pdf [20.3.2017].
Niesyto, Horst (2017): Medienpädagogik und digitaler Kapitalismus. Für die Stärkung einer gesellschafts- und medienkritischen Perspektive. In: MedienPädagogik 27, S. 1–29, URL: www.medienpaed.com/article/view/435/432 [20.3.2017].
Pietraß, Manuela (2012): Digital Literacy als Ausdifferenzierung von Medienkompetenz – ein 3-Phasen-Modell. In: Hoffmann, Dagmar/Kübler, Hans (Hg.): Medienkonjunkturen – Medienzukunft, in: merz. Medien + Erziehung. Zeitschrift für Medienpädagogik 56, H. 5., S. 28–34.
Schmoelz, Alexander (2017): On co-creativity in playful classroom activities. In: Creativity. Theories – Research – Applications 4, H. 1, S. 25–64.
Schorb, Bernd (2008): Handlungsorientierte Medienpädagogik, in: Sander, Uwe/Gross, Friederike/Hugger, Kai-Uwe (Hg.) (2008): Handbuch Medienpädagogik. Wiesbaden: VS Verlag für Sozialwissenschaften, S. 75–86.
Schorb, Bernd (2009): Gebildet und kompetent. Medienbildung statt Medienkompetenz? In: merz. Medien + Erziehung. Zeitschrift für Medienpädagogik, 53, H. 5, S. 50–56.

Schütz, Alfred/Luckmann, Thomas (1975): Strukturen der Lebenswelt. Darmstadt/Neuwied: Luchterhand.

Swertz, Christian (2004): Was das Medium mit der sozialen Arbeit macht. Reflexionen zum Einsatz der Computertechnologie in der pädagogischen Praxis. In: Schindler, Wolfgang (Hg.): Bildung und Lernen Online. München: kopaed, S. 65–75.

Swertz, Christian (2008): Hinweise zu einer Theorie der Medienpädagogik. In: Blaschitz, Edith/Seibt, Martin (Hg.): Medienbildung in Österreich. Historische und aktuelle Entwicklungen, theoretische Positionen und Medienpraxis, Wien: Lit, S. 42–51.

Swertz, Christian (2011): Der mediale Habitus. Unveröffentl. Vortragsmanuskr.

Swertz, Christian (2017): Orientierungskönnen in der Leonardo-Welt. Anmerkungen zum Status universitärer Bildung angesichts der Digitalisierung von Wissensbeständen. In: Erziehungswissenschaft 2, S. 9–18, DOI: doi.org/10.3224/ezw.v28i2.2. [30.5.2018].

Swertz, Christian/Kern, Gudrun/Kovacova, Erika (2014): Der mediale Habitus in der frühen Kindheit. In: Medienpädagogik 22, URL: www.medienpaed.com/Documents/medienpaed/22/swertz1412.pdf [20.3.2017].

Trültzsch-Wijnen, Christine W. (2017): Ein Recht auf Medienkompetenz? In: Medienimpulse 1/2017, URL: www.medienimpulse.at/articles/view/1037?navi=1 [20.3.2017].

Trültzsch-Wijnen, Christine W. (2016): Plädoyer wider eine (medien-)pädagogische Universalpragmatik – Für die „Medienperformanz“. In: Medienimpulse 4/2016, URL: www.medienimpulse.at/articles/view/1031?navi=1 [20.3.2017].

Weinert, Franz (2001): Vergleichende Leistungsmessung in Schulen – eine umstrittene Selbstverständlichkeit, in: ders. (Hg.): Leistungsmessungen in Schulen. Weinheim/Basel: Belz, S. 27ff.

Schweiger, Wolfgang (2012): Konzeption eines Lehrplans für den Unterrichtsgegenstand Medienkunde auf der Sekundarstufe I. Wien: Univ.Diss.

## Die Autorinnen und Autoren

*Alessandro Barberi*, wissenschaftlicher Mitarbeiter im Bereich Medienpädagogik am Institut für Bildungswissenschaft der Universität Wien

*Susanne Blumesberger*, Leiterin der Abteilung Phaidra an der Universitätsbibliothek Wien

*Ingo Börner*, Assistent am Institut für Germanistik der Universität Wien

*Ludwig Maximilian Breuer*, Assistent am Institut für Germanistik der Universität Wien

*Simon Ganahl*, APART-Forschungsstipendiat der Österreichischen Akademie der Wissenschaften

*Desiree Hebenstreit*, Projektmitarbeiterin am Institut für Germanistik der Universität Wien

*Arno Herberth*, Projektmitarbeiter am Institut für Germanistik der Universität Wien

*Susanne Kopf*, Mitarbeiterin des Instituts für Englische Wirtschaftskommunikation der Wirtschaftsuniversität Wien

*Arndt Niebisch*, an der Universität Wien habilitierter Literatur- und Medienwissenschaftler und Softwareentwickler

*Bernhard Oberreither*, Assistent am Institut für Germanistik der Universität Wien

*Eugen Pfister*, Leiter des SNF-Ambizione Forschungsprojekts „Horror- Game-Politics" an der Hochschule der Künste Bern

*Christoph Purschke*, Forschungsassistent an der Université du Luxembourg

*Jutta Ransmayr*, Assoziierte Professorin am Institut für Germanistik der Universität Wien

*Claudia Resch*, Senior Researcher am Austrian Centre for Digital Humanities der Österreichischen Akademie der Wissenschaften

*Melanie E.-H. Seltmann,* Mitarbeiterin des Instituts für Translationswissenschaft der Universität Wien

*Günther Stocker,* Assoziierter Professor am Institut für Germanistik der Universität Wien

*Wolfgang Straub,* Projektleiter am Institut für Germanistik der Universität Wien

*Christian Swertz,* Professor für Medienpädagogik am Institut für Bildungswissenschaft an der Universität Wien

*Laura Tezarek,* Assistentin am Institut für Germanistik der Universität Wien

*Georg Vogeler,* Professor für Digital Humanities am Zentrum für Informationsmodellierung der Karl-Franzens-Universität Graz

*Christian Zolles,* Assistent am Institut für Germanistik der Universität Wien

*Barbara Zuliani,* Mitarbeiterin des Instituts für Medienbildung an der Privaten Pädagogischen Hochschule der Diözese Linz